光文社古典新訳文庫

判断力批判（下）

カント

中山元訳

光文社

Title : KRITIK DER URTEILSKRAFT

1790

Author : Immanuel Kant

凡例

本訳書ではアカデミー版のカント全集第五巻（Immanuel Kant,*Kritrik der Urteilskraft*）を底本とし、ズアカンプ社版の全集を参考にしている。この訳書は二分冊の構成で、第一分冊には『判断力批判』の序と序論ならびに第一部を収録し、第二分冊には第二部と「第一序論」を収録した。

なお、この訳書では、内容に応じて適宜改行しており、すべての段落に番号と小見出しをつけた。これは原本にはなく、訳者がつけたものである。

また、原文の隔字体（ゲシュペルト）とボールド体による強調のどちらも、傍点で示した。〈 〉で囲んだところは訳者による強調であり、［ ］で囲んで挿入したところは、訳者による補足である。（ ）で囲んであるところは原文の文章である。

原注は本文の該当箇所に（注）と入れ、（028n）のような形式で段落の直後に記載し、訳注は（1）のような形式で本文の最後に掲げた。

『判断力批判（下）』＊目次

目的論のための総注　344

第一序論

478

判断力批判（下）

第二部　目的論的な判断力の批判

第六一節　自然の客観的な合目的性について

美しい形式とは

403

超越論的な原理にしたがって、特殊な自然の法則のもとにある自然について、主観的な合目的性を想定することには、十分な理由がある。このような想定を行うのは、自然を人間の判断力が把握できるものとするためであり、特殊な経験を結びつけて自然の一つの体系とすることができるようにするためである。

このように想定した場合には、自然の多くの産物のうちに、それがもともとあたかもわたしたちの判断力のために作られたものであるかのように、わたしたちの判断力に適合した種類の形式を含んでいる産物が存在することもありうると、期待できるようになる。こうした形式は、その多様性と統一性によって、判断力という能力が使用される際に戯れている心のさまざまな力をいわば強め、楽しませることに役立つものである。そのためこれらの形式は、美しい形式と呼ばれる。

404 自然の事物の合目的性の謎

自然のさまざまな事物は、たがいに目的にたいする手段として役立っているのであり、さまざまな事物の可能性そのものが、この種の原因性によらなければ十分に理解することができない。それでいてわたしたちは、感覚器官のさまざまな対象の総括としての自然という普遍的な理念のうちには、こうしたことを理解するためのいかなる根拠も持っていない。

というのもすでに述べた主観的な合目的性であれば、さまざまな事物の表象はわたしたちの内部にあるものであるから、そうした表象がわたしたちの認識能力［構想力と知性］の目的に適うような内的な調和にぴったり合ったものとしてアプリオリに考えることができたのである。しかしわたしたちの目的ではなく、自然にも属さない目的が（わたしたちは自然を知性的な存在者として想定していない）、それでもある種の特殊な種類の原因性を、少なくとも自然のまったく独自の合法則性を、どのようにして形成することができるのか、また形成すべきであるかについては、アプリオリに想定する根拠はまったくないのである。

それだけではなく、わたしたちの経験すら、これらの目的の現実性をわたしたちに証明することはできない。もしもこれを証明できるとすれば、それには何らかの詭弁が先行していなければならないだろう。この詭弁は目的の概念をさまざまな事物の自然的な本性のうちに持ち込むだけにすぎないのである。しかもこの目的の概念をさまざまな客体およびそれについての経験的な認識から取り出すのではないのであり、自然を客観的な根拠から認識するよりも、むしろわたしたちのうちにあるさまざまな表象を結びつける主観的な根拠との類比によって自然を把握するために、目的の概念を使用するのである。

405

目的の原因性の概念

さらに客観的な合目的性の概念は、自然のさまざまな事物の可能性の原理としては、自然の概念と必然的に結びつけることが困難なものであるから、むしろこれらの自然の事物や形式の偶然性を証明するために、こうした客観的な合目的性に依拠すべきなのである。

たとえばある鳥の身体の構造を列挙しながら、鳥の骨の中の空洞や、運動するための鳥の羽根の位置や、身体の向きを変えるための尾の位置などについて考察するとしよう。その際に、ある特殊な種類の原因性、すなわち目的の原因性という目的結合《ネクスス・フィナリス》の概念を利用せず、自然におけるたんなる因果結合《ネクスス・エフェクティウス》の概念にしたがうだけであれば、これらのすべてはきわめて偶然的なものであると言うことができる。言い換えれば自然をたんなるメカニズムとして考察するならば、このような原理にしたがった統一にはまったく出会うことなく、きわめて多様な形で自らを形成することができたはずである。だから自然の概念の外部にならそのためのアプリオリな根拠をみいだすことは許されるとしても、こうしたアプリオリな根拠を自然の概念の内部にみいだすことを希望することはできないのである。

406

自然における目的論的な判定の正当性

　それにもかかわらず目的論的な判定を少なくとも不確定なものとして、自然研究のうちに導き入れるのは正当なことである。ただしそれは目的にしたがった原因性との類比において、観察と探求の原理によって自然を研究するためであって、これによって僭越にも自然を説明しようとするのではない。そのためこうした目的論的な判定は反省的判断力に属するものであって、規定的判断力に属するものではない。それでも自然のたんなるメカニズムにしたがう原因性の法則では不十分な場合には、目的にしたがう自然の結合と形式についての概念は、自然の現象を何らかの規則によって説明するために役立つ少なくとももう一つの原理となるのである。というのもわたしたちが目的論的な根拠を持ち出すのは次のような場合だからである。すなわちわたしたちは客体についてのある概念が、わたしたちの内部にではなく自然のうちに存在するかのようにみなしながら、ある客体にかんする原因性をその概念の説明とするような場合であり、あるいはわたしたちがこうした原因性の概念をわたしたちの内部にみいだしながら、こうした原因性の概念の類比によってこの対象の可能性を表象しておいて、自然は自然に固有の能力によって技術的なものであると考えるような場合である。

これとは反対に自然にこのような作用の働きを与えないとすれば、わたしたちは自然の原因性を盲目的なメカニズムとして表象しなければならなくなるだろう。そうではなく、わたしたちが自然の根底に、ある意図のもとで働く原因を想定するならば、それは目的論の根底に、自然がその特殊な法則によって服従していると考えられるような現象のたんなる判定のための統制的な原理を想定することである。さらにそれだけでなく、それによって自然の原因から自然の産物を導き出す構成的な原理も想定するとすれば、自然の目的という概念はもはや反省的な判断力に属するものではなく、規定的な判断力に属するものになるだろう。

ただしその場合にも自然目的の概念は実際にはもともと判断力に属するものではなく（これは形式的な主観的合目的性としての美の概念についてもあてはまることである）、理性概念として一つの新しい原因性の概念を自然学に導入することになるだろう。それでもわたしたちは自分自身から借用してこの原因性を他の存在者にあてはめるのであり、それでいてそれらの存在者がわたしたちと同じ種類の存在者であることを想定しようとはしないのである。

第一篇　目的論的な判断力の分析論

第六二節　実質的《マテリアル》な客観的な合目的性とは区別されるたんなる形式的な客観的な合目的性について

407　客観的な合目的性の役割

一つの原理にしたがって描かれるすべての幾何学的な図形は、ある多様な客観的な合目的性をそれ自体で示しているのであって、そのことはしばしば賞賛されるのである。この客観的な合目的性は、唯一の原理にしたがって多くの問題を解決するのに役立つだけではなく、これらの問題のそれぞれを無限に異なるやり方で解決するのにも役立ちうるのである。この合目的性は明らかに客観的で知性的なものであり、たんに主観的で美的なものではない。というのもこの合目的性は、その図形が意図された多くの形態を生み出すのに適合していることを表現しており、また理性によって認識されるからである。ただしこの合目的性は対象そのものについての概念を可能にするようなものではない。すなわちこうした合目的性の使用を考慮に入れるだけで、この概念を導くことが可能になるわけではないのである。

408

幾何学の重要性

円のようなきわめて単純な図形のうちにも、多くの問題を解決するための根拠がそなわっているのであり、これらの問題のそれぞれは、それだけで解決するためにさまざまな準備を必要とするものであろう。そしてこの解決は、この図形の無限に優れた特性の一つとして、いわばおのずから生じてくるものである。たとえば与えられた底辺とその対角によって一つの三角形を構成することが問題として与えられたとしよう。この問題の解決は、不定なものとして与えられる。すなわちこの課題は無限に多様な仕方で解決することができるのである。しかし円は、この条件に適うすべての三角形の描く軌跡として、こうした解決の仕方をすべて含んでいるのである。

あるいは二本の直線［線分］がたがいに交わる場合に、片方の直線の二つの部分を辺とする長方形と、他方の直線の二つの部分を辺とする長方形の面積が等しくなることを求めるとするならば、この課題の解決は一見するときわめて困難なように見える。しかし円の内部でたがいに交わり、それぞれの末端が円周上にあるようなすべての直線は、おのずからこのような比率で分割されているのである。その他のさまざまな曲線もまた、さまざまな目的に適った解決を与えるのであるが、これらの曲線を構成する規則のうちでは、そうした目的に適った解決はまったく想定されていなかったのである。すべての円錐曲線はそれ自身においても、また相互の比較においても、多くの可能な問題を解決するための原理を豊富に含んでいる。円錐曲線の概念を規定する定義がどれほど簡単なものであるとしても、このことが指摘できるのである。

古代の幾何学者たちは、この種の曲線のそうした特性を熱心に探求した。こうした幾何学者たちの熱心さについて思いをいたすのは一つの喜びである。そもそも彼らは、こうした知識がどのような役に立つのかという偏狭な頭脳の持ち主たちの疑問などには、まったく惑わされなかったのである。

たとえば幾何学者たちは、地上での重力の法則を知らずに、放物線のさまざまな特性を探求した。もしも彼らがこの法則を知っていたとすれば、彼らはこの法則を考察することによって、重い物体の弾道に放物線の特性を適用することを暗黙のうちに学んだことであろう。というのも物体の重力の方向は、運動中には放物線の方向と平行であるとみなされるからである。

また彼らは楕円の特性を探求したが、その際に天体にも重力が働いていることを予想しておらず、重心からのさまざまな距離における重力の法則も知らなかったのである。この法則は、天体が自由運動では楕円曲線を描くようにさせるものである。古代の幾何学者たちは、自分では意図せずに後の世の人間のために研究したことになる。その際に幾何学者たちはさまざまな事物の本質にみられる合目的性に喜びを感じたのであり、彼らはこの合目的性をまったくアプリオリにその必然性のうちで描き出すことができたのである。

このような学の巨匠であったプラトンはさらに、わたしたちがいかなる経験もなしに発見することができるさまざまな事物のこうした根源的な特性に感激し、こうした超感性的な原理から、さまざまな存在者のあいだの調和を汲み取ることができるという心の能力にも感激したのだった。この調和にはさらに心が音楽のうちで戯れる数の特性が加わるのである。この感激によってプラトンは経験的な概念を超えてイデアへと高めたのであり、プラトンはこれらのイデアはすべての存在者の根源との知性的な交わりによってのみ説明できると考えたのだった。

プラトンが幾何学の知識を持たない者を学園から追放したのは不思議なことではない。それというのもプラトンは、アナクサゴラスが経験的な対象とその目的との結びつきから推論したことを、人間の精神に内在する純粋な直観から導き出そうとしたからである。というのもそこには、目的に適っており、あたかも人間が使用するように意図的に準備されたかのような特性を持ちながら、それにもかかわらずわたしたち人間の使用を考慮することなく、さまざまな事物の本質に根源的に属すると思われる必然性がそなわっているのであり、そこにはまさに、わたしたちの外部にある自然というよりも、わたしたちの理性のうちにある自然を大いに賛嘆すべき根拠が存在しているからである。その際にこの賛嘆が誤解によって次第に狂信にまで高まったとしても、おそらくそれは許されるべきことであろう。

409

実在的な合目的性と形式的な合目的性

しかしこの知性的な合目的性は、美的な合目的性が主観的であるのとは違って、客観的であるとしても、その可能性から考えるならば、実在的《レアール》な合目的性ではなく、たんに形式的な合目的性として、十分に、しかしたんに一般的に把握することができるものである。すなわちこの合目的性は、その根底に目的を置く必要がなく、そのため目的論を必要としない合目的性として把握できるのである。

円という図形は知性がある原理にしたがって規定した一つの直観である。わたしはこの原理を任意の形で想定し、概念として根底に置くのである。この原理の統一を、同じくたんに表象としてアプリオリにわたしのうちにみいだすことのできる直観の一つの形式である空間に適用すると、さまざまな可能な意図のもとで目的に適った円の概念の構成によって生まれる多くの規則が、すべて統一されていることが把握できる。そしてその場合にこの合目的性の根底に何らかの目的を置く必要はないし、こうした合目的性について何らかの別の根拠を置く必要もないのである。

これとは異なってわたしが、自分の外部に存在するある種の限界に囲まれたさまざまな事物を総括する際には、たとえばある庭園の中で樹木や花壇や通路などにおいて、その他の秩序や規則正しさをみいだす場合には、こうした目的を想定しなければならない。わたしが任意の規則にしたがって空間を限界づけることによって、こうした秩序や規則正しさをアプリオリに結論することを望むことはできない。このような事情の違いは、庭園の樹木のような現存する事物であれば、それが認識できるためには、それらは経験的に与えられなければならないが、円というものは、わたしの内部においてアプリオリな原理にしたがって規定された表象であるということにある。このように外部の事物の経験的な合目的性は、実在的な合目的性であって、目的という概念に依存しているのである。

410　賞賛することと驚嘆すること

わたしたちがさまざまな事物の概念が構成される限りで、それらの事物をその本質において知覚するときにも、そのような知覚された合目的性をわたしたちが賞賛する根拠は、十分に正当なものとして洞察される。わたしたちがそれを賞賛するのは、一つの原理に基づいて多様な規則が統一されているからであるが、こうした多様な規則はすべてが総合的なものである。それはたとえば円のような客体の概念から生まれるものではなく、その客体が直観において与えられていなければならないのである。ただしそれによってこの統一は、あたかもわたしたちの表象力とは異なるさまざまな規則による外的な根拠を経験的に持った統一であるかのようにみえるのである。そして知性がこうした規則をみずからに固有な形で求める要求がその客体と合致するのは、それ自体では偶然的なものであるかのようにみえるのであり、こうした合致を明示的に求めている目的によって、こうした合致が初めて可能となるかのようにみえるのである。

ところでこうした調和は、これらのあらゆる合目的性にもかかわらず、経験的なものではなく、アプリオリに認識されるものであることから、わたしたちは自然と次のように考えるようになる。すなわち客体というものが可能であるためには、概念に適合した構想力が媒介として働きながら、空間の規定が存在しなければならない。こうした空間はわたしたちの外部にあるさまざまな事物の持つ一つの性質ではなく、わたしの内部の一つの表象様式にすぎない。そのためわたしがある概念に適合して、［円のような］図形を描くときに、そうした図形のうちに、すなわちそれ自体はどのようなものであるにせよ、わたしに外的に与えられるものについての表象様式のうちに、わたしは合目的性を持ち込むのである。わたしは自分に外的に与えられたものによって、こうした合目的性について経験的に教えられるのではない。したがってこうした図形のために、わたしの外部の特殊な目的をその客体において必要とすることはないのである。

このように考えるとしても、こうした考察はすでに理性の批判的な使用を必要とするのであり、対象をその固有性にしたがって判定する際に、それをすでに含めておくことはできない。そこでこの判定によってわたしが直接に確信できるのは、複数の異質な規則がそれ自体のうちに含む異種的なものにしたがって、一つの原理のもとで合一されているということにほかならない。この原理はわたしの概念の外部にあるものであり、そもそもわたしの表象の根底にアプリオリに存在している特殊な根拠をそのために要求するものではないが、それでもわたしはそれをアプリオリに真実であると認識するのである。

ところで驚嘆するということは、ある表象とその表象によって与えられた規則が、心のうちですでに根底に存在している原理と合一しえないことを認識した際に心に受ける衝撃のことである。このような衝撃のためにわたしたちは、そのものを正しく観察あるいは判断したのかどうかということを疑うようになる。そして賞賛するということは、このような疑念が消滅したにもかかわらず、驚嘆が繰り返し現れてくるときに生まれるものなのである。

したがって賞賛するということは、現象としてのさまざまな事物の本質において合目的性が観察されたことによるまったく自然な結果であって、そこには非難すべきものはない。というのもわたしたちは空間と呼ばれる感性的な直観の形式と、知性という概念の能力が合一しうることについても、これらがなぜこのような形で合一し、別の形で合一しないのかということを説明することはできない。それだけではなくさらにこの合一の可能性は、わたしたちの心を拡張して、感性的な表象を超え出るものの存在を予感させるのであり、たとえわたしたちには知られていないとしても、そのような一致の最終的な根拠がそこにみいだされるかもしれないと考えさせるのである。わたしたちに必要なのが、わたしたちの表象のアプリオリな形式的な合目的性を確認することだけであれば、わたしたちはこの最終的な根拠を知る必要はないかもしれない。しかしわたしたちはこうした最終的な根拠を遠くにかいまみざるをえないというとだけでも、わたしたちにこのことを強制するような対象にたいして、同時に賞賛の念を抱くのである。

411　美と合目的性

幾何学的な形態や数について述べてきたこうした特性は、あらゆる種類の認識の使用にたいして、その構成の単純さからは予期されないようなある種のアプリオリな合目的性をそなえているために美しいもの、と呼ばれている。たとえばわたしたちは、さまざまな形で発見される円の美しい特性について語ったりするのである。しかしわたしたちがこうした特性を目的に適ったものとみなすのは、美的な判定によるものではない。美的な判定とは、わたしたちの認識能力の自由な戯れにおけるたんなる主観的な合目的性に注意を促すような、概念をもたない判定だからである。

わたしたちがそのような判定を行うのは、そこにある客観的な合目的性を明確に認識させるような、概念にしたがった知性的な判定によってであり、こうした判定は無限に多様な目的に役立つことを明確に認識させる働きをするのである。こうした特性は、数学的な図形の美しさと名づけるよりも、相対的な完全性と名づけるべきであろう。知性的な美しさという名称もそもそも適切なものとしては許容できないものである。これを許容してしまうと美しさという言葉があらゆる規定された意味を失ってしまうか、それとも知性的な適意が感性的な適意にたいして持っているすべての優位を失ってしまうことになるだろう。

むしろ次のような理由からこのような特性を論証することのほうを、美しいものと名づけるべきであろう。というのも概念の能力である知性と、さまざまな概念を描き出す能力である構想力は、この論証という作業によって自らが強められたとアプリオリに感じるからである。そしてこのことは理性が持ち込む正確さとあいまって、その論証の優雅さと名づけられるのである。というのもここでは適意が主観的であるのに（たとえこの適意の根拠が概念のうちにあるとしてもである）、完全性は一つの客観的な適意を伴っているからである。

第六三節　内的な合目的性と区別される自然の相対的な合目的性について

412

自然の相対的な合目的性と内的な合目的性

わたしたちの判断力が客観的な実質的な合目的性という概念に、すなわち自然の目的という概念に、経験によって導かれるのは、原因と結果の関係が判定される場合に限られる（注）。わたしたちが原因と結果の関係を、ある法則にしたがったものとして洞察できると考えるのは、原因の原因性の基礎に結果の理念を置くことによってであり、そのような結果の理念を、原因そのものの根底にあって結果を可能にする条件と考えることによってである。

ただしこれは二通りの形で起こりうる。すなわちわたしたちが結果を直接的に技術の産物とみなすか、それとも結果をその他の可能な自然の存在者の技術にとっての材料とみなすかのどちらかなのである。言い換えれば、生じた一つの結果を、何らかの目的とみなすか、それとも他の原因を目的に適った形で使用するための手段とみなすかのいずれかである。後者の合目的性は、人間にとっての有用性と呼ばれるか、他のあらゆる被造物にとっての有益性と呼ばれるのであり、そのどちらもたんに相対的なものである。前者の合目的性は、自然の存在者の内的な合目的性である。

412n　**純粋数学における合目的性**

（注）純粋数学において論じられるのはさまざまな事物の現実存在ではなく、さまざまな事物の可能性だけであり、事物の概念に対応する直観の可能性だけである。ここでは原因と結果はまったく問われていないのであるから、純粋数学で認められるすべての合目的性はたんに形式的なものとみなさなければならず、決して自然目的とみなしてはならないのである。

413　**陸地の拡張の合目的性**

たとえば河川は植物の成長に役立つさまざまな土壌を川の水と一緒に運んできて、

この土壌をときには陸地の中に堆積させ、あるいはしばしば河口のほとりに堆積させる。海の潮流は多くの海岸でこの泥土をふたたび陸地に打ち上げ、あるいはそれを海岸近くに堆積させる。その際にとりわけ人間が助力して、引き潮の際にその泥土がふたたび運び去られないようにするならば、肥沃な土地が広くなり、その前には魚介類が生息していた場所に植物界が存在するようになる。このようにして陸地の拡張の大部分は自然そのものによって行われているのであり、緩慢なものではあるが、今もなお拡張がつづけられている。

ここで問題となるのは、ここには人間にとっての有用性が含まれているという理由で、それを自然の目的として判定できるかどうかということである。というのも植物界にとっての有用性というものだけをわたしたちは考慮に入れることはできないからである。なぜならば「植物が生育する」陸地にとって利益が大きくなるのと同じ比率で、海洋の生物にとっては利益が低下するからである。

414　自然の相対的な合目的性についてのいくつかの実例

　またある種の自然の事物が、その他の被造物にとって手段として有益性をそなえることがある（ここではこれらの被造物が目的として前提される場合を考えている）。その一例として、ドイツトウヒが繁茂するには、砂地よりも適した場所はない。ところが太古の時代に海が陸地から後退する際に、北ドイツ地方にきわめて多くの砂地の場所を残していったために、一般にどのような耕作にもほとんど役立たないこの砂地の土地に、広大なドイツトウヒの森林が繁茂することができたのである。そしてわたしたちは愚かにもこの森林を根絶させてしまった祖先をしばしば非難することがある。

　しかしここで問われているのは、太古の時代にこのような砂の層が堆積されたことが、その砂地に繁茂することのできるドイツトウヒの森林に関して自然の目的であったかどうかということである。もしもこの森林を自然の目的として想定するのであれば、堆積した砂の層も相対的なものではあるが、やはり目的として認めざるをえないし、太古の海岸とその後退が、その目的のための手段であったことを認めざるをえないのは明らかである。というのも一つの目的の連鎖のためにたがいに従属しあう諸項の系列においては、それぞれの中間項は必ずしも究極目的ではないとしても、一つの目的とみなさねばならないからであり、それにもっとも近い原因はそのための手段であるからである。

これと同じようにかつて牛や羊や馬などが世界で生きていくためには、地上に草が生えていなければならなかったのであり、さらに駱駝《らくだ》が繁殖しうるためには、砂漠にオカヒジキが生えていなければならなかった。また狼や虎やライオンが生存しうるためには、すでに列挙した動物たちだけではなく、さらに別の種類の多数の草食動物も存在していなければならなかった。

したがって有益性を根拠とする客観的な合目的性は、物自体そのものの客観的な合目的性ではない。客観的な合目的性というのは、たとえば次のような砂地と海との関係において捉えられるようなものである。砂地というものはそれだけで海という原因に基づく結果として捉えなければならず、その際にこの原因の根底に一つの目的を置かなければ考えることができないし、結果としての砂地を海による技術的な作品とみなさなければ考えることができないのである。

ところが有益性を根拠とする客観的な合目的性は、たんに相対的な合目的性であり、こうした合目的性が帰せられる事物そのものにとっては、たんに偶然的な合目的性にすぎない。これまで紹介した実例のうちでは、草という種類の植物はそれだけで自然の有機的な産物として、技術的に精密に作られたものとして判定することができるとしても、それを食料として食べる動物との関係においては、たんなる生《なま》の素材とみなされるのである。

415　人間のために役立つ自然の事物は目的か

まして人間が、自らが原因となる自由な行為によって、自然物を自分のしばしば愚かな意図に役立つものとみなすならば、たとえば色鮮やかな鳥の羽根を服装の飾りとして使い、色のついた土壌や植物の汁を化粧品に使うならば、さらにしばしば理性的な意図に基づいて馬が乗用として役立ち、牛や、さらにミノルカ島においてはロバや豚でさえ耕作の用途に役立つのをみいだすとしても、そこにこうした使用のための相対的な自然目的を想定することはできない。

というのも人間の理性は、さまざまな事物について、自分の任意な思いつきとの合致をみいだす術を知っているものではあるが、自然によってこのような思いつきをするように予定されていたわけではなかったからである。人間はこの地上で生きるべきであると想定されるかぎりでは、何らかの手段なしでは生きていくことができないし、そうした手段なしでは人間は、動物としてたとえどれほど低級であっても、あるいは理性的な動物としてさえも、生き延びることはできなかったのである。そしてそのためには人間の生存にとって不可欠な自然の事物は、自然目的としてもみなさなければならなくなるであろう。

416 自然の事物の相対的な合目的性

これらのことからすぐに分かるのは、ある事物が他の事物にとって持つ有益性としての外的な目的性は、そうした事物が直接あるいは間接に有益なものである事物の現実存在それ自身が、自然目的であるという条件が満たされる場合にかぎって、自然の外的な目的とみなせるということである。ただしこのことは、たんに自然について考察しただけでは決して決定できることではないから、相対的な合目的性は、それが仮説として自然目的であることをどれほど指し示していたとしても、絶対的な目的論的判断に根拠を与えることはないと結論できるのである。

417

自然の目的としての人間

雪は寒冷地においては土地に蒔いた種を凍結による被害から防ぐし、橇《そり》が使えることは人間同士の交わりを容易にするものである。ラップランド人は寒冷地においてこのような人間的な交わりを実現するための動物としてトナカイをみいだした。トナカイは雪の下から干からびた苔《こけ》を自分で掘り出して、それを十分な食料としており、自由な状態で自分をきわめてよく保存することができるのに、人間にたやすく飼い慣らされて、その自由を喜んで放棄するのである。あるいは同じ寒冷地のその他の民族にとっては、海が動物を保存する豊かな貯蔵場所となっているのであり、これらの動物は食料や衣服を提供してくれるだけでなく、人々の住む小屋を温めるための燃料ともなるのである。海はまた人間の住居のための材料として木材を漂着させてくれるのである。ここにはある目的に対する自然のきわめて多くの関連が、賞賛するに値するほど多く集まっているのであるが、この目的こそがグリーンランド人であり、ラップランド人であり、サモエード人であり、ヤクー

ト人などなのである。(1)

しかしそもそも人間がなぜこのような土地で生活しなければならないのかは明らかではない。だから空中の水蒸気が雪として落下し、温暖な地方で成長した木材をこの地に漂着させる潮流が海に存在し、脂肪太りした大きな動物が海に住んでいるのはなぜかという理由として、これらのあらゆる自然の産物を作り出す原因の根底に、「人間という」惨めな被造物に利益を与えるという理念が存在するためであると主張するのは、きわめて大胆で恣意的な判断であるに違いない。というのもこうした自然の有用性がまったく存在していないとしても、こうした状態のための自然の原因が十分にあることを理解されるはずだからである。むしろこうした構想を自然に要求し、自然にこうした目的を期待するということは、わたしたち自身には僭越で軽率なことと思われるであろう。こうしたものがなくても人間のあいだの激しい不和だけでも、このような不毛な地域にまで人間を離散させることができたはずだと考えられるからである。

第六四節　自然目的としてのさまざまな事物に特有な性格について

418

目的としてのみ可能である事物とは

ある事物が目的としてのみ可能であるということは、その事物の起源の原因性を自然のメカニズムのうちに求めるのではなく、その原因の作用する能力が、何らかの概念によって規定されている原因のうちに求めなければならないということである。このことを洞察するために必要なのは、その事物の形式がたんなる自然法則によって生まれることは不可能であること、言い換えればわたしたちが感覚器官の対象に知性だけを適用することで認識しうる自然の法則によって生まれることが不可能であることを確認することである。その場合には、その事物の形式を経験的に認識するためにも、その事物の形式の原因と結果について、理性の概念を前提にしなければならないのである。

こうした事物の形式というものは、あらゆる経験的な自然法則にしたがっているにもかかわらず、理性にかんしては偶然的である。理性というものは、ある自然の産物の産出に結びついた条件を洞察しようとするときにも、そうした自然の産物のそれぞれの形式について、その形式の必然性を認識しなければならないものである。ところがこうした事物にあっては、与えられた形式において、この必然性を想定することができないのである。そこでこの事物の形式にそなわるこうした偶然性がそれ自体で、この自然の産物の原因性を、あたかもこの原因性が理性だけによってしか可能でないかのように想定する根拠となるのである。しかし自然の産物のこの原因性は、何らかの目的にしたがって行為する能力としての意志であって、この能力に基づいてのみ可能であると表象される客体は、目的としてのみ可能であると表象されることになろう。

419　人類の痕跡としての幾何学的な図形

人間がまったく住んでいないようにみえる土地で、誰かがある幾何学的な図形、たとえば正六角形が砂の上に描かれているのをみつけたとしよう。その場合にその人の反省の営みは、この図形の概念を確認しようと努力しながら、たとえ漠然とした形であっても、理性の働きによって、この概念を生み出す原理の統一に気づくだろう。またその人の反省の営みは理性にしたがって、こうした図形の形態が生まれうる根拠から、砂地や隣接した海や風や、その人が知っている足跡を持っている動物や、その他の理性を持たないあらゆる原因を排除することになろう。なぜならば理性によってのみ可能なこのような概念と合致した図形が描かれるという偶然性は、その人にとっては限りなく大きいものと思われるので、このような合致のためには自然法則はまったくないも同然であろう。またこのような図形が描かれるという結果を生むような原因性を含むことができるのは、たんに機械的に作用する自然のうちにある原因ではなく、こうした客体についての概念だけであり、そして理性だけがこの概念を与え、その根拠と対象を比較することができると判定することになろう。このようにしてこの結果は目的とみなされるのであり、しかも自然目的とみなされるのではなく、技術の産物とみなすことができるのである（「わたしは人間の足跡をみる」[2]）。

420 自然目的を認識する基準

しかし自然の産物として認識されている何かを、何らかの目的として、したがって自然目的として判定するためには、しかもこの判定に矛盾がないようにするためには、すでにそれ以上のことが求められる。ここではさしあたり、何らかの事物が自然目的として現実存在すると言えるのは、そのものが二重の意味において、自分自身として原因であり、かつ結果である場合であると指摘しておこう。というのはこのような場合には、ある原因性が存在していると言えるが、この原因性は自然の根底に目的を置かなければ自然のたんなる概念と結びつけることができないのであり、それでいてこのように自然の概念と結びつけることで矛盾なく考えることができるとしても、それを概念的に把握することはできないのである。わたしたちは自然目的というこの理念の規定について完全な分析を行う前に、まず一つの実例によってそれを解明することにしたい。

421　**類における目的**

第一に、一本の樹木はある既知の自然法則にしたがって、他の樹木を産出する。この樹木が産出する別の樹木は、最初の樹木と同じ類に属している。このように類という観点から考えると、樹木は自分自身を産出するのであり、この類のうちでは樹木は一方では結果として、他方では原因として、自分自身から絶えず産出され、同じように自分自身をしばしば産出しながら、類としてはつねに自己自身を維持しているのである。

422　**個体の成長における目的**

第二に、一本の樹木は自分自身を個体として産出する。たしかにわたしたちはこの働き［すなわちその結果］をたんに成長と呼んでいる。しかし成長ということは、機械的な法則にしたがった他のあらゆる量の増大とはまったく異なるものであり、それが成長と呼ばれるとしても、生殖にひとしいものとみなされると考えなければならない。この樹木は自分につけ加える物質をあらかじめ加工しており、樹木の外部にある自然のメカニズムが供給することのできないその種に固有な質の物質に変化させ、その配合という点からみて自らの産物である素材を媒介にして、自分自身をさらに形成していくのである。

なぜならば樹木がその外部にある自然から受け取った成分は、たんに抽出物とみなされなければならないが、樹木はこの生の素材を分解して新たに合成する働きをしたのであり、この働きにおいて、樹木はこの種の自然の存在者の分解能力や形成能力における優れた独創性を示しているのである。人間がこうした自然の存在者を分析することによって手に入れたさまざまな要素を使用しながら、さらに自然がこの自然の存在者の栄養のために提供する素材を使用しながら、植物界に存在するさまざまな産物を自らの手でふたたび創造しようと試みたとしても、そのような人間の技術は、こうした自然の存在者の独創性には、とうてい敵わないのである。

423 個体の維持における目的

第三に、この被造物の一部もまた、その部分の維持が他の部分の維持にたがいに依存するような形で、自分自身を産出する。ある樹木の葉の芽を種の異なる他の樹木の枝に接ぎ木すると、異なる種の樹木において自分自身と同じ種の植物を生み出す。これは他の樹木の幹に接ぎ木した場合も同じである。だから同じ樹木のあらゆる枝や葉は、たんにこの樹木に接ぎ木され、接ぎ芽されたものとみなすことができ、他の樹木に付着して寄生した形で育つのと同じように、その樹木に寄生したそれぞれ独立した樹木とみなすことができる。

同じように葉は、樹木の産物であるが、逆に樹木を維持するものでもある。というのも落葉が繰り返されれば樹木は枯れてしまうし、樹木が成長するには葉が幹に及ぼす効果が不可欠だからである。これらの被造物が損傷を受けると、自然が自らの被造物を助ける働きが起こる。そして隣接した部分の維持に必要なある部分の欠損が発生すると、残りの部分がそれを補うのである。ある種の部分に欠損や障害が生じた場合には、既存の部分を維持したり、ときには異常な産物を生み出すこともあり、まったく新しい形で自分を形成するといったように、成長することによって奇形や異形が発生する。こうした自然の自助作用や、成長の際における奇形や異形の発生は、有機的な被造物のきわめて不思議な特性の一つであるが、ここではついでに言及するにとどめよう。

第六五節　自然目的としての事物は有機的な存在者である

424 自分自身にたいして原因であり、結果であるとは

前の節で述べた性格によると、自然の産物でありながら、同時に自然目的としてのみ可能であると認識すべき事物は、自分自身にたいして原因であり同時に結果であるものとしてかかわらなければならない。こうした表現はかなり不適切で不明確なものなので、明確な概念から導く必要がある。

425 知性概念と理念概念による因果結合

原因と結果の結びつきは、たんに知性によって考えるかぎりは、つねに下方へと向

かう原因と結果の系列を形成する結びつきである。他の事物を原因として前提するさまざまな事物は結果として生じたものとみなすべきであり、そうした事物が同時にこれらの他の事物の原因であることはできない。こうした原因と結果の結びつきは、作用原因による結合、すなわち因果結合《ネクスス・エフェクティウス》と呼ばれる。ところでこれに反して目的に関わる理性概念による因果結合も考えられる。この因果結合を系列として考えるならば、上方に向かっても下方に向かっても依存性を伴うものとなろう。それでもこの系列においては結果として示された事物は、上方に向かっては、そのものを結果として生み出した事物の原因と呼ばれるのにふさわしいのである。

実践的な、すなわち［人間による］技術の産物については、こうした結合は容易にみいだすことができる。たとえば［賃貸用の］家屋は、家賃収入を生み出すものとして金銭の原因であるが、可能な収入という表象が、逆に家屋を建築する原因であったという実例を考えることができる。このような結合は目的原因の結合、目的結合《ネクスス・フィナリス》と呼ばれる。作用原因による結合は、実在的な原因の結合と呼び、目的原因による結合は観念的な原因の結合と呼ぶのが、より適切であるかもしれない。このように呼ぶことによって、この他にはもはや原因性がありえないことが同時に明らかになるからである。

426　技術作品における原因性

ところで自然目的である事物に要求される第一のことは、そのさまざまな部分の現実存在と形式について、部分が全体との関係だけによって可能となるということである。というのもこの事物自身が一つの目的であり、したがって、このものは、そのうちに含まれるべきすべてのものをアプリオリに規定しなければならない概念あるいは理念のもとに包摂されているからである。

ところである事物がこのような形でしか可能でないと考えるならば、そのものはたんに技術作品である。このものはその部分である物質から区別された理性的な原因の産物なのであって、その物質のさまざまな部分を調達し、結合する際の理性的な原因の原因性は、この原因性によって可能となる全体についての理性的な原因の理念によって規定されているのであり、この事物の外にある自然によって規定されているのではないのである。

427

自然目的である事物に求められる要件

このように自然目的として存在している事物が、自然の産物である場合には、自分自身のうちに、またその内的な可能性のうちに、目的に対する関係を含んでいなければならない。ということはその自然の産物が自然の目的としてのみ可能であり、このものの外部にある理性的な存在者についての概念の原因性がなくても可能でなければならない。そのような自然の目的の事物にたいして第二に要求されることは、この事物のさまざまな部分が、たがいにこれらの形式の原因であり結果であることによって、ひとつの全体の統一へと結合されていることである。

というのもこのように存在することによって逆に、全体の理念は相互にふたたびすべての部分の形式と結合を規定することが可能になるからである。すなわち全体の理念は、原因として規定するのではなく（原因として規定するのであれば、その事物は技術の産物であろう）、この事物について判定する人間にたいして、与えられた物質のうちに含まれるすべての多様なものの形式および結合の体系的な統一を認識するための根拠として規定するのである。

428 作用原因と目的原因の結びつき

このようにそれ自体においても、内的な可能性についても、自然目的として判定されなければならない物体には、次のことが要求される。まずこの物体のさまざまな部分は、その形式および結合にかんしては、すべてがたがいに産出し合う関係にあって、自分の原因性に基づいて一つの全体を産出しなければならない。この全体の概念は、このような産物に適合した、概念にしたがう原因性を所有する存在者においては逆に、ある原理にしたがってこの全体の原因であることができるのであり、したがって作用原因の結合は同時に目的原因による結果としても判定することができる。

429 自然目的となる存在者

自然のこのような産物においては、そのそれぞれの部分は、他のすべての部分に、よってのみ現実存在することができると同時に、他の部分と全体のために現実存在すると考えることができる。すなわちそれぞれの部分は器官《オルガン》としての道具であるとも考えられるが、しかしこうした道具という考えでは十分ではない。というのもこうした部分は技術の道具であることも可能であって、その場合にはたんに目的一般としてのみ可能であると考えることができるからである。むしろ部分は他の部分を、したがってそれぞれの部分が相互に他の部分を生み出す器官として考えられるのである。このような器官は技術の道具ではありえず、技術の道具を含めたさまざまの道具にすべての素材を提供する自然の道具としてしかありえない。このような産物はこのようにしてのみ、またこの理由によってのみ、有機化され、自らを有機化する存在者として、自然目的と呼ぶことができる。

430 **道具や機械と有機的な存在者の違い**

時計にあってはある部分は他の部分を動かす道具であるが、ある歯車は他の歯車を生み出す作用原因ではない。たしかにある部分は他の部分〈のために〉現実存在するのではあるが、この他の部分〈によって〉現実存在するわけではない。したがってこうした時計そのものや、時計の形式というものを産出する原因は自然のうちに、すなわちこの物質のうちにあるのではなく、自然の外部に存在するある存在者のうちに、すなわちそのものの原因性によって可能なある全体の理念にしたがって作用することのできる存在者のうちに含まれているのである。

だから時計においては、ある歯車が他の歯車を生み出すことはないし、ましてやある時計が他のさまざまな時計を生み出すこともない。さらにそのようにして他の物質をそのために利用したりすることも、そうした他の物質を有機化したりすることもない。したがって時計はその一部が欠損した場合にも、それを自分で補修することはできないし、最初に作られたときに存在していた部分が欠損したとしても、その他の部分を割り当てて補修することはできない。調子が悪くなったとしても、自分で自分を修理することもできない。これにたいして有機的な自然には、これらのすべてのことが可能であると期待できる。

このように有機的な存在者はたんなる機械ではない。というのも機械にはもっぱら動かす力しか存在しないが、有機的な存在者には自分のうちに形成する力があるのである。しかもこの形成する力は、有機的な存在者がこうした力を持たない物質にこれを分け与えて、そうした物質を有機化するような力なのである。これは自分を増殖させつつ形成する力であって、メカニズムとしての運動能力だけでは説明できないものである。

431　**自然の内的な完全性**

有機的な産物における自然と自然の能力について、これを技術の類比物（アナロゴン・デア・クンスト）とみなすことも可能であろうが、それによってはごくわずかのことしか説明されない。というのもこの場合には自然の外部にある技術者が、ある理性的な存在者が思い浮かべられているからである。むしろ自然は［そうした理性的な存在者の力によるのではなく］自分自身を有機化するのであって、自然の有機的な産物のあらゆる〈種〉のうちで、全体としては同一の模範にしたがって自らを有機化する［すなわち自分を増殖させつつ形成する］のである。しかも環境に応じて、自己保存が必要とする適切な差異を伴いながら、自らを有機化するのである。

この究めがたい特性を生命の類比物（アナロゴン・デス・レーベンス）と呼ぶならば、さらにふさわしい呼び名であろう。ただしその場合に、たんなる物質であるものに、物質の本性と矛盾する特性をつけ加えなければならなくなるか（これは物活論である）、あるいはこの物質に、物質とは異質でありながら、それと共存する原理（霊魂）がつき添っていなければならないことになる。

このような産物が自然の産物でなければならないと想定する場合に、こうした産物に霊魂がつき添っているのであれば、有機化された物質がこの霊魂の道具としてすでに想定されているか（そうだとしても、この有機化された物質についての理解が深まることはない）、あるいはこの霊魂を有機化された物質という構築物の技術者であるとみなさなければならなくなる。その場合にはこの産物は自然のうちに、物体的な自然のうちに含まれるものとはみなせなくなる。正確に言えば、自然の有機的な組織は、わたしたちが知っている原因性と類比的なものをまったくそなえていないのである（注）。

自然の美しさは、さまざまな対象にたいする外的な直観についての反省との関係においてのみ、したがってそれらの表面の形式についてのみ、これらの対象に認められるものであるから、これを技術の類比物と名づけるのは適切なことである。ただし自然目的としてのみ可能であり、それゆえ有機的な存在者と呼ばれる事物がそなえている内的な自然の完全性というものは、わたしたちが知っているどのような物理的な能力との類比によっても、すなわちどのような自然の能力との類比によっても、考えることも説明することもできない。わたしたち人間はもっとも広い意味での自然に属するのであるから、こうしたものは人間的な技術に正確に適合した類比によってなどで考えることも説明することもできないのである。

431n

有機的な国家について

（注）逆にある種の結合は、現実のうちよりもむしろ理念のうちにみいだされるのであって、こうした結合はすでに述べた直接的な自然目的との類比によって明らかにすることができる。たとえばある大きな民族を一つの国家に全面的に改変しようとして企てられた最近の試みについて言えば(3)、有機的な組織という言葉が行政機構についても、国家全体の体制の組織についても、しばしばきわめて適切な形で使われてきた。

というのもこうした組織の構成員は、全体のうちではもちろんたんに手段であるべきではなく同時に目的でもあるべきであって、それぞれの構成員は全体の可能性のために協力することによって、逆にまた全体の理念によって、自らの地位と機能について規定されねばならないからである。

432 統制的な概念としての自然目的

そのためそれ自身が自然目的であるような事物の概念は、知性や理性の構成的な概念ではないものの、反省的な判断力にたいする統制的な概念ではありうる。この概念は、さまざまな目的一般にしたがうわたしたちの原因性との間接的な類比にしたがって、この種の対象の探求を導き、これらの対象の最高の根拠についてわたしたちが考察するために役立つ統制的な概念なのである。

ただしこうした考察は自然について、あるいは自然の根源的な根拠を知るために行われるのではなく、わたしたちの内部にある実践的な理性能力のために行われるのである。こうした理性能力についてはわたしたちはすでにこの実践的な理性能力との類比で、その合目的性の原因について検討してきた。

433

目的論の根拠

このように有機的な存在者は、他の事物との関係を離れて考察したとしても、自然の目的としてのみ可能であると考えなければならないような唯一の自然の存在者なのである。このような存在者によって初めて、実践的な目的ではなく、自然目的であるような目的の概念に客観的な実在性が与えられることになる。言い換えればこれによって自然科学に目的論の根拠が、すなわちある特殊な原理にしたがって自然科学の客体を判定する方法の根拠が与えられる。このような存在者が存在しなければ、自然科学に目的論を導入する権利を正当化することは不可能であろう。というのもこの種の原因性の可能性をアプリオリに洞察することはできないからである。

第六六節　有機的な存在者における内的な合目的性の判定の原理について

434 有機的な存在者の定義

この原理は同時に、有機的な存在者についての定義を示すものである。この原理が意味することは、自然の有機的な産物とは、そのうちではすべてのものが目的であり、相互に手段でもあるような存在者であるということである。この有機的な産物には、無駄なものや目的のないものは何一つなく、また盲目的な自然のメカニズムが原因となることもありえないのである。

435 自然の合目的性の原理

この原理が発見されるきっかけとなったのは経験であり、方法的に試みられ、観察と呼ばれる経験からこの原理を導き出すことができる。しかしこの原理はこのような合目的性について、それが普遍的で必然的であることを主張するものであるから、この原理はたんに経験的な根拠に基づくことはできない。たとえこの原理がたんに統制的なものであったとしても、またこの原理が示す目的が、判定する者の理念のうちにあるだけであり、作用原因のうちにはまったく存在しないものだとしても、それは何らかのアプリオリな原理を根底に持っていなければならない。だからこの原理は、有機的な存在者の内的な合目的性を判定するための格律と呼ぶことができる。

436　有機物を観察するための原理

植物や動物の解剖学者たちは、植物や動物の構造を探求し、それぞれの部分がなぜどのような目的のために存在しているのか、さまざまな部位の位置と結合がどのような理由で定められているのか、さらにそのような内的な形式がどのような理由で与えられているのかという根拠を洞察することができる。その際に彼らは、何ものも偶然的に発生しないという普遍的な自然学の原則と同じように、こうした被造物においては無駄なものは何一つないというこの格律を不可避的に必要なものであると主張しているのであり、これは周知のことである。

実際にこれらの学者たちは、普遍的な物理的原則を放棄できないのと同じように、これらの目的論的な原則も放棄することができない。普遍的な物理的原則を否定した場合には、どのような経験も不可能になるだろうし、目的論的な原則を否定した場合には、わたしたちが自然目的という概念のもとで、いったんは目的論的に考察したある種の自然物を観察するためのいかなる手引きも残されなくなるからである。

437 自然目的という概念の果たす役割

実際のところ、この自然目的という概念を通じて、わたしたちの理性は自然のたんなるメカニズムの秩序とはまったく異なる事物の秩序のうちに導きいれられることになる。わたしたちはもはやこうした〈自然のたんなるメカニズム〉というものには、まったく満足できなくなっている。自然の産物が可能となるためには、ある理念がその根底に存在していなければならないとわたしたちは考えるのである。

この理念は、表象の絶対的な統一を示すものであって、物質にみられるような事物の数多性の概念ではない。このような概念だけでは、多様な事物の合成について統一的に理解することができないのである。だから理念がもたらすこうした表象の統一が、事物の合成の形式を生み出す原因性についても、その自然法則をアプリオリに規定する根拠として役立たねばならない。その場合には自然の目的という概念が、自然の産物に含まれるすべてのものに適用されなければならない。

というのも、このような結果を全体として、盲目的な自然のメカニズムを超えて、超感性的な規定根拠にも関係づけようとするならば、わたしたちはこの原理にしたがって、こうした結果を全体的に判定しなければならないからである。その場合にどのような根拠によるにせよ、そうした事物の形式が、その一部でも自然のメカニズムに依存すると考えることはできないのである。そのようなことをすれば、判定において異種の原理を混入させることになってしまい、判定を下すための確実な規則がまったく失われてしまうことになるだろう。

438　**動物の身体の実例**

たとえばある動物の身体において、皮膚や骨や毛髪のように、多くの部分をたんに機械的な法則にしたがう凝結物として把握することは可能であろう。それでもこの凝結物に適した物質を調達して、この物質をそれにふさわしく変形し、形成し、適切な場所に振り向ける原因は、つねに目的論的に判定されなければならない。したがって動物の身体のすべてのものは有機化されたものとみなさなければならないのであって、すべてのものは動物の身体との関係において、ふたたび器官となるのである。

第六七節　目的の体系としての自然一般を目的論的に判定する原理について

439　**自然の事物の外的な合目的性について**

すでに自然の事物の外的な合目的性について、次のように述べておいた［第六三節参照］。こうした外的な合目的性では、これらの自然物の現実存在の説明根拠として、これらの自然物が自然の目的として存在することをあげることも、またこれらの自然物が偶然に目的に適った結果を示しているという事実を、理念の上からは目的原因の原理にしたがうこれらの事物の現実存在の根拠として利用することも、十分な権利をもって行うことはできないのである。

だからたとえば河川は、さまざまな民族のあいだの内陸的な交流を促進するという理由で、さらに山岳は河川のために水源を涵養し、水源の保全のために渇水期にそなえて雪を保存するという理由で、また土地の傾斜は、水を下方に流して土地を乾燥させるという理由で、ただちにこれらを自然目的とみなすことはできない。というのも地球の表面に存在するこれらの形状は、動物界や植物界の発生と維持のためにはきわめて必要なものであるとしても、こうした形状にはそれ自体において、それが存在しうるために目的にしたがった原因性を想定しなければならないと認められるものがまったく存在しないからである。

これは人間が自分の必要や楽しみのために利用する植物についても、あるいはその一部は自分の食用のために、他の一部は人間が使役するためにさまざまな用途で使用できることによって、多くの場合まったく不可欠な動物である駱駝や牛や馬や犬などについては、同じように指摘することができる。これらはいずれもそれだけでは目的とみなすべき理由のないものであって、この外的な関係は、ただ仮説として目的に適ったものであると判定できるにとどまるのである。

440 自然の究極の目的

ある事物をその内的な形式によって一つの自然目的（ナトゥア・ツヴェック）であると判定することは、その事物の現実存在を自然の目的（ツヴェック・デア・ナトゥア）とみなすこととはまったく別のことである。後者のことを主張するためには、たんにある可能な目的についての概念だけではなく、自然の究極目的、すなわちその目標《スコプス》についての認識が必要となる。そのためには自然を何か超感性的なものと関係づけることが必要となるが、この関係についてはわたしたちのすべての目的論的な自然認識をはるかに超えた認識が必要となるのである。なぜならば自然そのものの現実存在の目的は、自然を超えたところに求めなければならないからである。

たとえば一本のたんなる草の茎であっても、その内的な形式は、目的の規則にしたたがってのみ、この茎の起源は可能であったことをわたしたち人間の判定能力にたいして証明するに十分である。ただしこれとは別に、他の自然の存在者がこの茎をどのように使用しているかについて注目し、内的な有機的組織の観察をやめて、この草は、家畜が現実存在するために必要であり、家畜は人間が現実存在するために必要であり、そのための手段となるという外的な合目的性の関係だけに注目してみよう。だがこれによっては、人間が現実存在することがなぜ必要なのかということは理解できない。人間がなぜ現実存在するのかという問いは、オーストラリア先住民やフエゴ島の住民(4)について考えてみれば、それほどたやすく答えることはできないのである。

これらすべての合目的性の関係は、絶えず遡って外部に定めなければならない条件に基づいたものである。そしてこれらの条件は無条件的なものとして、すなわち究極目的となる何らかの事物が現実存在するために必要なものとして、自然的で目的論的な世界観察のまったく外部に置かれることになり、いかなる定言的な目的にも到達することはできなくなるのである。その場合にはこれらの事物は、自然目的ではない。というのもその場合にはこれらの事物は、そしてそれらの事物の類の全体は、もはや自然の産物とみなすことはできなくなるからである。

441 自然目的という概念の果たす役割

だから有機化されている物質だけが、自然目的という概念を必然的に伴っているのである。というのもこの物質の［有機化されているという］種に固有の形式が同時に自然の産物だからである。しかしこの自然目的という概念は今や必然的に、目的の規則にしたがう一つの体系としての自然の全体という理念に導かれるのであり、自然のすべてのメカニズムは理性の原理にしたがってその理念のもとに服従しなければならなくなる。少なくともこの理念を手掛かりとして自然現象を調べるためにも、この概念が必要となるのである。

この理性の原理は、たんに主観的なものとして、〈世界のうちではすべてのものは何らかのために良きものとして存在しており、世界のうちには何一つ無駄なものはない〉という格律として、この理念に属しているのである。わたしたちは自然がそうした有機的な産物において与えている実例によって、自然とその法則には、全体として目的に適ったものしか期待しないという権限が与えられているのであり、むしろそれはわたしたちの使命なのである。

442 目的論による考察の実例

この原理が規定的な判断力のための原理ではなく、ただ反省的な判断力のための原理であることは明らかである。すなわちこの原理は構成的な原理ではなく統制的な原理にすぎず、わたしたちはこの原理によってはある手引きを手にするだけにすぎない。これはすでに与えられている規定根拠と関連して、自然物を新しい法則的な秩序にしたがって考察するための手引きであり、さらに目的原因の原理という別の原理にしたがいながら、ただし自然物の原因性のメカニズムの原理を損なうことなく、自然学を拡張するために役立つ手引きなのである。ただしわたしたちはこの原理にしたがって判定する自然の事物が、意図的に自然の目的であるのかどうかを、この原理によって決定することはできない。たとえば草が牛や羊のために現実存在するのかどうかとか、牛や羊などの自然物が人間のために現実存在するのかどうかについて決定することはできないのである。

人間にとって快適ではなく、特殊な関係においては目的に反している事物についても、この観点から考察することは有益である。たとえば人間の衣服や毛髪や寝台に潜り込んで人間を悩ます害虫たちも、あるいは賢明な自然の配慮によって、人間たちの健康を維持するための重要な手段である清潔さを保つための刺激であると考えることができるかもしれない。あるいはアメリカの荒野に住む未開人にとっては、蚊やその他の人間を刺す昆虫類は、荒野での生活を辛いものにするのであるが、荒野に住む人間たちの活動に大きな刺激を与えて、湿地を干拓させ、空気の流れを遮る密林を切り開き、土地を開拓させ、それによって同時に彼らの居住地をさらに快適なものとするために役立っているのかもしれない。

人間の体内には、その内的な有機的組織にとって自然に反すると思われるものが存在する。これについてもこの観点から考察するならば、さまざまな事物の目的論的な秩序について興味深い展望を、ときには有益な展望を獲得することができるのである。わたしたちがこうした原理なしにただ自然的な考察だけを行うならば、このような展望が開かれることはないだろう。

たとえばサナダムシは、この虫が寄生している人間や動物にとって、その生命器官のある種の欠陥を埋め合わせるために与えられていると考えている人々もいる。それと同じようにわたしは、人間が夢を見るのは自然の目的に適ったことではないかと考えている。わたしたちは自分が見た夢をほとんど思い出さないとしても、眠っていて夢を見ないことはないのである。というのも睡眠によって身体のすべての運動力が弛緩している際に、構想力とその活発な活動とを媒介として、夢は生命器官をきわめて強く動かすのに役立つからである。そして睡眠状態では、構想力のこの活動は多くの場合、情動にまで高まることがあるのである。

食べすぎた場合にもこのような生命器官の運動が必要となるために、構想力は睡眠中にますます生き生きと戯れることが多い。このためこうした内臓を運動させる力や、わたしたちに疲労を招く睡眠の不安定な状態は夢のせいで生まれると考えて不平を述べるのである。しかしこうした運動や不安定な状態も、それらがなければ、健康状態においてすら睡眠は、おそらく生命を完全に消滅させる状態であっただろう。さらに夢は実際にはこのような運動によって人間を治療する手段なのだとも考えられるのである。

443 自然美の目的論的な考察

おそらく自然の美しさも、言い換えれば自然の現象を把捉して判定する際にわたしたちの認識能力の自由な戯れと自然が合致することも、体系としての自然全体における自然の客観的な合目的性とみなすことができるのであり、わたしたち人間も、こうした体系の一つの項であると考えることができる。ただしそれは、自然の現象についての目的論的な判定によって、わたしたちに有機的な存在者を与える自然の目的を通して、わたしたちが自然目的の大いなる体系という理念を持つ権利を与えられた場合に限られる。わたしたちは自然が有用なものだけではなく、美しさと魅力をそなえたものをこれほど豊かに人間に与えてくれたことを、自然が人間のために示した好意《グンスト》とみなすことができる(注)。

そしてわたしたちはこの理由から自然を愛することができる。これはちょうど自然をその計り難さのために尊敬を持って眺めることができるのと同じであり、また自然を観察しながらわたしたち自身が高貴な存在になったと感じることができるのと同じである。あたかも自然が実際にそのような意図によって、人間のために素晴らしい舞台を設置し、それを飾っておいてくれたかのごとくである。

443n

自然の好意

（注）本書の第一部の美的な判断力についての考察では〔第五八節参照〕、わたしたちは自然の形式についてまったく自由で、関心を持たない適意を持つことによって、美しい自然を好意を持って眺めると語られていた。というのもたんなる趣味判断のうちでは、こうした自然のさまざまな美しさがどのような目的のために存在するのか、それはわたしたちに快の感情を引き起こすために存在するのかとか、それともわたしたちといかなる関係も持たずに、目的として存在するのかということはまったく考慮されなかったからである。しかし目的論的な判断ではわたしたちはこのような関係についても留意することになる。その場合にわたしたちは、自然がこれほどまでに多くの美しい形態を示すことによって、わたしたちに開化を促そうと望んでいたことを、自然の好意とみなすことができるのである。

444 目的原因の理念の役割

わたしたちがこの節において主張しようとしているのは次のようなことである。もしも自然において目的原因という概念にしたがってしか考えることのできない産物を生み出す能力が存在することがひとたび発見された場合には、さらに進んでこれらの産物は、あるいはこれらの産物どうしの関係は（これらは目的に適った関係である）、盲目的に作用する原因のメカニズムを超えて、これらの産物の可能性のためにある別の原理を探し出すことが、たとえ必要ではないとしても、それでもこれらの産物は目的の体系に属するものであると判定することが許されるということである。なぜなら目的原因の理念は、これらの産物の根拠について、すでにわたしたちを感性界を超えたところまで連れ出すからである。さらにその場合に超感性的な原理による統一は、自然の存在者の何らかの種に妥当するだけではなく、体系としての自然全体にも妥当するとみなさなければならないからである。

第六八節　自然科学の内的な原理としての目的論の原理について

445　土着的な原理と外来的な原理

学問の原理は、それがその学問に内的なものである場合には固有の原理と呼ばれるか（土着的な原理《プリンキピア・ドメスティカ》）、その学問の外部にしか場所をみいだすことのできない概念に基づいたものである場合には外在的な原理（外来的な原理《プリンキピア・ペレグリナ》）と呼ばれるかのいずれかである。外来的な原理を含む学問は、その学説の根底に補助命題《レンマ》を定めている。すなわちその学問は何らかの概念と、秩序づけのための根拠を他の学問から借りているのである。

446　建築物としての体系的な学問

それぞれの学問はどれも、それだけで一つの体系をなすものである。そのため学問においては原理に基づいて構築し、技巧的な手続きを進めるだけでは十分ではない。それだけで存在する一つの建築物として、建築術的に取り扱わなければならないのである。ただし学問を、建て増しした場合のように別の建物の一部分として扱うのではなく、それだけで存立する一つの全体として扱わなければならない。たとえ後の段階でこの建物から別の建物へ進む通路を設けたり、たがいに行き来することのできる通路を設けたりすることができるとしてもである。

447 神の概念の導入の禁止

したがって自然科学のために、また自然科学の枠組みのうちに、自然における合目的性を説明するために神の概念を持ち込んだり、あるいはその後の段階で神が存在することを証明しようとして、この合目的性をふたたび使用したりしてはならない。そのようなことをすれば、自然科学と神学という二つの学問のいずれも、学問として内在的に存在することができなくなり、欺瞞的な循環論法が二つの学問の境界を入り混じらせることによって、どちらの学問も不確実なものとなってしまうからである。

448 自然の目的の概念の役割

自然の目的という表現は、こうした混乱をあらかじめ十分に予防する役割を果たしている。この概念によって自然科学を、あるいは自然科学がその対象を目的論的に判定するためのきっかけとなる要素を、神についての考察と混同したり、それを神学的な導出と混同したりすることが防げるのである。

そこでこうした自然の目的という表現を、自然の配備における神の目的という表現と取り違えていないかどうか、あるいはそれどころか自然における目的に適った形式は、結局は賢明な世界創造者から導き出さねばならないという理由で、自然の目的という表現よりも神の目的という表現の方が適切であり、敬虔な魂にさらにふさわしいものであると主張しても良いのではないかなどという問いかけを、どうでもよいものとみなしてはならないのである。

むしろわたしたちは慎重にそして謙虚に、自分が知っていることだけを語っている表現、すなわち自然の目的という表現だけを使うように自らを制限しておかなければならない。というのもわたしたちは自然そのものの原因を問う前から、自然のうちに、そして自然の産出の経過のうちに、既知の経験的な法則にしたがって自然のうちで生み出されるような産物をみいだすからである。

自然科学は、すでに確認されているこうした経験的な法則にしたがってその対象を判定しなければならないのであり、目的の規則にしたがう対象のこうした原因性も、自然そのもののうちに求めなければならない。したがって自然科学は自らの限界を飛び越えて、いかなる経験もその概念にはまったく適合しえないものを土着的な原理として自らのうちに持ち込んだり、自然科学が完結した後に初めて許されるようなものを土着的な原理として自らのうちに持ち込んだりしてはならないのである。

449 自然科学における目的論的な判定の役割

自然のさまざまな特性は、アプリオリに提示され、その可能性からみて、経験の助けをまったく借りずに、普遍的な原理から洞察することができるものであり、技巧的な合目的性を伴っている場合にも、端的に必然的なものである。そのためこうした特性は物理学に属していて、物理学の問題を解く方法であって、これを自然の目的論に含めることはできない。

算術的な類比や幾何学的な類比、ならびに同じく普遍的な力学的な法則は、物理学における目的論的な説明根拠であると要求しうるものをまったく含んでいないのである。そうした類比や法則にあっては、外見上はたがいにまったく依存していないさまざまに異なる規則が一つの原理のうちに合一しているのであり、そのことがどれほど奇妙なことであり、賞賛するに値するように思えようとも、だからといってそれを要求することはできないのである。これらの類比や法則は自然一般の事物の合目的性にかんする一般理論のうちで、一緒に考察する価値はあるが、この一般理論は自然科学の内的原理を構成するものではなく、これとは異なる領域である形而上学に属するものである。それでも有機的な存在者における自然目的をめぐる経験的な法則についてには、その対象の独自の種にかんして、自然学の原理として目的論的な判定の仕方を使用することは許されているだけではなく、不可避なことなのである。

450 自然の「意図」について

ところで物理学が厳密に自らの領域のうちにとどまるためには、自然目的が果たして意図して定められたものなのか、それとも意図せずに定められたものなのかという問題はまったく無視する。というのもこのように問いかけることは、物理学とは無縁な形而上学の仕事に介入することになってしまうからである。

物理学にとっては、わたしたちが目的の理念のもとでだけ原理として考えることのできる自然の法則にしたがうことによって初めて説明することができるような対象が存在するということ、そしてこのようなやり方でのみ、その内的な形式にかんして、内的にも認識することができる対象が存在するということだけで十分なのである。

だから物理学にはまったく含まれていない超自然的な原因を、わたしたちの認識根拠のうちに混入させようとする越権を犯しているのではないかという疑いをこうむらないために、目的論の考察においては自然について、あたかも自然における合目的性が意図して定められたかのように語るのであり、同時に自然に、すなわち物質にこの意図がそなわっているかのように語るのである。

このように語ったとしても、生命のない素材に言葉の本来の意味での意図がおのずからそなわっているということはありえないのであるから、誤解を招くことはないだろう。ここで指摘しておきたいのは、この意図という言葉は規定的な判断力の原理を意味するものではないし、原因性の特殊な根拠を導入しようとするものでもないということである。この言葉は反省的な判断力の一つの原理だけを意味するものであり、機械的な法則にしたがった探求だけでは、自然のすべての特殊な法則を経験的に探求するには不十分であることから、機械的な法則にしたがった探求とは別の種類の探求を付随的に行うことによって、理性の使用のためだけに、こうした自然の探求を補うことを目的としているのである。

目的論が物理学に関係するかぎりでは、目的論において自然の賢明さや節約や配慮や恩恵について語るのはきわめて適切なことであるが、これが目指しているのは自然からある知性的な存在者を作り出そうとすることではない。そのようなことは不合理であろう。また大胆にも自然の上に棟梁として別の知性的な存在者を置こうとするものでもない。そのようなことは僭越であろう（注）。これが目指しているのは、理性の技巧的な使用におけるわたしたち自身の原因性との類比にしたがって、自然のある種の原因性を示そうとすることだけである。それは自然のある種の産物について、そうした原因性にしたがって探求するための規則を明示することを目指しているのである。

450n 人間の僭越さについて

（注）僭越（フェアメッセン、計り知れない）というドイツ語は、意味深長な優れた言葉である。自分の知性の持つ力の尺度を計ることを忘れて判断を下すならば、ときにきわめて謙虚に聞こえるとしても、それは過大な要求を行っていることであり、きわめて僭越なのである。神の知恵を高めようなどと称して、創造と維持という働きを行う神の知恵の根底に、さまざまな意図を置こうとする判断は、その多くがこうした僭越な判断なのである。こうした意図がもともと目指しているのは、理屈を弄する者自身の知恵を称えることなのである。

451

目的論と神学

しかし目的論が通常は理論的な自然科学の固有の部門を構成するのではなく、予備学あるいは移行段階として、神学と関係づけられるのはなぜなのであろうか。それは自然のメカニズムにしたがう自然の研究を行う対象を、わたしたちが観察や実験を行うことができるものだけにとどめておくことによって、その対象をわたしたちが自然と同じように、少なくともその法則の類似性からみてみずから生み出すことができるものだけに限定しておくためである。というのもわたしたちが完全に洞察することができるものは、わたしたちが概念にしたがってみずから作ることができるもの、完成することができるものに限られるからである。

ところが自然の内的な目的としての有機的な組織は、技術によってこれと類似したものを描き出すわたしたちのあらゆる能力を無限に超えているのである。さらに風や雨など、目的に適ったものとみなされる外的な自然のさまざまな体制について言えば、物理学はたしかにこれらの仕組みのメカニズムを考察するものの、これらの体制と目的との関係については、その関係が必然的に原因に属する条件であるべきなのであれば、物理学はこの関係を明示することはまったくできない。というのもこうした結びつきにそなわる必然性は、わたしたちの概念の結合にのみかかわるものであり、さまざまな事物の性質にかかわるものではないからである。

第二篇　目的論的な判断力の弁証論

第六九節　判断力の二律背反とは何か

452　規定的な判断力の役割

規定的な判断力はそれだけでは客体についての概念を基礎づけるための原理を所有していない。規定的な判断力は自律したものではないからである。というのも規定的な判断力が行うのは、与えられた法則や概念を原理として、［判断の対象を］これらの原理のもとに包摂することだけだからである。そのために規定的な判断力には、それに固有の二律背反に陥る危険はないし、自らの原理のあいだで抗争が発生する恐れもない。

このようにカテゴリーのもとに包摂する条件を含む超越論的な判断力は、それ自身では法則定立的なものではなく、感性的な直観のための条件を提示するにすぎなかった。これらの条件のもとで、知性の法則として与えられた概念に実在性が付与され、それが適用されうるようになるのである。この点については超越論的な判断力は、少なくとも原理にかんしては、自分自身と不一致に陥ることはありえなかったのである。

453 **反省的な判断力の役割と二律背反の発生可能性**

ところが反省的な判断力は、まだ与えられていない法則のもとに［判断の対象を］包摂しなければならないのであり、そのためにこの法則は実際には、対象について反省する原理にすぎないのである。そしてこれらの対象については客観的にみて、わたしたちはいかなる法則も持たないのであり、その事例にたいする原理として十分に使うことのできる客体についての概念が欠如しているのである。

ところで認識能力を原理なしで使用することは許されないことであるから、この場合には反省的な判断力は、自分自身を原理として使用しなければならないだろう。ところがこの原理は客観的なものではないのだから、包摂を行うという目的に十分に役立つ客体の認識根拠を与えることもできない。そこでこの原理は、たんに認識能力を目的に適って使用するための主観的な原理として、すなわちある種の対象を反省するための主観的な原理として役立つべきものなのである。

そこで反省的な判断力はこうした事例に関連して、経験のうちで自然の法則を認識するために役立つ独自の格律をそなえているのであり、しかもこれらの格律は必然的なものなのである。それは概念が理性の概念であったとしても、反省的な判断力がこれらの格律に依拠しながらこれらの概念に到達するためであり、反省的な判断力は、たんに自然の経験的な法則にしたがって自然を認識するためにも、こうした概念を必要とするのである。

ところが反省的な判断力のこれらの必然的な格律のあいだには、抗争が発生しうるのであり、二律背反に陥る可能性がある。この二律背反によって弁証論が生じるのであり、たがいに抗争する二つの格律のそれぞれが、認識能力の本性のうちに根拠をそなえている場合には、この弁証論は自然の弁証論と呼ばれる。これは発生することが避けがたい仮象であり、こうした仮象に欺かれないためには、批判のうちでこの仮象を暴きだし、解決しておかなければならないのである。

第七〇節　二律背反の提示

454　二種類の格律が生み出す二律背反

理性は外的な感覚器官の対象の総括としての自然にかかわるかぎり、次のような法則を根拠とすることができる。これらの法則には、知性が自然にたいして自らアプリオリに指定する法則がある一方で、経験のうちにあらわれる経験的な規定に基づいて、知性が限りなく拡張することのできる法則もある。

第一の種類の法則は、物質的な自然一般の普遍的な法則であって、この法則を適用するために判断力は、反省のための特殊な原理を使用しない。というのもこの場合には、知性によって判断力に客観的な原理が与えられているために、この判断力は規定的な判断力だからである。

ところが経験によってのみわたしたちが知ることのできる第二の種類の特殊な法則の場合には、こうした法則にはきわめて大きな多様性と異種性が存在しうるので、自然の現象のうちに法則を探し出し、究めるために判断力は、自分自身を原理として使用せざるをえない。というのも判断力は、自然をいたるところで支配している合法性にしたがって結びついた経験的な認識を実現するためには、すなわち経験的な法則にしたがった自然の統一をただ認識しようとするためだけにも、このような原理を手引きとして必要とするからである。

ところがこのような特殊な法則が偶然に統一される場合には、次のようなことが起こりうる。判断力はその反省においてこれらの二つの格律から出発するのであるが、片方の格律はたんなる知性がアプリオリに判断力に提供する格律であるが、他方はある特殊な原理にしたがって物体的な自然とその法則を判定するための格律であり、これは特殊な経験を誘因として、理性を活動させるための格律なのである。その場合にこれらの二種類の格律はおそらく併存しえないものと思われるような外見を示すのであり、そこに一つの弁証論が現れ、この弁証論が判断力をその反省の原理において惑わすようなことが起こりうるのである。

455　**定立命題**

そのような反省の第一の格律は、定立命題として表現されるものであり、〈物質的な事物とその形式のすべての産出は、たんに機械的な法則にしたがって可能であると判定されなければならない〉というものである。

456　**反定立命題**

第二の格律は、反定立命題であり、〈物質的な自然の一部の産物は、たんに機械的な法則にしたがって可能であると判定することはできない〉というものである。これらの産物の判定については原因性についてまったく別の法則を、すなわち目的原因の法則を必要とするのである。

457　**二律背反の言い換え**

探求のために必要なこれらの統制的な原則を、客体自身の可能性を構成する原則に言い換えるならば、これらの原則は次のように表現されることになる。

458 言い換えられた定立命題

定立命題。物質的な事物はすべて機械的な法則によって産出されうる。

459 言い換えられた反定立命題

反定立命題。一部の物質的な事物はたんに機械的な法則にしたがうだけでは産出されえない。

460 理性の立法における二律背反の成立

これらの二つの命題が、後に述べたような内容を持つものであれば、規定的な判断力のための客観的な原理とみなされ、その場合にはたがいに矛盾するものとして、二つの命題のうちの一つは必然的に偽となろう。その場合にはこれらは二律背反命題となるが、ただし判断力の二律背反ではなく、理性の立法における抗争とみなされることになろう。ただし理性はこれらの原則のどちらも証明することはできない。というのはわたしたちは、自然のたんに経験的な法則にしたがう事物の可能性については、アプリオリな規定的原理を持つことができないからである。

461 **二律背反についての限定**

これにたいして最初に述べた反省的な判断力の格律について言えば、実際にはいかなる矛盾も含んでいない。というのも物質的な自然におけるすべての出来事は、そして物質的な自然の産物としてのすべての形式は、その可能性からみるかぎり、たんに機械的な法則にしたがって判定しなければならないと主張することは、これらの事物が機械的な法則によってのみ可能であり、その他のあらゆる種類の原因性を排除すると主張することではないからである。ここで主張されているのは、これらについてわたしはつねに自然のたんなるメカニズムの原理にしたがって反省すべきであるということ、すなわち自然探求の根底にこうしたメカニズムの原理を置かなければ、本来の自然認識はまったく成立しないのであるから、できるかぎりこのメカニズムを探求すべきであるということにすぎないのである。

そしてそのことは、第二の格律が何らかの場合に適用されるときには、すなわちある種の自然形式について、そしてこれをきっかけとしてすべての自然について考察する際には、自然のメカニズムにしたがった説明とはまったく異なる目的原因の原理を探求して、これらの自然形式を反省することは許されるのである。というのはこれによって第一の格律にしたがった反省が廃棄されるわけではなく、むしろできるかぎりこの第一の格律に基づいて探求することが命じられているからである。またこのことは自然のメカニズムにしたがっていては、そうした自然の形式は不可能であると主張しているのでもない。人間の理性はこの第二の格律を遵守する際には、そしてこのようなやり方で種として自然目的を実現しているものについては、いかなる根拠もみいだすこともできないが、自然法則について別の認識をみいだすことができると主張するだけである。その際に、自然そのものの未知の内的根拠のうちで、同じ事物において物理的で機械的な結合と目的結合が、一つの原理のうちで連関しているかどうかについては、未決定なままに残されるのである。

これについて主張できることは、わたしたちの理性ではこれらの二つの結合をこうした一つの原理のうちに合一することはできないということであり、その際に働かせる判断力は、事物自体の可能性についての客観的な原理にしたがう規定的な判断力ではなく、主観的な根拠に基づいた反省的な判断力であって、この反省的な判断力によって、自然のうちのある種の形式にたいしては、自然のメカニズムの原理とは異なる原理をその形式の可能性の根拠として考えなければならないということだけである。

第七一節　前記の二律背反を解決するための準備

462　**判断力のための原則**

有機的な自然の産物が、自然のたんなるメカニズムによって産出されるのは不可能であることを、証明することはできない。というのは自然法則は無限な多様性をそなえており、わたしたちはそれを経験的にしか認識しないため、それを偶然的なものとみなしているからである。わたしたちにとっては、このような無限の可能性についてその内的な第一の根拠から洞察し、そうすることで自然の可能性について普遍的に妥当する十分な内的な原理にまで到達することはまったく不可能なことである。というのも、こうした原理は超感性的なもののうちにあるからである。

そのためわたしたちが目的の理念にしたがって形成され、結合されていると判定するようなものについても、それが生み出されるためにはたんに自然の機械的な機能だけが必要であると信じているものについても、自然の産出能力がそのどちらも十分に生み出すことができるかどうかについては、わたしたちの理性はいかなる知識も教えることができない。

また実際に、わたしたちが必然的に本来の自然目的と判定しなければならないような事物の根底に、物質的な自然あるいはその叡智的な基体のうちに含まれていることが絶対にありえないようなまったく異なる種類の根源的な原因性が、すなわち建築術的な知性が存在しているのではないかということについても、わたしたちの理性は何も教えてくれない。原因性の概念がアプリオリに特定の種類のものであると分類されるべき場合にも、わたしたちの理性はこうした原因性の概念にたいしてはきわめて狭く制限されているのであり、わたしたちには何も教えてくれないのである。

ただし自然のたんなるメカニズムによっては、有機的な存在者の産出についていかなる説明根拠を与えることもできないということは、わたしたちの認識能力の及ぶ限りでは、同じように疑いなく確実なことである。そのため反省的な判断力にとっての正しい原則として確認できることは、目的原因にしたがった事物がこのように明白な連結を持っていることについて、自然のたんなるメカニズムとは異なる原因性を考えなければならないこと、すなわち目的にしたがって働く知性的な世界原因の原因性を考えねばならないということである。たとえこの原則が規定的な判断力にとってはどれほど結論を出すことを急ぎすぎており、証明できないものと思われたとしてもである。

この原則は反省的な判断力にとっては、判断力の格律にすぎない。その場合に原因性の概念はたんなる理念にすぎず、この理念に実在性を認めようとするのではなく、たんに反省の手引きとしてこの理念を使用するだけである。その際にこの反省は、すべての機械的な説明根拠を受け入れる用意があるのであり、感性界の外部に迷い出るようなことはない。

他方この原則は第二の規定的な判断力にとっては客観的な原理となるだろうし、理性はこの客観的な原理を指定し、判断力は自ら規定しながら、この原理に服従しなければならないだろう。その場合には判断力は感性界を超え出て超越的なものに耽ることになり、おそらく迷わされることになろう。

463　見掛け上での二律背反の成立の理由

このようにほんらい物理的で機械的な説明のやり方を定める第一の格律と、目的論的で技巧的な説明のやり方を定める第二の格律のあいだには二律背反が存在しているようにみえるが、このような外見が生じるのは、次のような理由からである。すなわち反省的な判断力の原則が、規定的な判断力の原則と取り違えられたために、そして反省的な判断力の自律が（この自律は、特定の経験的な法則についてのわたしたちの理性使用にたいしては、たんに主観的に妥当するものにすぎない）、知性によって与えられた普遍的な法則あるいは特定の法則にしたがわなければならない規定的な判断力の他律、と取り違えられたためである。

第七二節　自然の合目的性にかんするさまざまな体系について

464　自然の合目的性についての原則

これまで次の原則の正しさは疑われたことはない。すなわち自然のある種の事物、ある種の有機的な存在者とその可能性については、最初の起源の探求という困難な道に進むのではなく、観察によってそれらの特性を知るために手引きを必要とする場合であっても、目的原因の概念にしたがって判断しなければならないという原則である。

そこで問題となるのは、この原則はたんに主観的に妥当するだけであるのか、すなわちこの原則はわたしたちの判断力のためのたんなる格律にすぎないのか、それともこの原則は自然の客観的な原理であって、この原理にしたがって、自然にはたんなる運動法則に従うメカニズムのほかに、別の種類の原因性として、目的原因の原因性がそなわっているのか、ということだけであって、その場合にはそうした運動法則は

〈動かす力〉として、この目的原因のもとで、たんなる中間的な原因として存在しているにすぎないかということになる。

465 神との結びつきの予感

ところでこの問題というか課題は、思弁にたいしてはまったく未解決のままに、未決定のままにしておいてよいであろう。というのもわたしたちがたんなる自然認識の限界内にとどまる思弁で満足しているのであれば、人間の力の及ぶ限りで自然を研究し、きわめて深く隠された自然の秘密を探り出すためには、すでに述べた二つの格律で十分だからである。

そこでわたしたちが、たとえまだ十分に進んでいないとしても自然研究を見捨てるか、少なくともそれを一時的に中断し、自然科学においては異質な概念である〈自然目的〉という概念が、わたしたちをどこに導くのかをあらかじめ探査しようと試みるならば、わたしたちはおそらく目的原因というこの概念を媒介にして自然すら超え出てしまい、自然そのものを原因の系列における最高点［としての神］と結びつけることができるのかもしれない。それはわたしたちの理性が持つある種の予感のようなものであり、自然によってわたしたちに与えられたある種の暗示のようなものと言えるかもしれない。

466 目的結合をめぐる課題

その場合には、争う余地のないものであったあの格律は、論争の広大な分野を開く課題に移行しなければならなくなるだろう。その課題とはすなわち、自然における目的結合は、自然のための特殊な種類の原因性の存在を証明するものであるのか、それともこの目的結合はそれ自体として、また客観的な原理にしたがって考察するならば、自然のメカニズムと同じものではないのか、あるいは同一の根拠に基づいているものではないのかを考察しなければならないという課題である。

この同一の根拠というものはわたしたちの自然研究においては、多くの自然産物のうちでしばしばあまりにも深いところに隠されているものである。そこでわたしたちになしうることは、主観的な原理によって、すなわち技術《クンスト》の原理によって、言い換えれば理念にしたがう原因性の原理によって、類比の方法でこの原因性を自然の根底に置くことを試みることだけである。

このような窮余の策は多くの事例ではうまく行くとしても、一部の事例では失敗するようにみえる。いずれにしてもこのような策は、すべての事例において、自然そのもののたんに機械的な法則にしたがう原因性とは異なる特殊な作用様式を、自然科学に導入することを正当化するものではない。

わたしたちは自然の手続きとしての原因性を、自然の産物のうちでみいだされる目的との類似性によって、技巧《テヒニク》と呼ぶことができる。この技巧は意図的な技巧と、意図しない技巧（自然の技巧）に分類することができる。意図的な技巧《テクニカ・インテンシオナリス》とは、目的原因にしたがう自然の産出能力を、ある特殊な種類の原因性とみなさなければならないことを意味している。意図しない技巧《テクニカ・ナトゥラリス》とは、このような特殊な種類の原因性が根本においては自然のメカニズムとまったく同じものであることを意味している。その場合にはこの原因性がわたしたちの技術の概念ならびにその規則と偶然に一致することは、原因性を判定するための主観的な条件であるものの、誤ってそれがある特殊な種類の自然の産出と解釈されているのである。

467　二つの体系の対立関係

ここで目的原因の観点から自然を解明する体系について語るにあたって、十分に留意すべきことがある。すなわちこれらの体系はその教説からみるかぎりどれもたがいに独断的に抗争しあっており、それが意図的に作用する原因によるものであるか、まったく意図せずに作用する原因によるものであるかを問わず、さまざまな事物の可能性の客観的な原理についてはたがいに抗争しあっているものの、こうした目的に適った産物の原因についてたんに判断する主観的な格律については、まったく抗争していないということである。主観的な格律が背反しているような後者の場合には、それでも十分に複数の原理を一致させることができるが、客観的な原理について抗争する原理は、矛盾対当的に対立するものであって、たがいに他を廃棄しあうのであり、共存することはできないのである。

468　自然の技巧の二つの体系

自然の技巧にかんする体系、すなわち目的の規則にしたがった自然の産出力についての体系には二種類ある。それは自然目的についての観念論の体系であるか、それとも自然目的についての実在論の体系であるかのいずれかである。自然目的についての観念論の体系は、自然のすべての合目的性は意図せずに生まれたものであることを主張する。自然目的についての実在論は、有機的な存在者にみられるように、自然の合目的性の一部は意図して生まれたものであることを主張する。この実在論の主張によると、自然全体と関連して自然の他のすべての産物も、自然の技巧によって意図的に産出されたものであり、すなわち目的であるという仮説が正しいものと結論する帰結を引き出すことができよう。

469　合目的性の観念論の二つの体系

第一に、合目的性の観念論は、ただしここでは客観的な合目的性の観念論であるが、これは次の二種類の観念論に分類することができる。すなわち自然の産物の目的に適った形式における自然の規定は、偶然のものであるという偶然性の観念論であるか、あるいはそうした自然の規定は宿命的に定められたものであるという宿命性の観念論のいずれかである。偶然性の観念論の原理は、物質とその形式の物理的な根拠としての運動法則との関係に注目するものであり、宿命性の観念論の原理は、物質およびすべての自然の超物理的な根拠に注目するものである。

偶然性の体系はエピクロスとデモクリトスが主張したものであるが、文字通りに理解するならば明らかに不合理なものであって、ここでこれ以上考察する必要はない。ところが宿命性の体系はスピノザによって創始されたものとされているが、どのように考えてもそれよりもはるかに古い時代から存在しているものであり、わたしたちの洞察が到達することのできない超感性的なものを引き合いに出す体系であって、これはたやすくは論駁できない。というのもこの体系において想定する根源的な存在者[である神]についての概念は、まったく理解を超えたものだからである。

ただし次のことだけは明らかである。この体系においては世界における目的結合は意図しないものと想定しなければならない。というのもこの目的結合はある根源的な存在者が作り出したものとされているが、その根源的な存在者の知性から、すなわちその存在者の意図によって導き出されるのではなく、その存在者の本性の必然性と、それに由来する世界統一の必然性から導き出されるものだからである。そのため合目的性の宿命論は同時に、合目的性の観念論でもある。

470　合目的性の実在論の二つの体系

第二に、自然の合目的性の実在論は、物理的であるか超物理的であるかのいずれかである。最初の物理的な実在論は物活論と呼ばれるが、それは自然におけるさまざまな目的を、意図にしたがって働く能力の類比物によって根拠づけるからであり、物質的な生命によって、すなわち物質に内在するか、物質に生命を与える内的な原理としての世界霊魂によって根拠づけるからである。

これに対して第二の超物理的な実在論は有神論であるが、それは自然におけるさまざまな目的を、意図をもって生み出し、根源的な生命を持つある知性的な存在者としての宇宙の根源的な根拠から導き出すものである（注）。

470n　自然の合目的性についての諸理論の総括

（注）このことからも明らかなように、純粋理性のほとんどすべての思弁的な事柄においては、理論にかかわるさまざまな主張について、哲学のさまざまな学派が、ある種の問題にかんして可能なほぼすべての解釈を試みているのである。自然の合目的性についても、生命のない物質によるか、生命のない神によるか、あるいは生命のある物質によるか、生ける神によるか、などによって説明が試みられてきたのである。そこでわたしたちには、必要であればこれらすべての客観的な主張から離れて、わたしたちの認識能力だけと関連して、わたしたちの判断を批判的に吟味する作業が残されているのである。この作業は、これらの認識能力の原理に、理論に基づいた妥当性を確保するために十分ではないとしても、それによって確実な理性使用のために十分であるような格律の妥当性を確保することができるのである。

第七三節　これらの体系はいずれもそれが主張していることを実現していない

471
これらの体系の意図するところ

これらの体系はすべて何を望んでいるのだろうか。これらの体系が望んでいることは、自然についてのわたしたちの目的論的な判断を解明することである。一部の体系はそうした判断に真理が含まれることを否定し、こうした判断を技術として表象された自然の観念論であると宣言しようとする。また他の一部の体系は、そうした判断が真であることを認め、目的原因の理念にしたがった自然の可能性を立証することを約束しようとする。

472 目的原因の観念論の欠陥――エピクロス

第一に、自然における目的原因の観念論を主張する体系は、一方ではたしかにこれらの目的原因の原理について、運動法則にしたがった原因性を認めているのであって、この原因性のために自然の事物が目的に適った形で存在していると認めるものの、この原因性における意図の存在を否認する。すなわちこれらの体系は、こうした原因性が、自然の事物を目的に適った形で生み出す意図によるものと規定されていることを否定するのであり、言い換えれば、何らかの目的がその原因となっていることを否定するのである。

これがエピクロスの説明の仕方である。これによると自然の技巧とたんなるメカニズムとの違いはすべて否定されることになる。そのため生み出された自然の産物と目的についてのわたしたちの概念が一致するのはなぜかについても、したがってこの技巧についてだけでなく、運動法則にしたがった産出の原因についても、この産出のメカニズムについても、説明するためには盲目的な偶然を想定するのである。これによっては何も説明されず、わたしたちの目的論的な判断における仮象についても説明されないのであり、この判断において唱えられた観念論は、決して証明されることがないのである。

473　**スピノザの観念論**

他方でスピノザは次のような方法で、自然の目的の可能性の根拠を尋ねるすべての問いからわたしたちを解放しようとするとともに、自然の目的という理念からあらゆる実在性を奪おうとする。すなわちまずスピノザは、自然の目的を産物とみなすことがなく、ある根源的な存在者に内属する偶有性とみなす。そしてこの存在者は自然の事物の基体とみなされるが、スピノザはこの存在者にこれらの自然物を作り出した原因性を与えるのではなく、たんに自存性を与えるだけなのである。次にスピノザは、この存在者が無条件的に必然性をそなえていると主張するだけでなく、すべての自然物もまた、この存在者に内属する偶有性として無条件的な必然性をそなえていると主張する。それによって自然のさまざまな形式に、すべての合目的性に必要な根拠の統一が存在することが保証されるのではあるが、同時にこうした自然の形式から偶然性を奪い去るのである。ところがこうした偶然性なしでは目的の統一というものは考えられなくなるのである。スピノザはさらにこの偶然性とともに、すべての意図的なものを取り去るのである。それはスピノザが自然の事物の根源的な根拠からすべての知性の働きを取り去るのと同じである。

474　スピノザの観念論の特徴

しかしスピノザの哲学はそれがやろうとしていることを成し遂げていない。スピノザの哲学は自然のさまざまな事物のうちに目的結合が存在することを否認するわけではなく、それにある説明根拠を与えようとするのであるが、その際にこれらのすべての事物が内属している〔神という〕主体の統一を指し示すだけである。こうしたスピノザの理論にしたがって、世界に存在するものがこのようにして現実存在することを認めるとしても、こうした存在論的な統一はそのままでは目的の統一を意味するものではないし、こうした目的の統一を理解させるものでもない。

目的の統一というものは、まったく特殊な種類の統一であって、世界に存在するさまざまな事物が根源的な存在者としての［神という］主体のうちで結びついているからという理由で、目的の統一の成立を結論することはできない。目的の統一が成立するには、知性をそなえた何らかの原因との関係があくまでも必要なのである。これらのすべてのものがたとえある単純な［神という］主体のうちで合一されたとしても、それによって目的関係が示されたわけではないのである。

というのもこれらの事物はまず、ある原因としての実体がもたらした内的な結果であると考えられていないし、さらにこの実体の知性による原因として、この実体から生まれた内的な結果であるとも考えられていないからである。これらの形式的な条件がなければ、すべての統一はたんなる自然の必然であり、わたしたちがたがいに外的な［無関係な］ものとして表象する事物にこのような統一が与えられたとしても、それは盲目的な必然性とみなされるのである。

この流派では、これらの事物に固有な本質に関連して、これらの事物には超越論的な完全性がそなわっていると考えるのである。この概念によればすべての事物は、それがそのものであってほかのものではないために必要なすべてのものをそれ自体のうちに持っていることになる。しかしこうした超越論的な完全性を自然の合目的性と呼ぶとすれば、それは概念ではなく言葉を弄ぶ子供じみた戯れにすぎない。というのもすべての事物が目的として考えられなければならないのであれば、そしてあるものであることと目的であることが同じことを意味するのであれば、特別に目的として表象される価値のあるものは結局のところ何ものも存在しないことになるからである。

475 スピノザの観念論の欠陥

これまで述べてきたことから次のことが十分に明らかになったであろう。すなわちスピノザは、自然において目的に適ったものについてのわたしたちの概念を、あらゆるものを包括すると同時に単純な存在者である［神という］者のうちにわたしたち自身は存在するという意識へと還元してしまうのであり、かの形式をたんにこの存在者の統一のうちに求めているのである。スピノザはこれによって、自然の合目的性の実在論を主張するのではなく、たんに自然の合目的性の観念論を主張することを意図していたのであろう。しかしその場合にもスピノザ自身はこの意図を実現することができなかった。というのも基体の統一というたんなる表象によっては、意図を持たない合目的性の理念を決して生み出すことができないからである。

476　自然目的の実在論の特徴

第二に、自然目的の実在論を主張するとともに、この実在論を説明しようと考えている人々は、ある特殊な種類の原因性を、すなわち意図的に作用する原因の原因性を、少なくともその可能性については洞察できると考えていることになる。それでなければこうした人々が自然目的について説明しようと企てることはできなかっただろう。というのもきわめて大胆な仮説を立てても、それが仮説としての権能を持つためには少なくとも根拠として想定されるものが可能であることは確実でなければならないし、このものの概念に、客観的な実在性がそなわっていることを保証できなければならないからである。

477 物活論の欠陥

ところで生命のある物質という概念は矛盾を含んでいるのであって、その可能性を考えることはできない。というのも物質の本質的な性格は生命を持たないこと、すなわち惰性《イネルティア》のうちにあるからである。生命が与えられた物質の可能性や、いわば一つの動物としての全自然の可能性は、自然の有機的な組織においては経験のうちでごく小規模な形でわたしたちに明らかにされる場合にかぎって、大規模な自然における合目的性の仮説のためにもどうにか使用することができるものではあるが、アプリオリにその可能性からみてそれを洞察することは決してできないのである。

そのため有機的な存在者における自然の合目的性を物質の生命から導き出そうとしながら、一方では有機的な存在者だけに生命が存在すると主張するならば、そしてわたしたちがこうした存在者について経験しなければ、こうした物質の可能性を理解できないのだとすれば、この説明は循環論法になってしまう。このため物活論はそれが約束することを実現していないのである。

478　有神論の特徴

最後に、有神論もまた、自然目的の可能性を独断的に根拠づけようとして、目的論を解明するための〈鍵〉として役立てることはできない。有神論はたしかに、根源的な存在者に知性を付与することによって、自然の合目的性を観念論からきわめてみごとに救い出すことができる。そしてこの合目的性を生み出すためにある意図的な原因性を導入したことにおいては、自然目的の可能性について説明するその他のすべての根拠よりも優れているのは明らかであるかもしれない。

479　有神論の欠陥

というのも自然を超えでる形で規定された目的による統一の根拠を正当な形で想定することができるためには何よりも、物質のたんなるメカニズムによっては物質における目的統一は実現できないことを、規定的な判断力に十分に証明しなければならない「ために目的論的な解明には役立たない」からである。

ところがわたしたちの認識能力の特性と制限を考えてみれば、わたしたちはこのメカニズムの第一の内的な根拠すら洞察していないのであるから、いかなる形でも物質のうちに、明確な目的関係の原理を求めてはならないのである。そしてわたしたちは世界原因として働く至高の知性による以外には、自然目的としての自然の産物の産出を判定する方法は残されていないことに気づかされるのである。したがってこれはただ反省的な判断力のための根拠にすぎず、規定的な判断力のための根拠ではないのであって、いかなる客観的な主張も正当化しえないのである。

第七四節　自然の技巧という概念を独断的に取り扱うことができないのは、自然目的が説明できないからである

480 **規定的な判断力のやり方と反省的な判断力のやり方**

ある概念が経験的に条件づけられている場合にも、わたしたちはその概念を独断的に取り扱うことがある。それはその概念が客体の別の概念、すなわち理性の原理を形

成する概念のもとに含まれているものと考えて、その概念をこの理性の概念にふさわしい形で規定する場合である。

他方でわたしたちはある概念をたんに批判的に取り扱うこともある。それはわたしたちがこの概念をたんにわたしたちの認識能力との関係においてだけ、そしてその概念を考察する際の主観的な条件との関連においてだけ考える場合であり、その際にその概念の客体については何も決定しようとしない場合である。このようにある概念を独断的に取り扱うのは、規定的な判断力にとって法則に適ったやり方なのであり、またある概念を批判的に取り扱うのは、反省的な判断力にとってのみ法則に適ったやり方なのである。

481　〈自然目的〉という概念の特徴

ところで自然目的としての事物についての概念は、理性によってのみ考えることのできる原因性のもとに自然を包摂しようとする概念である。この包摂という作業は、この原理に基づいて、経験において客体について与えられているものについて判断するために行われるのである。

しかしこの概念を規定的な判断力のために独断的に使用するのであれば、わたしたちはこの概念の客観的な実在性をあらかじめ確認しておかなければならないだろう。そうしなければわたしたちは自然の事物をこの概念のもとに包摂することができないはずだからである。ところが自然目的としての〈あるもの〉という概念は、たしかに経験的に条件づけられた概念であって、経験のうちで与えられたある種の条件のもとで初めて可能な概念である。しかしこの〈あるもの〉の概念は経験から抽出することはできないものであり、対象を判定する際に理性原理にしたがってのみ考察しうることしかできない。

だからこの概念が実際にこのような原理であるとして、客観的な実在性を保証するかどうか、すなわちこの概念によってある客体が可能であるかどうかについてはまったく洞察できないのであって、それを独断的に基礎づけることはできない。さらにわたしたちにはこの概念が客観的に空虚な、たんに理屈をもてあそぶだけの概念《コンケプトゥス・ラティオキナンス》であるのか、それとも理性概念であって、認識を基礎づけるものとして理性によって確証された概念《コンケプトゥス・ラティオキナトゥス》であるのかを知ることもできないのである。

だからこの概念は規定的な判断力のために独断的に取り扱うことはできない。言い換えれば自然の事物を自然目的とみなす場合には、その事物を産出するために特殊な種類の原因性、すなわち意図にしたがった原因性が必要であるかどうかについて決定することができないだけでなく、そのことを問うこともできないのである。というのも自然目的という概念の客観的な実在性は、理性が決して証明することができないものだからである。この概念は規定的な判断力にたいして構成的な概念ではなく、反省的な判断力にたいしてたんに統制的な概念なのである。

482
自然目的という概念は証明できない

この概念が証明できないことは次のことからも明らかである。すなわちこの概念は、自然の産物についての概念であって、自然の必然性を含んでいるが、同時に目的としての同じこの〈あるもの〉において、自然のたんなる法則との関係における客体の形式の偶然性を含んでいるのである。そのためこれについて矛盾があってはならないとするならば、自然におけるこの事物の可能性を決定しようとするときに、この事物が自然のメカニズムの原因性とは別の種類の原因性によって判定されるためには、この概念には自然におけるこの事物の可能性の根拠が含まれていなければならない。それだけでなくこの自然そのものの可能性の根拠を含み、またこの自然そのものが、経験的には認識できない超感性的な自然であるものと関係する可能性の根拠を含んでいなければならない。しかしわたしたちには、このような超感性的な自然を認識することはまったくできないのである。

このように自然目的としての〈あるもの〉という概念は、この客体が理性によって考察されるならば、たとえこの概念が反省的な判断力にたいしては経験の対象について内在的なものであるとしても、規定的な判断力にたいしては超絶的なものであり、したがってこの概念に規定的な判断のための客観的な実在性を与えることができないのである。このことから言えることは、自然目的という概念と、目的原因によって結びついた一つの全体としての自然という概念を独断的に扱うためにどのような体系を構築しようとしたとしても、このような体系によっては何かを客観的かつ肯定的に決定することも、客観的かつ否定的に決定することもできないということである。

なぜならばさまざまな事物がたんに不確定な概念のもとに包摂されるならば、そのときにはこの概念の総合的な述語は、客体について肯定的なものか否定的なものかを問わず、ある不確定な判断を示さなければならないからである。そしてその際には、そもそも何かあるものについて判断しているのか、それとも何でもないものについて判断しているのかを知ることすらできないのである。こうした述語としてはたとえば、わたしたちがさまざまな事物の産出について思い浮かべる自然目的が意図的なものであるという述語も、そうした自然の目的が意図しないものであるという述語も考えられる。

もちろん技術の目的にしたがう原因性の概念は、客観的な実在性を持つ概念であり、自然のメカニズムにしたがう原因性という概念もまた、客観的な実在性を持つものである。ところが目的の規則にしたがう自然の原因性という概念と、自然の根源的な根拠となる存在者［である神］の概念のように、経験のうちではわたしたちにまったく与えられえない概念というものは、矛盾なく考えることができる概念ではあるが、独断的な規定のために使うことのできる概念ではない。

というのもこうした概念は経験から引き出すことはできないし、経験の可能性のために必要な概念でもないのであって、こうした概念の客観的な実在性は何によっても保証することができないからである。たとえそれが保証されうるとしても、神的な技術の作り出した産物であることが明確に示されている事物を、どのようにして自然の産物のうちに含めることができるのだろうか。そもそもこうした事物を自然の法則にしたがって生み出すことのできない自然の無力という考えが、自然とは異なる原因を引き合いに出す必然性を生み出したのではないだろうか。

第七五節　自然の客観的な合目的性の概念は、反省的な判断力にたいする理性の批判的な原理である

483

自然の事物の産出についての二つの命題

ところで〈自然のある種の事物が産出されるのは、あるいは自然の全体が産出されるのは、何らかの意図にしたがって働くように規定された原因によらなければ不可能である〉と主張することと、〈わたしの認識能力の持つ特有の性質のために、それらの事物の可能性とその産出については、何らかの意図にしたがって作用する原因を思

い浮かべなければ判断することができないし、ある知性による原因性との類似によって、産出する力を持つ存在者を思い浮かべなければ判断することができない〉と主張することは、やはりまったく異なることである。

第一の命題の場合にわたしは、客体について何かを決定しようと望んでいるのであり、そのために想定された概念が客観的な実在性をもつことを立証することを求められている。第二の命題の場合には、わたしの理性は、わたしの認識能力の特有性とその範囲および制限についての本質的な条件に適合しながら、こうした認識能力の使用だけについて規定しているのである。だから第一の命題が語っている原理は、規定的な判断力にたいする客観的な原則であるが、第二の命題が語っている原理は、たんに反省的な判断力にたいする主観的な原則にすぎず、理性が反省的な判断力にたいして定めている判断力のための格律にすぎない。

484

自然の有機物の産出の意図の概念

すなわちわたしたちは自然の有機的な産物だけについても、継続的に観察することによって自然を探求しようとするならば、ある〈意図〉についての何らかの概念を必ず自然の根底に置かなければならないのである。こうした〈意図〉についての概念は、わたしたちの理性が経験的に使用されるために必ず必要な格律なのである。自然を研究するためにこのような手引きがひとたび採用され、確認されているのであるから、わたしたちが自然の全体についても、すでに述べた判断力の格律を適用することを、少なくとも試みなければならないのは明らかである。なぜならば自然のメカニズムの内部を見抜くわたしたちの洞察力には制限があるために、このような格律を適用することによって、これまで隠されていた自然の多くの法則を発見することができるかもしれないからである。

ただしこうした試みにおいては、判断力のこの格律は有用なものではあるが、不可欠なものではない。全体としての自然は、すでに述べたこの言葉のもっとも狭い意味で有機化されたものとしてはわたしたちに与えられていないからである。これとは反対に自然の産物の内的な特性を経験的に認識するためには、そして意図的にそのように形成され、その他の形では形成されることがなかったと判定できる自然の産物については、反省的な判断力のこうした格律を適用することは本質的に必然的なことである。というのも意図をもって産出されたという思想と結びつけないかぎり、こうした産物を有機的な事物として考える思想すら不可能になるからである。

485　目的論と神学

ところでわたしたちが何らかの事物を表象するときに、そのものの現実存在や形式が目的の条件のもとで可能であると考えるのであれば、そうした事物の概念は、自然法則にかんしてはこの事物の偶然性の概念と不可分に結びついている。したがってわたしたちが目的としてのみ可能であると認める自然の事物もまた、世界全体の偶然性を示すもっとも優れた証明となっているのであり、またそうした事物は世界の全体が、世界の外部に現実存在して、しかも目的に適った形式のために、知性をそなえた「神という」存在者に依存していること、さらにこのような存在者によって生まれていることを示すための唯一の証明根拠であり、これは常識にも哲学者にも妥当する証明根拠なのである。したがって目的論は、神学のうちでしか、その探求の解明を完成させることはできないのである。

486　完璧な目的論の証明すること

ところでもっとも完璧な目的論があったとしても、それは結局のところ何を証明するのだろうか。この目的論は、そのような知性をもつ存在者が現実存在することを証明するものであろうか。そのようなことはない。この目的論は、わたしたちが自らの認識能力の特性にしたがうことによって、すなわち経験と理性の最上の原理を結びつけることによって、ある意図のもとで働く至高の世界原因というものを思い描くことしかできないこと、そしてこうした世界の可能性についてはまったく何も認識できないということしか証明していないのである。だからわたしたちは〈知性をもつある根源的な存在者が存在する〉という命題を客観的に証明することはできない。わたしたちはただ、自然における目的について判断力を使って反省する際に、［判断力を使用するという目的だけで］この命題をただ主観的に立証することができるだけである。この自然における目的というものは、至高の原因が意図的な原因性を持つという原理によらなければ、いかなる原理によっても考えることができないのである。

487

自然の目的論の理論の難点

もしわたしたちがこの最上の命題を、目的論的な根拠に基づいて独断的に立証しようとするならば、わたしたちは抜け出すことのできない困難に巻き込まれてしまうだろう。というのもその場合にはこうした推論の根底に〈世界における有機的な存在者は、ある意図のもとで働く原因によらなければ不可能である〉という命題を置かなければならなくなるからである。ところがわたしたちはこうした事物を、目的の理念のもとでのみ、事物の因果結合のうちで追求し、この因果結合をその合法則性にしたがって認識するのである。だからわたしたちは、思考し認識するあらゆる存在者にたいしてもこのことを必然的な条件として、すなわちたんにわたしたちの主観に付随するだけではなく、客体に付随する条件として前提する権限を持つことになろう。そしてわたしたちはその際に、そのことを不可避的なものとして主張しなければならないだろう。

ところがわたしたちはこうした主張で切り抜けることはできないのである。というのもわたしたちは自然における目的を意図的なものとして実際に観察するわけではなく、自然の産物についての反省において、判断力の手引きとしてこの概念をつけ足して考えているだけであるから、自然における目的というものは、客体によってわたしたちに与えられたものではないのである。さらにこのような概念を、客観的な実在性のそなわったものとして想定可能なものであると正当化することは、アプリオリに不可能なことである。

そこでまったく主観的な条件だけに基づいた命題が、すなわちわたしたちの認識能力に適合した反省的な判断力の条件だけに基づいた命題が残るだけである。この命題を客観的かつ独断的に妥当する形で表現するならば、〈神というものが存在する〉ということになるだろう。ところがわたしたち人間にとっては、次のような制限された表現しか許されていない。すなわち〈わたしたちは、多くの自然の事物の内的な可能性についての認識の根底に、合目的性という概念を置かなければならないのであるが、これらの事物や総じて世界一般を、神のようなある知性的な原因の産物として表象するのでなければ、こうした合目的性というものを決して考えることも把握することもできない〉と表現するしかないのである。

488

自然の合目的性について人間に可能な命題

この命題はわたしたちの判断力にとって避けることのできない必然的な格律に基づいたものであって、これはあらゆる人間的な意図のうちで、わたしたちの理性の思弁的および実践的なすべての使用を完全に満足させるものである。そこでもしもこの命題が、さらに高次の存在者にも妥当することが証明できず、純粋な客観的な根拠から、この命題を証明することができなかったならば、わたしたちにとって何が失われるかを考えてみることにしよう。というのも残念ながら、わたしたちにはこの根拠を把握する能力はそなわっていないからである。

その場合にはわたしたちは自然のたんに機械的な原理によっては、有機的な存在者とその内的な可能性を十分に知ることはできず、ましてや説明することはできないだろう。これはまったく確実なことである。そしていつの日かニュートンのような人物が登場して、一本の草の茎の産出だけについても、いかなる意図によっても秩序づけられていない自然法則にしたがって把握できるようにしてくれるのではないかという見込みを立てたり、こうした希望を抱いたりすることも、人間にとって不合理なことであると率直に言えるほど、これは確実なことなのである。こうした洞察はむしろ人間にはまったく拒まれたものでなければならないのである。

しかしその際にわたしたちにとって既知の自然の普遍的な法則が特殊化された自然の原理をわたしたちが把握できるようになったならば、有機的な存在者の産出の根底に、ある意図を置くことなく、自然のたんなるメカニズムにおいて、有機的な存在者の可能性の十分な根拠が自然のうちに隠されたままであることなどは、まったくありえないと判断したとしよう。しかしこの判断はあまりに大胆なものであろう。わたしたちはこれをどこから知りうるというのだろうか。純粋理性の判断が問われるこの場面にあっては、不確かな可能性というものはまったく排除されるのである。

このようにしてわたしたちは〈わたしたちが正当にも自然目的と呼ぶものの根底には、何らかの意図をもって働く存在者が、世界原因として、したがって世界の創造主として存在しているかどうか〉という命題は、客観的には肯定的にも否定的にも判断することができない。少なくともわたしたちが、みずからの本性によって洞察することが許されていることにしたがって判断すべきであり、わたしたちの理性の条件と制約にしたがって判断すべきであるとするならば、わたしたちが自然目的の可能性の根底に、何らかの知性的な存在者のほかには、いかなるものも置くことができないのは確実である。このことだけがわたしたちの反省的な判断力の格律に適合するものであり、したがって主観的ではあるが、人類に抜きがたく与えられている根拠に適合するものなのである。

第七六節　注解

489 **前置き**

以下の考察は、超越論的な哲学であれば詳細に検討するに値するものであるが、本書ではここで述べられたことを証明するためではなく、逸話のような形で解明のための注釈として述べられるにすぎない。

490 知性の役割と理性の役割

理性はさまざまな原理を定める能力であり、極限的な要求においては無条件的なものに向かうものである。これに反して知性には、ある種の条件が与えられなければならず、その条件のもとで、知性はつねに理性に奉仕する。こうした知性には客観的な実在性が与えられなければならないのであり、理性はこうした知性の概念がなければ客観的に、そして総合的に判断することはできない。理論的な理性それ自身には構成的な原理は含まれず、たんに統制的な原理が含まれるだけである。

すぐに明らかになるのは、知性が理性とともに進んでゆくことができない場合には、理性は超絶的なものとなるということ、たしかに理性は、統制的な原理としての根拠づけられた理念のうちでは能力を発揮するが、客観的に妥当する概念のうちでは能力を発揮しないということである。また知性は理性と歩調を合わせて進むことはできないが、それでも客体についての［判断の］妥当性を確保するためには必要なものであり、知性は理性の理念の妥当性を主観だけに、ただし人類のすべての主観にたいして普遍的に妥当するものとして制限するのである。

言い換えれば知性は、わたしたち人間の認識能力の本性にしたがって、さらに一般的に表現すれば、有限な理性的な存在者一般の能力についてわたしたちが理解することのできる概念にしたがって、そうとしか考えることができず、またそうとしか考えざるをえないという条件のうちに制限するのであるが、このような判断の根拠が客体のうちにあるとは主張しないのである。ここでいくつかの実例をあげようと思うが、これらの実例はきわめて重要ではあるが、いくつか困難な問題があるため、これらを証明された命題として読者に押しつけることはできない。しかしこれらの実例は読者が熟慮するための素材となるものであり、ここでわたしたちの固有の仕事としている事柄に説明として役立ちうるものである。

491　知性による現実存在の判断

人間の知性にとっては、事物の可能性と現実性を区別することは不可避なことであるとともに必然的なことである。その根拠は主観と、主観の認識能力の本性のうちにある。というのも人間の認識能力を行使するために二つのまったく異質な要素が必要でなければ、すなわち概念のための知性と、その概念に対応する客体のための感性的な直観とが必要でなければ、このような可能的な事物と現実的な事物との区別は存在しないはずだからである。

もしもわたしたちの知性が直観するものであったならば、知性の対象はすべて現実的なものとなるだろう。そしてたんにある対象の可能性にかかわる概念というものはなくなるだろうし、わたしたちに何かを与えるが、その何かを対象として認識することはできない感性的な直観もなくなるであろう。ところでたんに可能的なものと現実的なものとはつねに、可能的なものは、あるものの表象をわたしたちの概念と関連して、また一般に考える能力と関連して定立することを意味するにすぎないが、現実的なものは、この概念の外部に物自体そのものを措定することを意味するということによって区別される。

このため可能的な事物と現実的な事物の区別は、人間の知性にたんに主観的に妥当する区別にすぎないのである。というのもわたしたちはあるものが存在しなくても、それを依然として思考のうちで持つことができるし、あるいはたとえあるものについての概念を持たないとしても、そのあるものを与えられたものとして表象することはできるからである。そこで〈事物は現実的でなくても可能的でありうる〉という命題は、そして〈たんなる可能性から現実性を推論することは決してできない〉という命題は、人間の理性には正しく妥当するのであるが、この区別が事物そのもののうちにあることを証明するものではない。これまで述べてきたことからこれを推論することはできないし、これらの命題はわたしたちの認識能力が感性的に条件づけられたものとして、感覚器官の対象である客体にもかかわる限りで客体にも妥当するものではあるが、事物一般には妥当しないのである。

このことは理性が何か〈あるもの〉を根源的な根拠として、無条件的に必然的に現実存在するものとして想定することを絶えず要求していることからも明らかである。このあるものについての可能性と現実性はもはやまったく区別されるべきではなく、わたしたちの知性はこのような理念についてはいかなる概念ももっておらず、このような事物やその現存のあり方についてどのように表象すべきかという方法をみいだすこともできないのである。

というのも知性がこのあるものを思考するならば、それをどのように思考するとしても、そのあるものはたんに可能であるものとして表象されているにすぎないからである。もしも知性がこのあるものを直観のうちに与えられたものとして意識するならば、このあるものは現実的なものであるが、その際に知性は可能性については何も思考していないのである。だから絶対的に必然的な存在者という概念は、わたしたちにとって不可欠な理性の理念ではあるが、人間の知性にとってはどうしても到達することのできない不確定な概念なのである。

それでもこの概念は、わたしたちの認識能力に特有の性質にしたがって、これらの認識能力の使用においては妥当するものであるが、客体について妥当するものではなく、それとともにあらゆる認識する存在者にたいして妥当するものではない。というのもわたしには、あらゆる認識する存在者について、これらの存在者の認識能力を行使するための二つの異なる条件として、したがってさまざまな事物の可能性と現実性の条件として、思考と直観の存在を前提することはできないからである。

このような区別のない知性にとっては、〈わたしが認識するすべての客体は存在する〈現実存在する〉〉と主張することができるかもしれない。このような存在者の表象のうちには、現存しなかった客体の可能性が入り込むことはできないだろうし、またこうした客体が現実存在する場合に、こうした客体の偶然性という概念も、この偶然性と異なる必然性という概念も、そうした存在者の表象のうちに入り込むことはできないだろう。

ところがわたしたち人間の知性は、知性の概念のためにこれについて理性と張り合うことがきわめて困難になっているのである。というのも客体に属するものとして理性が原理とするものが、人間的な知性としてのわたしたちの知性にとっては超絶的なものであるからであり、言い換えれば人間の知性の認識の主観的な条件のために不可能となるからである。

これについては〈もしも客体の認識が知性の能力を超えているような場合には、わたしたちはすべての客体について、わたしたちの本性に、すなわち人間の本性に必然的に付随した、認識能力の行使にかんする主観的な条件にしたがって考える〉という格律がつねに妥当するのである。そしてこのような形で下される判断は（超絶的な概念についてはこのような形で判断を下すしかないのである）、客体がどのような性質を持つかを規定する構成的な原理ではありえないだろう。それでもこうした判断は統制的な原理として、認識能力を行使する際に内在的で確実なものであり、人間の意図に適合した原理となるであろう。

492　理性にとっての統制的な原理としての自由

自然の理論的な考察においては、理性は自然の根源的な根拠が無条件的に必然的なものであるという理念を想定しなければならない。それと同じように実践的な考察においても理性は、自らの道徳的な命令を意識することによって、自然にかんして理性に固有の無条件的な原因性を、すなわち自由を前提とするのである。

ところでその場合に、わたしたちの行為の根拠が自然のうちにあるのであって、理性の原因性としての自由のうちにあるのではないならば、［わたしたちが行うべき］義務としての行為の客観的な必然性は、行為が出来事として持つはずの客観的な必然性と対立してしまうことになる。そして道徳的にみて端的に必然であるような行為が、物理的［現実的］にはまったく偶然的なものであって、必然的に生起すべきはずのことが、それでもしばしば生起しないことがあるとみなされることになる。そのため次のことが明らかになる。すなわち道徳的な法則は命令として表象しなければならない。こうした法則に適合した行為は義務として表象しなければならないのであり、また理性はこの必然性をある（生起する）ものとしてではなく、あるべき当為として表現するのであって、これはわたしたちの実践的な能力の主観的な性質だけによるものなのである。

もしも自然の対象に理性を適用する主観的な条件としての感性とは無関係に、理性の原因性だけについて考察されるならば、そして理性が道徳法則と全般的に合致する叡智的な世界における原因として考察されるならば、このようなことは発生しないであろう。そしてこの叡智的な世界においては、〈なすべし〉としての当為と〈なす〉こととしての行為のあいだにはいかなる区別もないだろうし、わたしたちにとって可能であるものについての実践的な法則とわたしたちにとって現実的であるものについての理論的な法則とのあいだにも、いかなる区別もないだろう。ところで叡智的な世界においては、すべてのものはたんにそのものが何か善なるものとして可能であるというだけで現実のものとなるだろう。しかしこのような叡智的な世界というものも、またこうした叡智的な世界の形式的な条件としての自由というものも、わたしたちにとっては超絶的な概念となってしまい、客体とその客観的な実在性を規定する構成的な原理には役立たないものである。それでも自由はわたしたちにとって、わたしたちの部分的には感性的な本性と能力との特性にしたがって、そして自らの理性の特性にしたがって表象できる限りのあらゆる理性的な存在者にとって、ただしそうした存在者が感性界と結びついている場合にかぎって普遍的な統制的な原理として役立つのである。この原理は原因性の形式としての自由の特性を客観的に規定するものではないが、あたかもこのことが行われるかのように、これに劣らない妥当性をもって、かの理念にしたがう行為の規則をあらゆる人にたいする命令とするのである。

493 判断力にとっての統制的な原理としての自然の合目的性

わたしたちが検討している事柄についても、これと同じように考えることができる。もしもわたしたちの知性というものが、普遍的なものから特殊的なものへと進まなければならないという性質のものでなければ、また判断力というものが、特殊的なものをそのもとに包摂することのできる普遍的な法則を持たなければ特殊的なものについて合目的性を認識することができず、いかなる規定的な判断も下すことができないという性質のものでなければ、わたしたちは自然のメカニズムと自然の技巧すなわち自然における目的連結とのあいだに、いかなる区別もみいだせなくなるのは明らかであろう。

ところが特殊的なものは、それが特殊なものであるから、普遍的なものにたいして何か偶然的なものを含んでいるのである。それにもかかわらず理性は自然の特殊な法則の結合のうちにおいて統一を求めるのであり、法則性を要求するのである。そして偶然的なもののこうした法則性が、合法則性と呼ばれるのである。

さらに特殊な法則のうちに含まれる偶然的なものについては、特殊な法則を普遍的な法則から、客体についての概念の規定によってアプリオリに導き出すことはできないのである。そしてこれらの二つの理由から、自然の産物における自然の合目的性という概念は、自然についての人間の判断力にとっては必然的な概念であるが、これは客体そのものの規定にはかかわらないものであり、判断力にたいする理性の主観的な原理なのである。この原理は構成的な原理ではなく、統制的な原理としてわたしたち、人間の判断力にたいして、あたかもそれが客観的な原理であるかのように、同じく必然的に妥当するのである。

第七七節　自然目的という概念をわたしたちにとって可能なものとする人間の知性の特有性について

494　自然目的という理念の特殊性

わたしたちは前の節の注釈において、上級の認識能力を含めた認識能力の特有性を列挙してきたが、やがてはこうした特有性があたかも客観的な述語であるかのように、事象そのものに適用する誘惑に駆られるものである。しかしこれらの特有性は理念にかかわるのであり、この理念には、それに適合した対象が経験においてはまったく与えられることがありえないのである。そしてその場合にこれらの理念は、経験を追求する場合に統制的な原理として役立っただけなのである。

自然目的という概念についても同じことが言えるのであって、こうした述語の可能性の原因は理念のうちにしか存在しえない。ただしこの原因に適合した結果としての自然の産物は、自然のうちに与えられているのである。また目的にしたがって働く存在者としての自然の原因性という概念は、自然目的という理念を、この存在者の構成的な原理としているようにみえる。そして自然目的という理念はこの点において、他のあらゆる理念とは異なる要素をそなえているのである。

495 **この理念の適用についての注**

ただしこの違いはすでに述べた理念が、知性にたいする理性の原理ではなく、判断力にたいする理性の原理であることによって生まれるのであり、したがってもっぱら経験の可能的な対象にたいする知性一般の適用のための原理であることによって生まれるのである。しかもこれが適用されるのは、判断が規定的な判断ではなく、たんに反省的な判断でありうる場合だけにかぎられる。その場合には対象は経験のうちに与えられてはいるが、この対象については、理念に適合して規定されたものと判断することはできず、ましてやこの理念に完全に適合したものと判断することはできないのであり、ただ対象にたいして反省的に判断することができるにすぎない。

496 人間の知性にそなわる限界

そのためこの違いは、判断力が自然の事物について反省する際に、判断力にかんするわたしたち人間の知性にそなわるある特有性によって生まれる。ただしそうだとするとそこには人間の知性とは異なるある可能的な知性についての理念が根底に存在していなければならない。それは『純粋理性批判』において、わたしたちの直観がある特殊な種類の直観であって、その対象が直観にたいしては現象としてだけ妥当するものとみなされるとすれば、別の可能的な直観を思い浮かべなければならなかったのと同じである。

これについて言えることはわたしたちは、ある種の自然の産物がわたしたちの知性に特有な性質にしたがって、自然の産物の可能性からみて意図的に、目的として産出されたとみなさなければならないということである。ただしそうだからといって自らの規定根拠として目的の表象をもつような特殊な原因が現実に存在することを求めるわけではない。だから人間の知性とは別のより高次の知性が、自然のメカニズムのうちに、すなわちもっぱらある知性がその原因として想定されるのではないような因果結合のメカニズムのうちに、自然のこうした産物の可能性の根拠をみいだしうるかもしれないということを否定するわけではないのである。

497　知性の特有性としての偶然性

このようにここで問題となるのは、わたしたちの知性が判断力とどのような関係にあるかということである。わたしたちはこの関係のうちに、わたしたちの知性の性質のある種の偶然性を探し出すことになるのであって、それによってこの偶然性を、人間とは異なる可能的な知性から区別される人間の知性に特有な性質として、確認することができる。

498　直観的な知性

この偶然性は、判断力が知性の概念の普遍的なもののうちに包摂しなければならない特殊なもののうちに、ごく自然にみいだされる。というのは特殊なものというものは、わたしたち人間の知性の普遍的なものによって規定されていないものであって、たがいに異なる事物がたとえ共通の特徴においては一致していたとしても、それがどれほど異なる仕方でわたしたちの知覚に現れることができるかは、偶然的なことだからである。

わたしたちの知性は概念の能力であり、論述的な知性である。このような知性にとっては、自然においてこの知性に与えられ、知性の概念のもとに包摂される特殊的なものが、どのような種類のものであるかということも、どれほど異なっているかということも、当然ながら偶然的でなければならない。

それでも認識のためには直観もまた必要なのであって、直観の完全な自発性の能力というものは、感性とは異なる、感性にはまったく依存しない認識能力であり、したがってもっとも普遍的な意味での知性であると考えられるのであるから、ここでわたしたちは直観的な（イントゥイティフ）知性というものを思い浮かべることができる。これを消極的に表現するとたんに論述的ではない知性と呼ぶことができよう。このような知性は普遍的なものから特殊的なものへ、したがって概念によって個別的なものへと進むのではないから、特殊な法則にしたがう自然の産物のうちで、自然と知性が一致するという偶然性は、この知性にはみいだされないのである。

ところがこの偶然性こそが、わたしたちの知性が、自然の多様なものを認識の統一へともたらすことをきわめて困難にしているものなのである。この認識の統一という営みは、わたしたちの知性が、自然のさまざまな特徴とわたしたちの概念の能力とがきわめて偶然的に一致する《アンシャウエント》場合に限って、実現できる仕事であるという性格のものである。しかし直観的な知性であれば、このような仕事は必要ではないのである。

499　知性の特別な性質

このためわたしたちの知性は判断力にたいしてある独自な性質をそなえている。というのもわたしたちの知性による認識においては、特殊なものが普遍的なものによって規定されず、そのため特殊なものを普遍的なものだけから導き出されることができないのである。それにもかかわらず自然の多様なもののうちで、この特殊なものが普遍的なもののうちに包摂されうるためには、さまざまな概念と法則によって、この特殊なものが普遍的なものと一致すべきなのである。ただしこの状況にあってはこうした一致はきわめて偶然的なものでなければならず、判断力にたいして規定された原理を欠如したままでなければならないのである。

500

〈人間とは異なる知性〉

それにもかかわらず自然の事物が判断力とこのように一致することが可能であることを少なくとも考えることはできるのであり、わたしたちはこのような一致を偶然的なものとして、この一致を目指した目的によってのみ可能なものであると考えるのである。しかしこれが可能となるためには、わたしたちは同時に人間とは異なる種類の知性を思い浮かべなければならない。わたしたちが自然の法則とわたしたちの判断力とのこうした一致を必然的なものとして考えることができるのは、このような人間とは異なる種類の知性との関連においてであり、とりわけこの知性に帰せられた目的との関連においてである。わたしたちの知性にとってはこの一致は、目的という結合手段によらなければ考えることができないのである。

501　原型的な知性の可能性

すなわちわたしたちの知性は認識する際に、たとえばある自然の産物の原因を認識しようとする際に、概念という分析的で普遍的なものから、与えられた経験的な直観という特殊なものへと進まなければならないという性質をそなえている。そのためこの場合にわたしたちの知性は、特殊なものの多様性についてはまったく規定していないのであり、判断力にたいするこのような規定は、対象が自然の産物である場合に、その対象についての経験的な直観が概念のもとに包摂されることによって実現されることを期待しなければならないのである。

ところでわたしたちは人間とは異なる種類の知性が存在していて、この知性はわたしたちの知性のように論述的ではなく直観的なものであって、総合的で普遍的なものから、すなわちある全体そのものの直観から特殊なものへと進む知性、全体から部分に進むような知性であると考えることができる。その場合にはこのような知性と、全体についてのこの知性の表象は、全体について規定された形式を可能にするために、さまざまな部分の結合の偶然性をそのうちに含んではいない。こうした偶然性を必要とするのは、わたしたち人間の知性なのである。わたしたちの知性は、普遍的に考えられた根拠としてのさまざまな部分から、その帰結としてこれらのもとに包摂されるべきさまざまな可能な形式へと進まなければならないという性格のものなのである。

このような人間とは異なる種類の知性とは違ってわたしたち人間の知性の性質によれば、自然の実在的な全体は、さまざまな部分においてたがいに競い合って働く力の結果にすぎないとみなすことができる。その場合にわたしたちは自分の論述的な知性にふさわしいように、全体の可能性がさまざまな部分に依存していると表象しようとするのでなく、直観的に働く原型的な知性に依拠して、さまざまな部分の性質と結合にかんする可能性が全体に依存していると表象することもできるであろう。その場合にはわたしたちの知性のすべてに同じく含まれている特有性によるならば、全体にはさまざまな部分の結合の可能性の根拠が含まれていると考えるのではなく（これは論述的な認識様式においては矛盾とされよう）、全体の表象に、この全体の形式とそれに必要な部分の結合の可能性の根拠が含まれていると考えることになるだろう。

ところがその場合には全体の表象が、全体の可能性の原因とみなされることになり、このような全体は結果として生まれる産物であることになる。そしてある原因の規定根拠がたんにその原因の結果の表象であるような原因の産物は、目的と呼ばれるのであるから、次のように結論できる。すなわちわたしたちが自然の産物を、物質の自然法則による原因性とは別の原因性によってのみ、すなわち目的と目的原因との原因性によってのみ可能であるとみなすのであれば、このような考え方はたんにわたしたちの知性に特有な性質から帰結したものにすぎないのである。さらにこの原理はこうした産出様式にしたがって、この事物そのものの（たとえそれが現象として考察されたにしても）可能性にかかわるのではなく、このような事物についてのわたしたちの知性に可能な判定にだけ関わることになる。

その際にわたしたちは同時に、なぜわたしたちが自然学において、自然の産物を目的にしたがう原因性によって解明するのでは満足できないかについても、洞察することができる。というのもわたしたちはこの解明作業においては、自然の産出プロセスをたんにそれを判定するわたしたちの能力に、すなわち反省的な判断力に適合するものとして判定することを要求するのであって、規定的な判断力のために事物そのものに適合して判定することを要求しないからである。

ここでは後者のような原型的な知性《インテレクトゥス・アルケテュプス》が可能であることを証明する必要はなく、

ただ次のようなことを証明すればよい。すなわちわたしたちの論述的で形象を必要とする知性、すなわち模型的な知性《インテレクトゥス・エクテュプス》について考察しながら、この知性のこうした性質の偶然性を比較する際に、原型的な知性という理念に導かれるのであって、この理念がいかなる矛盾も含んでいないことを証明すればよいのである。

502　自然を解釈する二つの原理

わたしたちが物質の全体をその形式にかんして、さまざまな部分およびおのずから結合するそれらの部分の力や能力の産物とみなすならば、そしてこうしたさまざまな部分がたがいに供給し合うその他の物質も考慮に入れるならば、わたしたちはこの全体の産出様式を機械的な産出様式であると考えていることになる。ただしこのような考え方においては、目的としてのこの全体についてはいかなる概念も現れてこない。このような全体の内的な可能性は、さまざまな部分の性質や作用様式までが依存する全体についての理念をどうしても前提としなければならないのであり、実際にわたしたちは有機的な物体をそうした全体として考えなければならないのである。

ただしすでに述べたように、このことからこうした有機的な物体が機械的に産出されることは不可能であるという結論はでてこない。なぜならばそれが不可能であると主張することは、いかなる知性にとっても、多様なものの結合におけるこのような統一を表象することは、このような統一の理念が同時にこうした統一を産出する原因でなければ、すなわち意図的に産出するのでなければ不可能であり、矛盾することだと主張することになるからである。

しかしわたしたちが物質的な存在者を物自体そのものであるとみなすことが正当化されるのであれば、実際にこのような結論が引き出されることになろう。というのもその場合には、自然におけるさまざまな事物の形成の可能性の根拠をなす統一は、もっぱら空間の統一にすぎないものとなるが、空間はさまざまな事物が産出されるための実在的な根拠ではなく、産出されるための形式的な条件であるにすぎないからである。

空間のうちにおいてはどのような部分も全体と関係するのでなければ規定されえず、全体の表象がさまざまな部分の可能性の根底に存在するのでなければ、どのような部分も規定されえないのであって、これはわたしたちが求める実在的な根拠といくらか類似したところはあるが、それでも空間は産出の形式的な条件にすぎないのである。それでも物質的な世界をたんなる現象とみなし、あるものを現象ではなく物自体そのものと考え、このような基体の根底に、これに対応したわたしたち人間の直観とは異なる知的な直観を置くことは、少なくとも可能なことである。そのためこうした理由で、ある超感性的な実在根拠が、わたしたち自身もともに属している自然のために生じることになるであろう。たとえそれがわたしたちには認識できないとしてもである。

こうした自然のうちでわたしたちは、自然において感覚器官の対象として必然的なものを、機械的な法則にしたがって考察するのである。他方では特殊な法則の合致と統一については、そして特殊な法則にしたがっていて、わたしたちが機械的な法則から判断するかぎりでは偶然的なものと判定しなければならないような形式の合致と統一については、わたしたちは自然のうちで理性の対象として（それどころか自然全体を体系として）、同時に目的論的な法則にしたがって考察することになるだろう。

このようにしてわたしたちはこうした自然を、二種類の異なる原理にしたがって判定することになる。その際に目的論的な説明の方法を採用した場合にも、機械的な説明の方法は、こうした説明方法と矛盾するものとして排除されることはない。

503　目的論的な原理の不可欠性

これまで述べてきたことから、これまでつねにたやすく推測されてきたものの、確実に主張したり証明したりすることが困難であった次のことが洞察できるようになる。すなわち合法則性にしたがって自然の産物を機械的に導き出す原理は、目的論的な原理と共存することができるが、こうした目的論的な原理を無用のものとすることは決してできないということである。

すなわちわたしたちが自然目的として判定せざるをえない事物である有機的な存在者においては、機械的な産出にかかわるあらゆる法則を試すことができるし、そうした法則をうまく適用できると期待することができるのであり、こうした法則としては、既知の法則も、これから発見されるべき法則も含まれるのである。しかしそのような自然の産物の可能性のために、機械的な産出とはまったく異なる産出の根拠を、すなわち目的による原因性の産出の根拠を援用せずに済ませることは決してできないのである。

またいかなる人間の理性によっても、あるいは程度からすれば人間の理性を著しく超え出ているとしても、その性質から考えてわたしたちの理性と類似したどのような有限な理性によっても、たんなる機械的な原因によっては、草の葉一枚の産出さえも理解することを期待できないことも洞察できるのである。

というのもわたしたちは経験だけを手掛かりとしてこうした対象の可能性を研究するためにも、この可能性を判定する判断力にとっては、原因と結果の目的論的な連結はどうしても不可欠だと考えるからである。さらに現象としての外的な対象にとっては、目的と関連した十分な根拠をみいだすことはできないのであり、こうした根拠はたとえ自然のうちにあるとしても、やはり自然の超感性的な基体のうちだけに求めなければならないのであって、しかもわたしたちはこの基体についてはいかなる洞察ももちえないと考えるからである。

このようにしてわたしたちには、目的結合のために自然そのものから説明根拠を手に入れることはまったくできないのであり、また人間の認識能力の性質にしたがって、目的結合のための最上の根拠を、世界原因である何らかの根源的な知性のうちに求めることは必然的なことなのである。

第七八節　自然の技巧のうちにおいて物質の普遍的なメカニズムの原理と目的論的な原理とが合一することについて

504

合目的性の二つの説明方法

理性にとっては、自然における事物の産出にかんして自然のメカニズムを見捨てないこと、またそれについて説明する際にこのメカニズムを見過ごさないことがかぎりなく重要である。というのもこのメカニズムがなければさまざまな事物の本性についていかなる洞察も得られないからである。たとえわたしたちが、ある最高の建築技師が自然の形式を、以前から存在しているとおりに直接に作り出したと認めたとしても、あるいはこの建築技師が自然の経過のうちで同一の模範にしたがって連続的に形成されるような自然の形式を予定していたと認めたとしても、それによってわたしたちの自然認識がいささかも促進されるわけではない。なぜならばわたしたちはあの最高の存在者の働き方についても、自然の存在者の可能性の原理を含むはずのこの最高の存在者の理念についてもまったく知らないのであって、そのためこの存在者から言わば上から下へと、アプリオリに自然を説明することはできないからである。

ところでわたしたちは経験の対象の形式のうちに合目的性が存在すると信じているのであって、この合目的性を説明するために、これらの形式について下から上へと、アポステリオリに目的にしたがって作用する原因を引き合いに出すのであれば、わたしたちはまったく同義反復的な説明を行うことになり、言葉によって理性を欺いてしまうことになるだろう。そしてわたしたちがこうした説明のやり方によって超絶的なものへと迷い込んで、もはや自然認識のほうでわたしたちにつきしたがうことができなくなるのであれば、理性は空想によって夢想するように誘われることになってしまうのは明らかである。ところがこのことを防ぐのが理性のもっとも重要な使命なのである。

505 目的の原理の重要性

他方では自然の産物について、目的の原理を見過ごさないことも、同じように必要不可欠な理性の格律である。この原理によってわたしたちが自然の産物の発生の仕方をよりよく把握できるようになることはないとしても、この原理は自然の特殊な法則を探求するための発見的な原理として役立つからである。このことは、自然そのものを目的の原理にしたがって説明するためにその原理を使用しない場合にも言えることである。というのもたとえ一見したところ自然の産物が意図的な目的による統一を表現しているように思えた場合にも、わたしたちはこうした自然の産物を相変わらず自然目的と呼ぶのであって、自然を超えてこれらの産物の可能性の根拠を求めることはないからである。

ただしそれでも結局はこの可能性を問わなければならなくなるのであり、この可能性のために自然のうちにはみいだされないような特殊な種類の原因性を考えることは必然的なことである。それは自然原因の機械的なメカニズムが、それ自身の原因性を持つのが必然なことと同じである。それというのも物質はこの機械的なメカニズムにしたがって取りうる形式よりも多くの別の形式を受け入れるものであるため、何らかの原因の自発性が加わらなければならないのである（この原因は物質であることはできない）。この自発性がなければ物質のそうした形式についていかなる根拠を示すこともできないだろう。

たしかに理性はこのような歩みを踏み出す前に、慎重にふるまわなければならないのであり、自然のあらゆる技巧を目的論的に説明してはならない。すなわちわたしたちのたんなる把握作業についても、規則正しい物体にみられるように、形態の合目的性をそれ自体で示すような自然の産出能力を目的論的に説明しようと試みてはならない。むしろつねにできるかぎりたんに機械的に可能なものとみなさなければならない。ただしそれだからといって目的論的な原理をすべて排除しようとすることは、そして理性によって自然の形式の発生する原因の可能性を探求する際に、合目的性がまったく否認できない形で、他の種類の原因性との関係が示されているのに、それでも依然としてたんなるメカニズムによって説明しようとすることは、空想的なことであり、考えることのできない自然の能力についての幻影のうちに理性を彷徨《さまよ》わせてしまうことになる。これは自然のメカニズムをまったく考慮に入れないたんなる目的論的な説明方法が、理性を夢想的にさせるのと同じ結果をもたらすのである。

506　二つの原理の合一不可能性

　この二つの原理を、自然のうちにある同一の事物において、片方の原理が他方の原理を説明する演繹のための原則となるという形で結びつけることはできない。すなわち規定的な判断力が自然を独断的に洞察するための構成的な原理として、これらの二つの原理を合一させることはできないのである。たとえば一匹の蛆虫《うじむし》について、この蛆虫が物質のたんなるメカニズムの産物であると想定するならば、すなわち物質のさまざまな要素が腐敗によって分解された際に、物質がそれ自身だけで引き起こす新しい形成作用の産物であると想定しておいたあとで、この同じ物質を目的にしたがって作動する原因性とみなして、この物質から蛆虫という同じ産物を導き出すことはできないのである。

　その反対にもしもわたしがこの同じ蛆虫という産物を自然目的として想定するのであれば、わたしはこれが機械的に産出される方式に依存することはできないのである。この産物がどのようにして可能となるかという観点から、この事物について判定するための構成的な原理として、こうした機械的な産出方式を想定することはできないのであり、このようにしてこれらの二つの原理を合一させることはできないのである。というのも片方の説明方式は他方の説明方式を排除するからである。たとえ客観的にみてこのような産物の可能性の二つの根拠が、客観的にただ一つの根拠に基づくものであるにもかかわらず、わたしたちにはこのただ一つの根拠を洞察することができないだけにすぎないとしても、これらの二つの原理を合一させることは不可能なのである。

この二つの説明方式によって自然を判定する場合には、これらの二つの説明方式の合一の可能性を実現するはずの原理は、これらの二つの説明方式の外部に置かなければならず、したがって可能な経験的な自然についての表象の外部に置かなければならない。しかもそうした自然の表象の根拠を含むもののうちに、すなわち超感性的なもののうちに置かなければならないのである。そしてこれらの二つの説明方式のそれぞれは、この超感性的なものに関係づけられねばならないのである。

わたしたちはこうした超感性的なものについては、これが自然について経験的な法則によって判断することを可能にする根拠であるという不確定な概念しか持つことができないのであって、どんな述語をあてはめても、この概念をこれよりも詳しく説明することはできない。そのためこれらの二つの原理の合一が可能だとしても、その根拠は、与えられた法則にしたがっている産物の可能性を規定的な判断力にたいして解明する、すなわち説明することではなく、反省的な判断にたいして論究する、すなわち考察することでしかない。というのも〈解明する〉ということは、一つの原理から導くということであり、そのためには明瞭に認識し、提示することができなければならないからである。

自然のメカニズムの原理と、目的にしたがう自然の原因性の原理は、自然の同一の産物について考える際には、どちらもそれよりも上級の唯一の原理において関連しあい、たがいにこの原理から導かれねばならない。それでなければこれらの二つの原理が、自然についての考察において両立することはできなくなるだろう。しかし客観的にみてこれらの原理と共通している上級の原理が存在していて、この原理に基づいて行われる自然の探求で使われる格律について、これらの二つの原理の相互的な作用を正当化することができるとしても、こうした上級の原理はたんに示唆されるだけで、明確に認識することはできないものであり、検討しようとする事例にたいして明確な形で提示することはできないはずである。

だからこうした上級の原理からいかなる説明を引き出すこともできず、前記の二つの明確に異なる原理にしたがって可能となる自然の産物のその可能性を、この上級の原理によって明確に規定された形で導くことはできない。ところでこのように機械的な［原理による自然の産物の］導出と目的論的な［原理による自然の産物の］導出に共通する［上級の］原理が存在するとすれば、そうした原理はわたしたちが現象としての自然の根底に置かねばならないような超感性的なものであらざるをえないだろう。

しかしわたしたちは理論的な意図においては、このような超感性的なものについて肯定的で規定的な概念を作ることはできないのである。そのため原理としてのこの超感性的なものによって、自然の特殊な法則にしたがっている自然がわたしたちにとっていかにして一つの体系を構成するのかを説明することができないのである。言い換えると、こうした自然の体系が物理的な原因による産出の原理にしたがっても、あるいは目的原因の原理にしたがっても可能であると認識することができるような体系を、いかにして構成することができるのかについては、決して明らかにすることができないのである。

わたしたちにできるのは、目的論的な原則に依拠せずに［機械的な］メカニズムの原理にしたがった場合に（この原理は自然の存在者なるものをつねに要求するのである）、わたしたちにとってその可能性を考えることができないような自然の対象が現れた場合にかぎって、次のことを前提とすることができるのである。すなわちわたしたちは、自然の産物の可能性がわたしたちの知性にとって、これらのどちらかの原理に基づいて認識可能である場合には、自然の産物の判定についての前記の二つの原理のあいだで発生する外見だけの争いに躓《つまず》くことなく、自信をもってこれらの二つの原理にしたがって、自然の法則を探求することが許されるということを前提することができるのである。というのも、この二つの原理は何らかの超感性的な根拠を前提とする現象にかかわるものであるから、二つの原理が客観的にも一つの原理において合一しうるかもしれないという可能性は、少なくとも保証されているからである。

507

超越的な原理のもつ制約

だから同一の産物とその可能性についてみると、たとえ自然の［機械的な］メカニズムも、自然の目的論的で意図的な技巧の機能も、どちらも特殊な法則にしたがう自然の共通な上級原理のもとにあるとしても、この原理はやはり超越的なものであるから、わたしたちの知性の制約を考えるならば、これらの二つの原理を同じ自然の産出についての解明のうちで合一させることはできない。たとえ有機的な物質にみられるように、この産物の内的な可能性ですら、目的にしたがった原因性によってのみ理解することができる場合でも、それを行うことはできないのである。

そのためすでに述べた目的論の原則、すなわち〈人間の知性の性質にしたがうかぎり、自然における有機的な存在者の可能性の原因としては、意図的に作用する原因のほかにはいかなる原因も想定できず、この自然の産物について解明するためには、自然のたんなるメカニズムではまったく不十分である〉という原則は維持されるのである。ただしこれによって、こうした事物の可能性そのものについて、この原則によって何かを決定しようとするわけではない。

508　この原則の性格

すなわちこの原則は反省的な判断力だけのための格律であって、規定的な判断力のための格律ではないのであり、わたしたちにとって主観的に妥当するだけであり、この種の事物そのものの可能性について客観的に妥当するものではない。もしもこのように客観的に妥当するものであれば、これらの二つの産出様式は、同一の根拠において関連しあうことができるようになるだろう。さらにその際に同時にみいだされるべき自然のメカニズムについての概念は、目的論的に考えられた産出様式につけ加えて考えられるべきであって、そのような概念がまったく欠如している場合には、そのような産出は自然の産物としては決して判定することができないだろう。

このような理由からすでに述べた格律は、さまざまな事物を自然目的として判定する際に、これらの二つの原理を合一する必然性を伴っていることになる。ただしそれは片方の産出方式を、他方の産出方式の全体あるいは一部の代わりに使用するためではない。というのも少なくともわたしたちが意図によってのみ可能であると考えられるものに代えて、いかなるメカニズムを想定することもできないし、また メカニズムにしたがって必然的であると認識されるものに代えて、目的を規定根拠として必要とするようないかなる偶然性も想定することができないからである。このように［自然の機械的な］メカニズムを、他方の［目的論的な］意図的な技巧の機能に従属させることだけができるのであって、これは自然の合目的性の超越論的な原理にしたがって、十分に行われてよいことなのである。

509　二つの原理の合一の可能性

というのもある種の事物の可能性の根拠として、何らかの目的が考えられる場合には、そのための手段もまた想定しなければならないからである。こうした手段の作用法則は、それだけでは目的を前提とするものを必要としないのであり、そのため機械的なものであるが、それでも意図された結果を生じさせる従属的な原因でありうるからである。

そこで自然の有機的な産物のうちですら、自然の産出のうちに機械的な法則と目的論的な法則との広範囲にわたる普遍的な結合が考えられるのである。それだけではなく無限に多くのこうした産物がきっかけとなって、わたしたちが少なくとも許された仮説によって、特殊な法則にしたがう自然原因と結びついた意図的なものを、自然全体としての世界にたいする反省的な判断力のための普遍的な原理としても想定する場合には、このような結合が考えられうるのである。そしてこの場合にはこうした自然の産出を判定するこれらの二つの原理が取り違えられることはないし、片方の原理が他方の原理によって代用されることもないのである。なぜならば目的論的な判定において、ある物質がとる形式が、何らかの意図にしたがってのみ可能であると判定される場合にも、物質の本性から考えて、機械的な法則にしたがって表象された目的に、その物質が手段として従属することもありうるからである。もっともこのように二つの原理が合一されうる根拠は、一方の原理でも他方の原理でもないもの、メカニズムでも目的結合でもないもの、すなわち自然の超感性的な基体のうちに存在しているのである。ただしわたしたちはこれについては何も認識することができない。だからわたしたち人間の理性に対しては、こうした客体の可能性を表象する二つの方式が融合することはありえないのである。わたしたちはこの可能性が、目的原因の連結にしたがって、ある至高の知性［神］に基づいていると判定するしかないのである。そのためこれによって目的論的な説明方法からは、何も奪われることがないのである。

510　叡智的な原理のもつ能力

ところで自然のメカニズムが自然におけるあらゆる究極的な意図のための手段としてどれほどのことをなしているのかはまったく規定されておらず、わたしたちの理性にとって永久に規定できないものである。また自然一般の可能性についてこれまで述べてきたような叡智的な原理からすると、自然は物理的な法則と目的原因の法則という普遍的に合致する二つの法則にしたがってあまねく可能であると想定されているのであるが、わたしたちにはこれがどのようにして生じるのかをまったく洞察できないとしても、それを想定することはできる。そのためわたしたちは、わたしたちにとって可能な機械的な説明方法がどこまで及ぶかを知ることもできないのである。

ただし確実なのは、わたしたちが機械的な説明方式でどれほど説明することに成功したとしても、この説明方式ではわたしたちがひとたび自然目的として認めた事物にとっては不十分なものであって、わたしたちは自らの知性の性質にしたがって、機械論的な根拠をすべて目的論的な原理に従属させなければならないのである。

511　人間の理性の権能

これまで述べてきたことから、わたしたちには次のような権能が与えられているのであり、メカニズムの原理にしたがう自然研究がわたしたちの理論的な理性の使用にとって重要なものであるだけに、この権能はまたわたしたちにとっての使命でもある。この権能とは、どれほど合目的性を満たしているとしても、自然のすべての産物と出来事については、わたしたちの能力の及ぶかぎりで機械的に説明することが許されるという権能である。ただしわたしたちはこの能力の制約については、この探求の仕方の内部において説明することはできない。その際にわたしたちが決して見失ってはならないのは、理性の目的についての概念だけによってわたしたちが探求を企てることができるような産物と出来事については、機械的な原因にもかかわらず、わたしたちの理性の本質的な性質にふさわしい形で、最終的には目的にしたがった原因性に従属させなければならないということである。

付録　目的論的な判断力の方法論

第七九節　目的論は自然学に属するものとして扱わなければならないか

512

学問体系のうちで個々の学問が占める位置

あらゆる学問は、すべての学の総括論のうちに指定された場所を持たなければならない。その学が哲学的な学問であるとすれば、学問体系のうちの理論的な部門においてであるか、あるいは実践的な部門において、その位置が指定されなければならない。その学が理論的な部門のうちにその場所を占めている場合には、経験の対象となりうるものを考察するものであるかぎり、自然論において、すなわち物体論や心理学や一般宇宙論のうちにその位置が指定されねばならない。あるいは経験のすべての対象の総括としての世界の根源的な根拠について探求する神学のうちに、その位置が指定されなければならない。

513　目的論の占めるべき位置

ここで問題になるのは、目的論には［学問体系において］どのような位置がふさわしいのかということである。目的論は、もともとそう呼ばれている自然科学に属するのであろうか、それとも神学に属するのであろうか。そのどちらかに属していなければならないのである。というのも片方の学から他方の学に移行する中間段階には、どのような学も属することができないからである。こうした移行は体系の分節化や組織化を示すものであって、体系の中の場所を示すものではないからである。

514　目的論は神学に属さない

神学においては目的論の使用はきわめて重要な意味をそなえているものの、目的論が神学の一部門でないことは、目的論の性質を考えてみれば明らかになることである。というのも目的論の考察の対象となるのは自然の産出とその原因だからである。目的論がこうした原因を自然の外に、自然を超えた場所に存在する根拠としての神的な創造者に求めたとしても、目的論はこれを規定的な判断力にたいして示すのではなく、自然の考察における反省的な判断力だけに示すのである。というのも反省的な判断力は、世界におけるさまざまな事物の判定を、人間の知性に適合した統制的な原理としての理念によって行うからである。

515　目的論は自然科学にも属さない

ところが目的論はまた、自然科学に属するようにも思われない。というのも自然科学は自然のさまざまな作用について客観的な根拠を示すために、たんに反省的ではない規定的な原理を必要とするからである。実際のところ自然を目的相互の関係に基づいて考察したところで、自然の理論にとっても、自然の作用原因による自然の現象の機械的な説明にとっても、何ら有益なものはえられないのである。

自然の産物が目的論的な概念にしたがって一つの体系を形成すると考える場合には、これらの産物にみられる自然の目的を提示する作業は、本来はある特殊な手引きにしたがってまとめられた自然記述に属するものにすぎない。ここにおいては理性は、多くの情報を与え、実践的にさまざまな見地から目的に適ったすばらしい仕事をしているのではあるが、これらの形式の発生と内的な可能性については、いかなる情報も与えないのである。そしてこのような情報を獲得することこそが、理論的な自然科学の本来の課題なのである。

516　目的論の位置とその影響力

このように学問としての目的論は、積極的な理論に属する学問ではなく、批判にだけ属するのであり、しかも特殊な認識能力である判断力の批判にだけ属するのである。ところが目的論にアプリオリな原理が含まれるかぎりで、目的論は、目的原因の原理にしたがって自然についてどのように判断しなければならないかという方法を示すことができ、また示さなければならないのである。このような形で目的論の方法論は、理論的な自然科学における手続きに、少なくとも消極的な形で影響を及ぼすのである。

さらにこの自然科学は形而上学のうちで神学の予備学となるものであるから、自然科学と神学との関係についても、少なくとも消極的な形で影響を及ぼすのである。

第八〇節　ある事物を自然目的として説明する場合には、メカニズムの原理が目的論的な原理に必然的に従属することについて

517

メカニズムによる説明の限界

すべての自然の産物について、それを端的に機械的に説明することだけを目指す権能は、そのものとしてはまったく制約なしに行使することができる。しかしこの説明方法だけですますことのできる能力は、わたしたちの知性の性質にしたがう限り、わたしたちの知性が自然目的となる事物とかかわる場合には、きわめて制約されたものであるだけでなく、明確に限界が定められている。

すなわち判断力の原理にしたがうならば、自然目的としての事物について、たんに

機械的な説明方法の手続きによるだけでは何も達成されないのであり、わたしたちはつねに自然の産物についてこのように判定する作業を同時に目的論的な原理のもとに従属させなければならないのである。

518　メカニズムによる説明の放棄の意味

だから自然の産物について説明する作業においては、成功の見込みがあるかぎりで、自然のメカニズムを追跡することは理性的であり、賞賛に値することである。たとえこの試みを放棄するとしても、それを放棄する理由が、この方法では自然の合目的性と出会うことがそれ自体において不可能であることにあるのではなく、そうすることが人間としてのわたしたちにとって不可能であることにあるのであれば、そうした放棄は理性的なものであり、賞賛に値するのである。

というのもこれが可能であるためには感性的な直観とは別の種類の直観が必要になるであろうし、特殊な法則にしたがう現象のメカニズムの根拠を示すことができるような自然の叡智的な基体についての一定の認識が必要となるであろう。ところがこれらのすべてはわたしたちの能力を完全に超えているのである。

519 自然研究者の心得

このように自然研究者がまったく無益な仕事に労力を費やさないようにするには、そのものの概念が自然目的であることが疑いのないほどに確定されているような有機的な存在者について判定する際には、つねに何らかの根源的な有機的な組織をその根底に置かなければならない。この有機的な組織は他の新たな有機的な形式を生み出すために、あるいは自らの形態を新しい形態に発展させるために、自然のメカニズムそのものを利用するのである。そしてこうした形態はつねに自然の何らかの目的から生まれ、自然の何らかの目的に適合して生まれるのである。

520 動物にみられる共通の図式と合目的性

比較解剖学によって有機的な自然の偉大な創造について詳細に調べることは、そしてそこにおいて体系に類似したものが存在するのではないかと、しかも産出原理にかんしてそうしたものがみいだされるのではないかと観察することは賞賛すべきことである。たんなる判定の原理は、有機的な自然の産出について洞察するために必要などのような情報も与えてくれないのであるから、わたしたちがこの判定の原理だけを採用しつづけて、この分野での自然認識のあらゆる要求を落胆して放棄してしまう必要はないのである。

これほど多くの動物の〈属〉において、何らかの共通の図式が一致してみられるのであり、こうした図式はこれらの動物の骨格だけではなく、その他の部分の配置についても根底において規定しているようにみえる。これについては、基本的な輪郭について賞賛に値するほどの単純さがみられるのであり、ある部分がまき込まれ、他の部分が引き伸ばされることによって、あるいはある部分が収縮され他の部分が外に向けて展開されることによって、きわめて多様な種が生み出されているのである。このような一致について考察するならば、それなしでは自然科学が成立できないような自然のメカニズムの原理によって何かを達成できるのではないかというかすかな希望の光が、心のうちに投げかけられるのである。

これらの形式はきわめて異なるものでありながら、ある共通の原型に適合した形で生み出されたようにみえるのであり、このような形式における類比から判断して、これらの形式が何らかの共通の根源的な母胎から産出されたために、現実的な類縁性をそなえるようになったのではないかという推測が強まるのである。目的の原理がもっともよく確証されていると思われる人間からクラゲにいたるまで、さらにクラゲから苔や地衣類にいたるまで、そして最後にはわたしたちに知られている自然の最低の段階である天然のままの物質にまで、ある属の動物から別の属の動物へと段階的に近接することによって、こうした類縁性が生まれたのではないかと推測されるのである。

自然のあらゆる技巧は、この天然のままの物質とその力に由来するように思えるのであり、さらに物質が結晶を生み出す際に働いている法則と同じような機械的な法則にしたがっているように思われるのである。有機的な存在者のうちで働くこの自然のあらゆる技巧は、わたしたちにはきわめて把握しにくいものであり、そのために別の原理を考えなければならないと考えられるのである。

521　自然の考古学

ここで自然の考古学者が登場するとすれば、自然のもっとも古い時代の変動の名残をとどめている痕跡から、考古学者が知っているか憶測することのできるあらゆる自然のメカニズムにしたがって、被造物の全体を大きな家族のように自由に出現させることができるだろう。というのもすでに述べたようなあまねく連関する類縁性が存在することに何らかの根拠があるとすれば、被造物はこのような大きな家族のようなものと考えなければならないはずだからである。

自然の考古学者は、混沌状態から抜け出したばかりの地球をいわば一匹の大きな動物のようにみなして、この地球の母胎に最初はそれほど目的に適っていないような形式を持った被造物を産ませ、さらにこうした被造物に、それぞれの生息地と相互の関係にいっそう適合して形成された他の被造物を産ませることができるのである。そしてやがてはこの母胎そのものがこわばり硬直して、生み出されるものがもはや変容しない一定の種に限定されるようになる。そのためこうした多様な被造物は、かつての豊穣な形成力の最後の結果として留まりつづけることになるのである。

ただし自然の考古学者はこの目的のためにはこうした普遍的な母胎に、これらのすべての被造物に目的に適った形でそなわった有機的な組織を与えなければならない。それでなければ動物界や植物界にみられる産物の形式が目的に適ったものでありうる可能性が、まったく考えられなくなるからである（注）。しかしその場合に自然の考古学者は、たんに説明根拠を先に推しやっただけであり、動植物の世界における産出を、目的原因の条件に依存しないものとしたなどと称することはできないのである。

521n　仮説の実例としての単一発生説

（注）この種の仮説は理性の大胆な冒険と呼ぶことができる。そしてきわめて明敏な自然研究者のうちで、こうした冒険がときに心をよぎらなかった人は少ないだろう。なぜならこうした冒険は一般に、有機的な存在者が有機化されていない生の物質のメカニズムの作用によって生み出されたとする偶然発生の理論ほどに、不合理なものではないからである。たとえこの種の存在者のうちで種別的にはある有機的なものが他の有機的なものとは区別されているとしても、それが有機的なものからしか産出され

ないのであれば、相変わらず言葉のもっとも一般的な意味で、この仮説を単一発生説とみなすことができよう。

たとえばある種の水棲動物が次第に沼沢動物に変化し、幾世代の生殖活動の後に、沼沢動物が陸棲動物に発達したとみなす仮説は、このようなものである。このような仮説はアプリオリにたんなる理性の判断としては自己矛盾するものではない。しかし経験においてはこのようなことを示す実例は存在しないのであり、経験によるとわたしたちが知っているすべての産出はむしろ同種発生と呼ぶべきものである。これは有機化されていない物質からの生殖とは対立する単一発生であるだけでなく、有機的な組織そのものにおいて、産出するものがそれと同種の産物を生み出すのである。これにたいして異種発生は、自然についてのわたしたちの経験的な知識が及ぶかぎり、まったくみいだされないのである。

522　種の「進化」の原理

有機的な類に属するある種の個体に偶然に変化が発生したとしても、これらの個体の特性におけるこうした変化が遺伝的なものとなり、生殖能力のうちに取り入れられることが確認されたとするならば、こうした変化は、種の自己保存のために種のうちに目的に適った形で根源的に存在する素質が、偶然のきっかけによって展開されたと判定するのが適切であろう。というのも有機的な存在者はあまねく内的な合目的性をそなえているのであって、同種のものの生殖においては、目的の体系のうちでまだ展開されていない根源的な素質の一つに属さないものは、いかなるものも生殖能力のうちに取り入れることはないという条件と、きわめて密接に結びついているからである。もしもこの原理から離れるならば、現在においてある種のうちでみられる形式のより多くの部分が、これと同じように偶然的で目的をそなえていない起源によるものでないかどうかを、確実に知ることはできないのである。そしてこの原理から離れるならば、〈ある有機的な存在者において、そのものの繁殖で維持されるものはすべて目的に適ったものと判定される〉という目的論の原理の適用の正しさが、ほとんど信頼できなくなってしまい、この原理はもっぱら最初の根源的な種だけにしか妥当しないことになるのである。しかもわたしたちはもはや、この根源的な種がどのようなものであったかを知ることはできないのである。

523　ヒュームの異論

こうしたすべての自然目的について目的論的な判定の原理を主張し、何らかの建築術的な知性を想定する必要があると主張する人々に反対して、ヒュームは次のような異論を唱えた。ヒュームは、この主張にたいして、このような知性がどのようにして可能なのか、言い換えればさまざまな能力や特性が、特定のある存在者においてこのように目的に適って集まることによって、実行力を同時にそなえた知性がどのようにして可能になったのかという疑問を、そうした主張と同じ権利をもって提起することができるだろうと反論したのである。

しかしこの異論は無効である。というのもそれ自身のうちに目的を含んでおり、これらの目的によってしか理解できない事物が最初にどのようにして生み出されたのかという問題にかかわる困難はすべて、この産物においてたがいにつながりのない多様なものを結合する根拠の統一がどのようにして生まれたかという問いに基づいているからである。すなわちこの根拠は単純な実体としての産出原因の知性のうちにあると主張すれば、この問いが目的論的なものであるかぎりで、それに十分に答えることができるが、それでもこの原因が、たがいにつながりのない関係にある多数の実体の集合としての物質のうちだけに求められるとするならば、この物質の形成のために目的に適った内的な形式を作り出すための原理の統一はまったく欠如しているからである。わたしたち人間の知性によってしか目的として理解することのできない産出作用において、物質が独裁的な力を振るったと主張するのは無意味な言葉の戯れにすぎないのである。

524　汎神論の誤謬

これによって次のことを結論することができる。物質の客観的で目的に適った形式について、これらの可能性を実現することのできる最上の根拠を求めながら、しかもこの根拠には知性がそなわっていることを認めない人々は、世界全体を、すべてを包括する唯一の実体とみなす汎神論者であるか、世界全体を、唯一の単純な実体に内属する多数の規定の総括であるとみなすスピノザ主義である。そしてスピノザの哲学もまた、汎神論をさらに明確に説明しようとしたものにほかならないのである。こうした試みはたんに、合目的性のすべての条件を、すなわち根拠による統一を何とかして手に入れようとする試みにほかならない。

その際にこうした人々は、この課題のうちの一つの条件、すなわち目的結合における統一という条件を、単純な実体というたんに存在論的な概念を使うことで満足させているのであるが、もう一つ別の条件、この単純実体とその帰結である目的との関係についてはまったく述べておらず、したがってこの問い全体には決して答えていないのである。すでに述べた存在論的な根拠については、この問いとの関係で、この条件に基づいてさらに詳細に規定しなければならないはずなのである。

わたしたちが自らの理性にとって、この問いの全体に答えるためには、さまざまな事物の根源的な根拠を単純な実体として表象することが必要であり、さらにこの実体に基づいている自然の形式のその種に固有の特質を、すなわち目的統一の特性を、ある叡智的な実体の特質として表象することが必要である。さらにわたしたちが目的としてのみ可能であると考えるすべてのものにおいて偶然性がみいだされることから考えて、この叡智的な実体と自然の形式との関係は、ある種の原因性の関係であると表象することが必要なのである。

第八一節　自然産物としての自然目的の説明では、目的論的な原理にメカニズムが付随することについて

525　自然の二つの原因性の合一の可能性

前節の考察によると、自然のメカニズムだけでは有機的な存在者の可能性を思い描くには不十分なものであり、少なくともわたしたちの認識能力の性質にしたがうかぎり、このメカニズムは意図的に作用するほかの何らかの原因に、根源的に従属したものと考えねばならない。同じように自然の産物のメカニズムが目的論的な根拠に付随するのでなければ、このような有機的な存在者についてのたんなる目的論的な根拠だけでは、こうした存在者を同時に自然の産物として考察し、判定するためには十分ではない。このような自然のメカニズムは、意図的に作用する原因のいわば〈道具〉のようなものとして付随するのであるが、それにもかかわらず自然は機械的な法則にし

たがいながらも、意図的に作用する原因の目的に従属しているのである。

自然には、二つのまったく異なる種類の原因性がある。一方には、自然の普遍的な合法則性にしたがう自然の原因性があり、他方にはそのための根拠が自然のうちにはいささかも含まれていない特殊な形式のうちに、自然を制限する理念の原因性がある。そしてわたしたちの理性は、これらの二つの原因性が合一する可能性を、まったく理解できないのである。

これが合一することができるのは自然の超感性的な基体においてのことであるが、わたしたちはこの基体については、それが存在者自体であって、わたしたちが知ることのできるのはその現象だけであるということのほかには、肯定的な形では何も規定することができない。それにもかかわらず、〈わたしたちがこのような現象《フェノメノン》としての自然に属するものとして想定するすべてのもの、わたしたちが自然の産物として想定するすべてのものは、同時に機械的な法則に基づいて自然と結びついていると考えなければならない〉という原理は、その効力をいささかも失うことがない。というのもこの種の原因性が存在しなければ、有機的な存在者は自然日的ではあるとしても、自然の産物ではないことになるからである。

526 機会原因論の欠陥

ところでこのような存在者の産出について、目的論的な原理を想定するとすれば(実際にこのような原理を想定するしかないのである)、この存在者の目的に適った内的な形式の原因の根底には、機会原因論か予定論を置くことができる。

機会原因論によると、至高の世界原因は、その理念にふさわしく、それぞれの生殖行為の機会ごとに、そうした生殖行為において混じり合う物質に、有機的な形成作用を直接に与えることになるだろう。予定論によると、至高の世界原因は、その叡智の最初の産物に素質だけを与えたことになるだろう。そして有機的な存在者はこの素質を媒介として自分と同種のものを生み出し、この種は自らを絶えず維持することになる。また個体が失われた場合には、同時に個体の破壊にも携わるその本性によって、失われた分は絶えず補われることになる。

ただし有機的な存在者の産出について機会原因論を想定するならば、それによってすべての自然が完全に失われ、それと同時にこれらの種類の産物の可能性について判断するすべての理性の使用も失われることになろう。そのため哲学に関心を持つ人であれば、誰もこの体系を採用することはないだろう。

527　前成説と後成説

ところで予定論には二つの種類のものが考えられる。みずからと等しいものによって産出されたそれぞれの有機的な存在者について、このみずからに等しいものを、自己から抽出されたものとみなす予定論と、自己から産出されたものとみなす予定論である。生殖物をたんなる自己からの抽出物とみる予定論の体系は、個体的な前成説の体系あるいは開展説と呼ばれる。生殖物を自己の産物とみなす体系は、後成説の体系と呼ばれる。

この後成説の体系は、種的な前成説の体系とも呼ぶことができる。なぜならば生殖するものの産出能力は、そしてこの種別的な形式は、この種に与えられた内的な目的に適った素質にしたがって、潜在的にあらかじめ形成されていたとみなすからである。これに応じてそれと対立した個体的な前成説の理論は、内展説あるいは入れ子理論と呼ぶ方が適切であろう。

528　開展説の特徴

開展説の擁護者たちは、それぞれの個体が創造者の手によって直接に生み出されたものであると考えるため、個体を自然の形成力から切り離してしまうが、このことを機会原因論の仮説にしたがって生じさせようとは望んでいなかったのである。あえてそのようにしたとすれば生殖行為はたんなる形式的な手続きとなってしまい、その行為が行われるあいだに至高の知性的な世界原因は、自らの手で胎児を直接そのたびごとに形成するのであって、母体には胎児の発達と養育だけを委ねるようにすることになる。このように開展説の擁護者たちは、前成説に賛成したわけである。

これはあたかも彼らがこのような形式を超自然的な形で世界の端緒において発生させるのか、世界の経過のうちで発生させるのかに大きな違いがあると考えているかのようであり、むしろ機会あるごとに創造が行われるために、夥《おびただ》しい数で行われる超自然的な措置が省略されてしまうと考えているかのようである。

このような超自然的な措置が必要とされるのは、世界の端緒において形成された胚が、みずからが展開されるまでの長い時間を通じて、自然のさまざまな破壊力から守られて無事に維持されるためだとされている。そしてこうしたあらかじめ形成された存在者は、いずれ展開されるべき者たちよりもはるかに多数であって、これらの存在者も、それらと同数の創造の営みも、このような機会的な創造によって不必要なものとされるし、目的のないものとされるとみなしているかのようである。

ただし開展説の擁護者たちは、あらゆる自然についての説明を省くことのできる完全な超自然学に陥ることのないように、少なくともこれについては自然に何らかの仕事を委ねようとしたのである。しかし彼らが超自然学にあくまでも固執していたことは、自然の目的とみなされることが決してありえない奇形についてすら、賞賛に値するほどの合目的性をみいだしたことに示されている。たとえこのような合目的性を指摘する目的が、解剖学者がこうした奇形を目的のない合目的性とみなして、これを賛嘆するあまり、研究においては失敗し、意気消沈するようにさせることだけにあったとしてもである。

しかし開展説の擁護者たちは、雑種の産出を前成説の体系にうまく合わせることができず、雄の精子には胚の最初の栄養手段に役立つ機械的な特性しか認めなかったにもかかわらず、これに目的に適った形成する力を与えずにはいられなかったのである。ところが彼らは同一の類の二つの生物による産出のすべての産物については、これらの生物のどちらにもこうした形成力を認めることはなかった。

529　後成説の特徴

これとは反対に後成説の擁護者たちは、自分の理論を証明するための経験的な根拠については、前成説の擁護者よりも大きな長所を持っていることをわたしたちが知らなかったとしても、理性はすでに最初からこうした説明方法に特別の好意を寄せることになろう。というのも後成説は少なくとも繁殖にかんするかぎりでは、もともと目的の原因性にしたがってしか可能であると表象しえないような事物について、自然をたんに展開するものとみるのではなく、自ら産出するものとみなすのであって、このようにして超自然的なものの利用をできるだけ減らして、最初の始まりから生じるすべてのものを自然に委ねるからである。ただし自然学は、原因の連鎖によってどのように説明しようとしても、最初の起源については説明することができず、何も規定しないのである。

530

ブルーメンバッハの理論

この後成説にもっとも大きく寄与した人物は宮廷顧問官のブルーメンバッハ氏であっただろう(5)。この人物はこの説の証明にも、この説を適用する真正な原理の基礎づけにも、さらにこの説をあまりに僭越に使用することを制限することにも大きく貢献したのである。

ブルーメンバッハはこうした形成のすべての自然的な説明をまず有機的な物質から始める。というのも彼は、天然の物質が機械的な法則にしたがって根源的に自らを形成すると考えることも、生命のない自然から生命が生み出され、物質が自らを維持する合目的性の形式におのずから適合できると考えることも、理性に反するものであると考えたからである。

しかし同時にブルーメンバッハは、自然のメカニズムが、わたしたちには探求することのできない根源的な有機的な組織の原理のもとで、規定不可能な形で明白に関与することを認めているのである。このためブルーメンバッハは物質の能力を物質に普遍的に内在するたんなる機械的な形成力と区別しながら、これを有機的な物体における形成衝動と呼んでいるが、この衝動はいわば根源的な有機的組織のこの原理から、より高次の指導と指示を受けているとされているのである。

第八二節　有機的な存在者の外的な関係における目的論的な体系について

531　**自然の外的な合目的性**

外的な合目的性という概念でわたしが考えているのは、自然のある事物が他の事物にたいして、目的にたいする手段として役立つような合目的性のことである。ところが大地や空気や水など、内的な合目的性は持たず、あるいは自らの可能性のためにこうした合目的性を前提としない事物も、外的には、すなわち他の存在者との関係では、きわめて目的に適ったものでありうる。しかしその場合に他の存在者はつねに有機的な存在者、すなわち自然目的でなければならない。それでなければ大地などのようなものもまた、手段として判定することができないためである。

このようにして水や空気や大地は、山岳を隆起させるための手段とみなすことはできない。というのは山岳には、何らかの目的にしたがって山岳が可能である根拠を必要とするものを、それ自体として何も含まれておらず、そのためこの可能性の根拠と関連して、山岳の原因がそのために役立つような〈手段〉という述語のもとで表象されることはありえないからである。

532　特殊な外的な合目的性

こうした外的な合目的性の概念は、内的な合目的性の概念とはまったく異なるものである。内的な合目的性は、対象の現実性そのものが目的であるかどうかにかかわらず、対象の可能性と結びついたものである。ある有機的な存在者について、それが何のために存在するかとさらに問いかけることができる。しかしたんに自然のメカニズムの結果しか認識されないような事物については、このようにたやすく問いかけることはできない。というのもわたしたちは有機的な存在者については、すでにそれらの内的な可能性のために、目的にしたがった原因性、すなわち何らかの創造的な知性の存在を想定しているのであって、その活動的な能力を、その規定根拠としての意図と関係づけているからである。

ただし有機的な組織の内的な合目的性と結びついた外的な合目的性がただ一つだけ存在する。この外的な合目的性は、手段と目的との外的な関係のうちで役立つものであって、それについてはこうした有機的な存在者がどのような目的のために現実存在しなければならなかったのかと問い掛ける必要はなかったのである。この外的な合目的性とは、自分の種の繁殖のためにたがいに関係し合う両性の有機的な組織である。というのもこれについては個体の場合と同じように、なぜこのような一対の有機的な組織が存在しなければならなかったのかと問い掛けることが、依然として可能だからである。この問いに対しては、このような一対の有機的な組織は、たとえ単一の身体における有機的な全体を形成するものではないとしても、まず何よりも一つの有機化する全体を形成するからだと答えることができる。

533

目的についての問いと答え

ところであるものが何のために現実存在するのかと問われるならば、その答えは次のいずれかになる。第一に、そのものの現実存在と産出は、意図にしたがって作用する原因とはいかなる関係もないと答えることができる。この場合にはつねに、自然のメカニズムに基づいて産出が行われることが想定されている。第二に、ある偶然的な自然の存在者としてのそのものの現実存在には、何らかの意図的な根拠があると答えることができる。その場合にはこの考え方を、有機的な事物の概念から分離することは困難になる。

というのもそのものの内的な可能性の根底には、目的原因の原因性と、この原因性の根底に存在するある理念とを置かなければならないために、わたしたちはこの産物の存在もまた目的として考えるしかないからである。ある結果の表象が、同時にその結果を産出するための知性的な作用原因の規定根拠であると表象される場合に、そのように表象された結果は目的と呼ばれるのである。

そのためこの場合には次のいずれかの表現が可能となる。すなわち〈このような自然の存在者の現実存在の目的は、この存在者自身のうちにある。すなわちこの存在者はたんに目的であるだけではなく、究極目的である〉と語るか、あるいは〈この存在者の現実存在の目的は、この存在者ではない他の自然の存在者のうちにある。すなわちこの存在者は目的に適った形で究極目的として現実存在しているのではなく、必然的に同時に、手段として現実存在しているのである〉と語ることもできるのである。

534 最終目的と究極目的

しかしわたしたちがすべての自然を詳細に調べてみれば、自然としてのすべての自然のうちに、創造の究極目的であるという卓越した地位を主張しうるような存在者をみいだすことはできない。そのため自然にとっては最終目的でありうるようなものであっても、そしてそれにそなわる考えうるかぎりのあらゆる規定や特性を考え出そうとしても、自然物としては決して究極目的ではありえないことは、アプリオリに証明できるのである。

535　創造の最終目的としての人間

植物界を眺めてみると、ほとんどあらゆる土地に計り知れないほどの豊穣さによって植物界が広がっていることを確認できるのであり、初めは植物界もまた、自然が鉱物界の形成のうちで示しているような自然のメカニズムのたんなる産物であると考えたくなるかもしれない。しかし植物界における言葉に尽くせないほどの賢明な有機的な組織をさらに詳細に調べてみれば、わたしたちはこうした考えに囚われることなく、こうした被造物が何のために存在するのかと問いかけることへと促されるのである。この問いにたいしては植物界はそれによって養われる動物界のために存在しているのであり、これによって動物界はこれほどに多様な類で地上に分布しているのであると答えたくなるかもしれない。しかしそのように答えたならば、植物を食い尽くすこれらの動物が何のために現実存在しているのかという問いが、ふたたび問われることになるだろう。この問いにたいしては、動物が現実存在するのは、生命を持つものを食べなければ存在することのできない肉食動物のためであると答えることができるかもしれない。そうすると最後に、これらの肉食動物は、すでに述べてきたさまざまな自然界を含めて、何のために善なるものであるかと問われることになる。その答えは人間がこれを多様な形で使用するためであり、人間の知性はこれらすべての被造物を多様な形で使用することを人間に教えるのであるというものであろう。そして人間はこの地上における創造の最終目的であると考えるようになる。なぜならば人間は地上においてさまざまな目的というものを理解し、目的に適って形成されたさまざまな事物の集合を、自分の理性によって目的の体系に組み立てることができる唯一の存在者だからである。

536　目的連鎖の逆の表現

また勲爵士リンネ(6)とともに、一見するとこれとは逆の道をたどって次のように語ることもできるだろう。すなわち植物を食べる動物が存在するのは、植物界が過剰に繁茂すると植物界の多くの種が窒息してしまいかねないため、それを抑制するためであると答えることができるだろう。また肉食動物が存在するのは、こうした動物の貪欲さを制限するためであり、最後に人間が存在するのは、肉食動物を狩猟することによって減少させ、それによって自然の産出力と破壊力とのあいだにある種の均衡を作り出すためだと答えることができよう。この場合には人間は、たとえある種の関係ではどれほど目的として評価されるとしても、他の関係においてはふたたび手段としての地位しか認められなくなるだろう。

537

理性と目的論の体系

地上に存在する被造物の類の多様性と、目的に適った形で構成された存在者としてのこれらの被造物相互の外的な関係における客観的な合目的性を原理とするならば、この関係のうちにふたたびある種の有機的な組織を思い浮かべ、目的原因にしたがった全自然界の体系を思い浮かべることは、理性にとってふさわしいことである。しかしこのような理性の格律は経験と明らかに矛盾するように思われるのであり、とくに自然の最終目的にかんしてはこの矛盾は明白なものとなる。

自然の最終目的はこうした体系の可能性のためにはどうしても必要なものであり、しかもわたしたちは自然の最終目的を、人間のうちにしか置くことができない。ところが自然は多数の動物の類のうちの一つとしての人間に、産出力についても破壊力についても、目的を持たない自然のメカニズムにすべてを従わせているのであり、そこにいかなる例外も認めていないのである。

538　陸地と海の関係

地上に存在する自然の存在者が、何らかの目的に適った全体のために配置され、意図的に調整されるために必要な第一のものは、おそらくこれらの存在者の生息場所であり、これらの存在者がそこで生存しなければならない土地と、生存に必要な要素であろう。ところがあらゆる有機的な産出のための基礎となるこうした土地と生存に必要な要素について、その性質をさらに詳細に調べてみると、そこにはまったく意図なしで作用する原因しかみられないのであり、そうした存在者の産出や秩序や目的に好都合な原因よりも、むしろそうした産出や秩序や目的を荒廃させるような原因しかみいだせないのである。

陸と海には、陸の上と海の中に住むすべての被造物や陸と海そのものがこうむった太古の大規模な荒廃の名残がなお存在するだけでなく、そのすべての構造、すなわち陸の地層と海の境界線は、自然が混沌状態のうちで活動する荒々しい強大な力の産物であるという外観を完全な形で示している。現在では陸地の形態や構造や傾斜などが、大気から水分を受け取るために、あるいはさまざまな産物のための多様な地層のあいだの水脈や河川の水路のために、どれほど目的に適った形で配置されているようにみえるとしても、これらについて詳細に調べてみれば、こうしたものがたんに一部は火山の噴火の結果として、他の一部は洪水の結果として、あるいは津波の結果として生まれたものであることが証明される。そしてこうした形態の最初の産出についても、またとりわけこうした形態においてそれ以後発生した変形についても、同じことが証明されるのである。こうした変形は、最初のこの有機的な産出の消滅を同時に伴うものだったのである(注)。

ところでこれらのすべての被造物の生息地である陸地という母なる大地と海という母胎が、その産出においてはまったく意図を持たないメカニズムしか示していないのだとすれば、わたしたちはどのようにして、またどのような権利をもって、これらの被造物の産出のためにメカニズムとは別の起源を要求したり主張したりすることができるのであろうか。

カンパーの判断によると、(7)自然の荒廃の遺物についてきわめて厳密に吟味してみれば、人間がこうした変動には巻き込まれていなかったことが証明されるようであるが、それでも人間は地上に存在する人間以外の被造物に著しく依存しているのであるから、これらの被造物を普遍的に支配している自然のメカニズムが認められるのであれば、人間もまたこのメカニズムのもとに含まれているとみなさなければならないのである。たとえ人間の知性によって、大部分の人間が自然の荒廃から救われることができたとしてもである。

538n 自然の考古学について

(注) 自然の記述という言葉ではなく、これまで使われていた自然史という言葉を相変わらず使用すべきであるとすれば、この言葉が文字通り示すもの、すなわち地球のかつての古い状態の説明を、技術と対立させて自然の考古学と呼ぶことができるだろう。こうした状態については確実ではないとしてもかなりの根拠を持って推測するこ

とができる。技術には石器が含まれるように、自然史には化石が含まれることになろう。というのも実際にわたしたちは遅々としたものではあっても、地球の理論という名称のもとで、こうした自然史にたえず携わっているのであるから、この名称はたんに空想的な自然の探求に与えられたものではなく、わたしたちが自然そのものによって誘われているような自然の探求に与えられたものであろう。

539　**自然における目的の否定**

しかしこのような論証は、そうした論証のためのもともとの意図が含む以上のことを証明しているようである。すなわち人間は自然の最終目的ではありえないのであり、そのことを示す同じ根拠に基づいて、地上の有機的な自然の事物の集合は、目的の体系ではありえないことが証明されるようである。そしてかつては自然の目的とみなされた自然の産物ですら、自然のメカニズムのほかにはいかなる起源もそなえていないことが証明されるようである。

540 二律背反の解決からえられた三つの結論

しかしこのようなやり方で、有機的な自然の存在者の機械的な産出の方法と目的論的な産出の方法についての二つの原理のあいだの二律背反を解決したことによって、次の三つのことが明らかになったのである。

第一にこれらの原理は、わたしたちが法則の体系的な連関を解明する手がかりを持たないような自然の特殊な法則にしたがって形成する自然について考察するためのたんに反省的な判断力の原理である。すなわちこれらの原理はそれ自体として有機的な存在者の起源を規定するものではなく、たんにわたしたちの知性と理性との性質によると、この種の存在者の起源が目的原因によるものであるとしか、わたしたちには考えられないと語ることができるだけなのである。このようにして存在者を機械的に説明するために最大限に可能な努力をすることが、そしてこのような試みの大胆さすら、許されているだけではなく、わたしたちは理性によってそれを試みることを求められているのである。

第二にそれにもかかわらずわたしたちは、わたしたちの知性の特別なあり方と制約について、主観的な根拠に基づいて、自然の産出のメカニズムについての説明は、わたしたちを決して満足させないことを知っている。ただしその理由は、この説明が目的にしたがった起源という考え方と矛盾するという理由からではない。

そして最後にわたしたちの外部の自然とわたしたちの内部の自然の超感性的な原理のうちにおいて、すでに述べたような自然の可能性と表象することについての二つの考え方は、十分に合一する可能性が存在することを確認した。というのも目的原因にしたがう表象のやり方は、わたしたちの理性使用のための主観的な条件にすぎないからであって、わたしたちはこのように表象することによって、対象をたんに現象として判定しようと望むのではなく、これらの現象そのものを、その原理とともに、すでに述べた超感性的な基体に関係づけることを要求するのである。わたしたちがこのように要求するのは、理性もまた超感性的な目的を持つことから考えて、目的によらなければ表象することのできないこうした現象を統一するある種の法則が可能であることをみいだすために行われるのである。

第八三節　目的論的な体系としての自然の最終目的について

541　最終目的としての人間の「目的」とは

わたしたちは前の節において、人間はすべての有機的な存在者と同じように、たんに自然目的であるものとして判定するだけの十分な理由があるだけではなく、この地上において自然の最終目的であるものとして判定するだけの十分な理由があることを示してきた。さらに人間以外のすべての自然物は、理性の原則にしたがうならば、規定的な判断力にたいしてではなくても反省的な判断力にたいしては、自然の最終目的という観点からみて一つの目的の体系を形成していると判定するに十分な理由があったのである。

ところで自然と人間との結びつきによって、人間自身のうちに人間を目的として促進すべきものをみいだすべきであるとするならば、そのような目的とは、人間が自然によって自然の恩恵に満足させられることができるような目的であるか、それとも人間が外的および内的に自然を使用することができるようなあらゆる目的にたいする有能性と熟練であるかのいずれかでなければならない。第一の自然の目的は人間の幸福であり、第二の自然の目的は人間の開化であると言うことができるだろう。

542　幸福の理念の問題点

幸福という概念は、人間が自分の本能から抽出する概念ではないし、自分自身のうちにある動物性から取り出すような概念ではない。この概念はある状態のたんなる理念であって、人間はたんに経験的な条件のもとで、その状態をこの理念に適合させようとするのであるが、これを実現することはできないのである。人間はこの理念を自ら立案するし、しかも構想力や感覚器官ともつれあった自らの知性によって、きわめてさまざまな形でそれを立案するのである。

しかも人間はこの幸福という概念をしばしば変更してしまうので、もしも自然が人間の選択意志にまったく服従しているとしても、自然はこの動揺しつづける概念に合致するために、そして人間が各自それぞれに随意な形で企てる目的に合致するために、普遍的に規定されて確固とした法則を引き受けることなどは、まったくできないのである。

もしもわたしたちがこの幸福という概念を、人間があまねく一致している真の自然的な必要性に引き下げようとするか、あるいは他方で人々が思いついた目的を実現するための熟練性をいっそう高く引き上げ［ることでそれを実現し］ようとしても、人間は自分たちが幸福として理解している状態を実現することはできないだろうし、また実際に人間自身の自然の最終目的を実現することは決してできないだろう。ただし自然の最終目的は、人間の自由の目的ではない。人間の本性は、所有や享受にかんしては、どこかで足をとめて満足するようなものでは決してないからである。

他方で自然が人間を特別な寵児として受け入れているということはないし、あらゆる動物にまさる恩恵を施しているということもない。むしろ悪疫や飢餓や水害や厳寒など、あるいは他の大小の動物による襲撃など、自然のもたらす破壊作用について考えてみれば、自然は人間を他のあらゆる動物と同じように、いささかの容赦もなしに、苦しめているのである。それればかりではない。人間のうちにある自然の素質はきわめて不条理なものであって、人間を自ら作り出した苦しみに陥れ、人類に属する他の人間たちも支配の重圧や戦争の蛮行などによって苦境に陥れる。人間はあたかも自ら可能なかぎりで人類を破壊しようと努めているかのようである。わたしたちの外部の自然がどれほど恵みに満ちていたとしても、そして自然の目的が人類の幸福を目指すものであったとしても、わたしたちのうちなる自然がこの幸福を受け入れることがないのであるから、地上の自然の体系のうちでは、自然の目的が達成されることはないだろう。

このように考えると、人間は自然目的の連鎖のうちの一つの〈項〉のようなものにすぎないと思われてくる。たしかに、自然は人間を、自然の素質のうちで種々の目的として規定しているように思われるのであり、この観点から考えるならば、人間は自らをそうした目的とすることによってそれについての原理となっていると言えるだろう。しかし他方では、人間以外の〈項〉のメカニズムにおいて、人間は合目的性を維持するための手段にすぎないのである。

人間は知性を持っていて、この地上において、自ら望むままに目的を措定する能力を持つ唯一の存在者であって、自然の主人という称号が与えられている。自然を一つの目的論的な体系とみなすならば、人間の使命から考えて、人間は自然の最終目的である。しかしそれにはつねに条件があり、そのためには人間がこうした自然に依存せずに自足し、究極目的となりうるような目的連関を、自然と人間自身に与えることを知っていなければならないし、そうする意志をそなえていることが必要である。しかも人間はこの究極目的を、自然のうちに求めてはならないのである。

543 最終目的としての人間に求められる条件

わたしたちが自然の最終目的を、少なくとも人間のどこに求めるべきかをみいだすためには、究極目的となるために人間がなすべきことをなすように準備させるために、自然が実行しうることを探し出さなければならないし、そうした最終目的をあらゆる他の目的から分離しなければならない。これらの他の目的の可能性はもっぱら自然の手によって実現されることが期待できる事物に基づくのである。地上の幸福は、このような他の目的の一つなのである。地上の幸福とは、人間の外的な自然と内的な自然によって可能となるあらゆる目的の総括のことである。これは地上における人間のすべての目的の実質的な内容であり、もしも人間がこれを自分の目的のすべてであると考えるならば、人間が自分自身の現実存在を究極目的とみなすことも、そうした究極目的とみずからを調和させることも不可能になる。

このようにして自然における人間のすべての目的については、ただ形式的で主観的な条件だけが残る。これは有能性という条件であって、自分自身に目的を設定し、しかもそのように目的を規定する際には自然に依存せず、自然を人間の自由な目的一般の格律にふさわしい形で、手段として使用するという条件である。これは自然が、自然の外部にある究極目的を実現するために調整することができるものであり、それが自然の最終目的であると考えることができる。

任意の目的一般にたいして、理性的な存在者が、その存在者の自由において有能性を作り出す行為は、開化と呼ばれる。このように自然が人類に認めようとする理由のある最終目的としては、この開化だけが考えられるのである。この最終目的は理性的な存在者自身の地上での幸福でもなければ、たんに理性的な存在者の外部に存在する理性を持たない自然における秩序や調和を確立するための重要な道具でもないのである。

544　最終目的に必要な「開化」

しかしあらゆる開化が、自然のこの最終目的のために十分なものであるわけではない。熟練性の開化はもちろん目的一般を促進するための有能性にとってもっとも重要な主観的な条件である。しかしこの開化は、意志の目的を規定し選択することを促進する際に十分なものではないのであって、この規定と選択は目的のための有能性のすべての範囲に本質的に属するものなのである。

有能性についてのこの条件は規律あるいは訓練の開化と呼ぶことができるだろうが、これは消極的なものであり、意志を欲望の専制的な支配から解放することを本質とするものである。わたしたちはこの欲望のためにある種の自然物に縛りつけられてしまうのであり、自分たちの衝動に束縛されるために、自ら選択することができなくなるのである。自然は人間にこのような衝動を一つの〈手引き〉として与えたのであり、それは人間のうちの動物性の規定をなおざりにしないためであり、あるいはこの規定を損なわないためである。それでもわたしたちは理性の目的が要求するままに、こうした衝動を引き締めたり緩めたりすることも、拡大したり縮小したりすることもできるほどには自由なのである。

545　**人類の輝かしき悲惨**

人類のうちでは熟練性というものは、個々の人間のあいだの不平等を媒介にしなければ発展できないものであろう。多くの人々はいわば機械的に、特別な技術を必要とせずに生活必需品を製造するのであり、それを学問や芸術など、生活必需品よりも必要度の低い文化［開化］の分野に携わる人々の安楽と余暇のために提供するのである。しかしこれらの大多数の人々はそのために圧迫と辛い労働を強いられ、ごくわずかなものしか享受できない立場に置かれる。それでもこうした人々の階級のうちにも、上の階級の文化の多くが次第に普及していくことになる。文化が高度に進歩することによって、必要でないものの生産が必要不可欠なものの生産に影響を及ぼすようになると、それは贅沢と呼ばれ、これが下層階級と上層階級の双方の人々に大きな労苦を生みだすことになる。下層階級の人々は上層階級の人々から冷淡な暴力を行使されるために苦労するのであり、上層階級の人々は自分たちのうちで満足させることのできない貪欲さのために苦労するのである。

しかしこの〈輝かしき悲惨〉は、人類における自然の素質の発展と結びついたものであり、たとえそれがわたしたちの目的ではないにしても、自然の目的がこれによって達成されるのである。自然はこうした究極の意図を、それだけで形式的な条件のもとで達成できるのであり、この形式的な条件とは、人間相互の関係におけるある体制であり、そこでたがいに争いあう自由の侵害にたいして、市民社会と呼ばれる一つの全体における合法的な権力が対置される状況が生まれることである。というのもこのような体制のうちでしか自然の素質は最大に発展することができないからである。

ただしこの市民社会という体制のためには、人間がそうしたものをみいだすほどに十分に思慮深いものであり、進んでこの体制の強制に服従するほどに十分に賢明であるとしても、これとは別にさらに、世界市民的な社会の全体が必要となるであろう。これはたがいに他の国家を損ね合うように働く危険のあるすべての国家が、一つの体系を構築することによって生まれるものである。

このような世界市民的な社会の全体が存在しない場合には、あるいは名誉欲や権力欲や所有欲が、特に権力を握っている人々におけるこれらの欲望が、こうした企ての可能性を妨げる障害となる場合には、戦争が起こることは避けられない。戦争の結果として、諸国家が分裂してさらに小さな国家へと解体していくこともあるし、ある国家が小さな他の国家を併合してさらに大きな全体的な社会を形成しようと試みることもある。

戦争は、制しがたい情熱によって刺激された試みとして、意図せずに行われるものではあるが、それでも至高の叡智が深く隠された、おそらく意図的な試みである。こうした試みは諸国家の自由をともなった合法則性を準備し、これによってさまざまな国家の道徳的に基礎づけられた体系の統一を準備するからである（たとえこれを確立しないとしてもである）。戦争はきわめて恐るべき苦難を人類にもたらすものであり、平和な時期に戦争にそなえて準備しつづけることは、さらに大きな苦難をもたらすものである。そのうちに幸福の安定した状態に対する民衆の希望はますます遠ざかっていくのであるが、それでも戦争は文化［開化］に役立つあらゆる才能を最高度に発展させる動機の一つなのである。

546　人間の心の傾きの訓練の意味

人間にそなわるさまざまな心の傾きの訓練について言えば、それを受け入れる自然の素質は動物の一つの類としての人間の規定からみて、まったく目的に適ったものであるが、それでもこうした心の傾きによって、人間性の発展はきわめて困難になる。それでも開化のために必要なこの訓練という第二の要件についても、自然は人間にたいして、自然そのものが提供するよりも高次の目的を受け入れさせるように育成するために、目的に適った努力をしているのである。

趣味が洗練されて理想化されるほどになったり、学問における贅沢が虚栄心を養うようになったりすることから、多数の心の傾きが満たされないままに残ることになり、これがわたしたち人間に非常に大きな害悪をもたらすことは否定できない。こうした心の傾きはわたしたちのうちの動物性に属するものであって、人間をより高次の規定にもたらそうとする育成の試みに強く反抗しながら、享受を好むものである。そして訓練というものは、こうした心の傾きがもたらす粗野なあり方や凶暴さを少なくして、人間性の発展の場所を作り出そうとするものであり、これが自然の目的であることも見誤りえない。

美しい芸術やさまざまな学問は普遍的に伝達することのできる快感をもたらすことによって、さらに社会性を洗練し彫琢《ちょうたく》することによって、倫理的にみて人間を改善することはないとしても、人間を上品で教養のあるものとする。このような美しい芸術とさまざまな学問は、感性に基づいた性癖の圧制から多くのものを奪い取って、理性だけが暴力をそなえた支配権を手にするよう、人間に準備させるのである。一方で自然や人間の頑迷な欲望のために、わたしたちに降りかかる害悪は、同時にわたしたちの心の力を奮起させ、高め、鍛えてこうした害悪に屈しないようにさせ、このようにしてわたしたちのうちには、より高次の目的に対して有能性を発揮する可能性があることを、わたしたちに感じさせるのである（注）。

546n　**人生の価値とは**

（注）人生の価値を、人々がたんに享受するものによって、すなわちすべての心の傾きの総体という自然的な目的としての幸福によって評価できるとするならば、人生が

わたしたちにどのような価値を持つかは、すぐに決定することができる。そして人生の価値はゼロ以下に落ちてしまうだろう。というのも同一の条件のもとで、あるいは自然の経過にしたがいながら新たに自分で計画して人生をやり直すとすれば、そしてそうした計画もまたたんに享受を目指すものであるとすれば、人生をふたたび新たにやり直そうとする人などが存在するだろうか。

自然がわたしたちと共有する目的にしたがって送る人生のうちにどのようなものが含まれているかを考えてみれば、そしてたんに享受するのではなく人々がなすことの本質がどこにあるかを考えてみれば、そしてわたしたち人間が結局は無規定な究極目的にたいする手段にすぎないことを考えてみれば、人生にどのような価値があるかはすでに述べた通りである。そうだとすると人生の価値というものは、わたしたちがたんに何かをなすだけではなく、自然に依存せずに目的に適った形でそれをなすことによって、わたしたちが自分の人生に与える価値にほかならないのである。この条件のもとでは、自然の現実存在すら目的となりうるのである。

第八四節　世界の現実存在、すなわち創造そのものの究極目的について

547　究極目的とは

究極目的とは、自らの可能性の条件として、他にいかなる目的も必要としないような目的のことである。

548　事物の現実存在の究極の目的

自然の合目的性を説明するために、その説明根拠として自然のたんなるメカニズムを想定するだけであれば、世界におけるさまざまな事物が何のために現実存在するのかと問いかけることはできない。こうした観念論的な体系によると、さまざまな事物の物理的な可能性だけが問題となるからである。その場合にこれらの事物を目的として考えることは、客体を欠いたたんなる理屈を弄することになるだろう。さまざまな

事物の形式を偶然と結びつけて解釈しようとしても、あるいはそれを盲目的な必然性と関係づけて解釈しようとしても、いずれにせよこの問いは空虚なものとなってしまうだろう。

しかしわたしたちがこの世界における目的結合を実在的なものであると想定し、この目的結合のために何らかの特殊な種類の原因性として、意図的に作用する原因の原因性を想定するのであれば、わたしたちは世界のさまざまな事物、とくに有機的な存在者が何のためにあれこれの形式を持ち、自然によって他の事物とのあいだで特定の関係を結んでいるのかという問いのもとにとどまっていることはできない。わたしたちはむしろさまざまな事物において現実にみいだされるこれらの形式の可能性の原因とみなさなければならない［神の］知性の存在を考えることができるのである。そしてこの知性のうちで、このような産出的な知性をこうした種類の作用に規定することを可能にした客観的な根拠を問わなければならない。この客観的な根拠こそが、これらの事物がそのために現実存在する究極目的なのである。

549　自然の究極目的の満たすべき条件

すでに述べたように究極目的は無条件的なものであるから、自然というものは、それを実現し、またその理念にしたがって産出するのに十分なものではない。というのも感性的な存在者としての自然のうちには、自然そのものにみいだされる規定根拠が、さらに重ねて条件づけられていないものは存在しないからである。またこのことはわたしたちの外部にある自然としての〈物質的な自然〉に妥当するだけではなく、わたしたちの内部にある自然としての〈思考する自然〉についても妥当する。

もちろんここで留意しなければならないのは、わたしが内部にある〈思考する自然〉として考察するのもまた、自然にほかならないということである。しかしそのものの客観的な性質のために、ある知性的な原因の究極目的として必然的に現実存在すべきものは、目的の秩序のうちで、みずからの理念に依存するほかに、他の条件にはまったく依存しないような種類のものでなければならない。

550 世界における目的としての人間

ところでこの世界において、その原因性が目的論的なものである存在者としては、ただ一種類の独自な種類の存在者がいるだけである。ところが原因性が目的論的であるというのは、その原因性が目的に向けられていて、しかも同時に次のような性質をそなえているということ、すなわちこの存在者が自らに目的を規定すべくしたがう法則が、その存在者自身によって、自然の条件に依存しない無条件的なものであって、それ自体では必然的なものとして表象されるような性質をそなえているということである。

この種の存在者こそ人間、とりわけ叡智的《ヌーメノン》な存在とみなされた人間なのである。人間は、この存在者の固有の特性に基づいて、自然のうちに存在するもののうちで、わたしたちが次のものの存在を認識することのできる唯一の存在者である。すなわちわたしたちは人間において、超感性的な能力としての自由と、原因性の法則、ならびにこの存在者が最高の目的として企てることのできる原因性の客体、すなわち世界における最高善を認識することができるのである。

551

自然の究極目的としての人間

ところで道徳的な存在者としての人間について、またそれとともに世界におけるあらゆる理性的な存在者について、人間は何のために《クエム・イン・フィネム》現実存在しているのかと問うことは、もはやありえないのである。人間の現実存在はそれ自身のうちに最高目的をもっているのであり、人間は可能な限りすべての自然をこの最高目的に服従させることができるのである。人間は少なくとも最高目的に背いては、自然のいかなる影響にも服従して振る舞ってはならないのである。

ところで世界に存在する事物は、それが現実存在するためには他の何らかのものに依存しており、しかも目的にしたがって働く至高の原因を必要とするのであれば、この人間こそが創造の究極目的である。というのも人間が存在しなければ、たがいに従属し合う目的の連鎖が、完全に築かれることはないはずだからである。目的にかんする無条件的な立法をみいだすことができるのは人間のうちだけにおいてであり、しかも道徳性の主体としての人間のうちだけにおいてである。このようにしてこうした無条件的な立法だけが人間に、すべての自然が目的論的に従属している究極目的となりうる権利を与えるのである（注）。

551n 人間の幸福は自然の究極目的ではない

（注）世界における理性的な存在者の幸福が、自然の目的であることもまた、考えられることである。その場合には幸福は自然の最終目的でなければならないだろう。ただし自然がなぜそのように構成されていないかということを洞察することは、少なくともアプリオリには不可能である。というのもこの幸福という結果は、少なくともわたしたちが洞察するかぎりでは、おそらく自然のメカニズムによって実現することはできないからである。しかし道徳性と、それに従属した目的にしたがう原因性は、自然の原因によってはまったく不可能である。というのも何らかの行為においてこの原因性を規定する原理は超感性的なものであり、そのためこの原理は自然にかんしてはまったく無条件的なものだからであり、したがってこの原因性の主体に、目的の秩序のうちで、すべての自然が持続している創造の究極目的という資格を与えることので

きる唯一のものであるからである。

これにたいして幸福は、前節で経験の示した証拠に基づいて示したように、他の被造物にたいして特権を持った人間についての自然の目的ではない。それどころか幸福は創造の究極目的であるはずがないのである。人間は自分の主観的な最終目的として、つねに幸福を目指すだろう。しかしわたしが創造の究極目的について、そして人間は何のために現実存在しなければならなかったのかと問いかけるならば、そのときには最高の理性がみずからの創造のために必要とするような客観的な至高の目的が問われているのである。

この問いにたいして、この至高の目的とは、その至高の原因そのものが恩恵を施しうる存在者が現実存在することにあると答えるならば、その場合には人間の理性が幸福という自分にとってもっとも切実な願望すら服従させる条件と矛盾してしまうのである。というのもこの条件は、人間が自分自身の内的な道徳的立法と合致することだからである。このことは、幸福がたんに条件づけられた目的にすぎないこと、そして人間は道徳的な存在者としてのみ、創造の究極目的でありうることを証明しているのである。しかし人間の状態について言うならば、幸福は人間の現実存在の目的であるあの［究極の］目的と合致した場合にかぎって、結果としてのみ［人間に］結びついたものとなるだろう。

第八五節　自然神学について

552　自然神学と道徳神学

自然神学とは、経験的にしか認識することのできない自然の目的から、自然の至高の原因とその特性を推論しようとする理性の試みである。これにたいして道徳神学あるいは倫理神学とは、自然における理性的な存在者の道徳的な目的から、自然の至高の原因と特性について推論しようとする試みであり、この道徳的な目的はアプリオリに認識することのできるものである。

553　自然神学が道徳神学に先立つ理由

当然ながら自然神学は、道徳神学に先立つものである。というのもわたしたちが世界に存在するさまざまな事物から、目的論的に世界の原因を推論しようとするのであれば、まず自然の目的が与えられていなければならず、そしてその後でわたしたちはこれらの目的にたいして究極目的を求めなければならず、そしてその後でこの究極目的にたいして、自然の至高の原因をもたらす原因性の原理を求めなければならないからである。

554　自然の合目的性の根拠についての問い

自然の多くの探求は、目的論的な原理にしたがって行うことができるのであり、またこれにしたがって行わなければならない。自然のさまざまな産物においては、目的に適った形で作用する可能性があるが、このような探求にあたってはその根拠を尋ねる理由はないのである。しかしわたしたちがこの根拠を理解しようとしたとしても、わたしたちには反省的な判断力の次のような格律のほかに、いかなる洞察も持ちえないのである。

この格律とは、わたしたちに与えられているのが自然のただ一つの有機的な産物だけであるとしても、わたしたちの認識能力の性質にしたがうならば、わたしたちはこの産物の根拠としては、知性によってこの産物について考えることのできるようにする原因性を含むような、自然そのものの原因と、その原因の根拠のほかには、それが全自然の原因であろうと、自然の一部の原因であろうと、何も考えることができないというものである。これは一つの判定原理であって、この原理によって自然のさまざまな事物とそれらの起源については、いかなる説明も行うことができないのではあるが。それでもこの原理によってわたしたちは自然を超えた展望をいくつか切り開くことができ、この原理がなければきわめて不毛な概念にすぎない根源的な存在者という概念を、おそらくいっそう詳細に規定できるようになるのである。

555　自然神学では自然の究極目的は問えない

ところでわたしは、自然神学をどれほど深く推し進めても、それによって創造の究極目的については何も明らかにしえないことを指摘しておきたい。というのも自然神学は、究極目的を問うことはできない性格のものだからである。だから自然神学は、わたしたちの認識能力の性質にたいしてだけ主観的に役立ちうる概念、すなわちわたしたちが目的にしたがって理解することのできるさまざまな事物について主観的に役立ちうる概念として、知性的な世界原因という概念を正当化することはできるものの、この概念については理論的な意図によっても実践的な意図によっても、これ以上は詳しく規定できないのである。

自然神学の試みは、神学を基礎づけるというその本来の意図は達成しておらず、つねに自然の目的論にとどまる。というのも自然神学における目的関係はつねに自然のうちで条件づけられたものとして考えられるだけであり、そのようなものとして考えなければならないからであり、したがって自然そのものが何のために現実存在するのかという目的を問いかけることは決してできないからである。このための根拠は自然の外部に求めなければならない。それにもかかわらず、至高の知性的な世界原因の規定された概念は、そして神学の可能性は、この目的の規定された理念に依拠するのである。

556 叡智的な世界原因という概念の限界

目的論的な世界の観察は、次のような問いのすべてについて、きわめて巧みに、それも賞賛に値するほどに答えている。すなわち世界におけるさまざまな事物が、たがいに有用なものとなっているのはなぜか。ある事物に存在する多様なものが、この事物そのものにたいしてどのような目的で善なるものであるのか。さらに世界のうちには無駄なものがまったく存在せず、ある種の事物が目的として現実存在すべきであるという条件のもとでは、すべてのものが自然のうちで何らかのために善なるものであると想定する根拠はどこにあるのか。わたしたちの理性は判断力にたいして、自然のメカニズムを、世界のある知性的な創造者の建築術に従属させるという原理のほかには、判断力がどうしても下さざるをえない目的論的な判定の客体を可能にする原理を自らの能力のうちに持っていないのに、どうして前記のような想定を行う理由があるのか。

しかし最高の技術者としての叡智的な世界原因というあの概念を規定する際に利用するさまざまな所与も、そしてさまざまな原理も、たんに経験的なものにすぎないから、これらの原理は、わたしたちの経験がこの世界原因のもたらす結果について示してくれる特性のほかには、いかなる特性も推論させることがないのである。そして経験がすべての自然を一つの体系として把握することは決してできないのであるから、外見からすれば多くの場合にこうした叡智的な世界原因という概念と矛盾し、また相互に矛盾し合うような証明根拠にであわなければならない。たとえわたしたちがたんなる自然にかかわるかぎりでのすべての体系を経験的に見渡す能力を持っていたとしても、経験が自然を超えて自然の現実存在そのものの目的へとわたしたちを高めることはないし、それによって至高の叡智体について規定された概念へと、わたしたちを高めることもないのである。

557　理性の理論的な使用のもつ限界

自然神学が解決しなければならない課題を縮小するのであれば、その課題はたやすく解決できるように思われる。すなわち第一に神性の概念を濫用して、わたしたちが考えることのできるあらゆる知性的な存在者に適用できると考えるのである。そうした知性的な存在者が一人であるか多数であるかを問わず、またそうした存在者が、きわめて偉大な特性をもっているとしても、最大の可能な目的と合致する自然を基礎づけるために必要なすべての特性をそなえてはいないと考えるのである。あるいは第二に、わたしたちがある理論のうちで、証明根拠が果たすべきものの欠陥を、恣意的な追加によって気ままに補足することにして、それが多くの完全性を想定する根拠をもつのであれば（ところでこの多くのということは、わたしたちにとってどのような役に立つのだろうか）、すべての可能な完全性を前提する権能があると考えてみよう。これらの場合には自然の目的論はもったいぶって、神学を基礎づけるという名誉を自分に要求することができるだろう。

しかし何がわたしたちにそのような補足を行うように強く求めるのであるのか、さらにわたしたちに正当化させるのであるのかという理由を問われたならば、わたしたちはその理由を、そうした理性の理論的な使用の原理のうちに求めたとしても無益なことであろう。この理性の理論的な使用は、経験の客体を説明するためには、この可能性について経験的に所与として与えられている特性のほかには、いかなる特性も客体に付与しないことをあくまでも要求するからである。

さらに詳細に吟味してみれば、実践的な理性使用というまったく異なった種類の理性使用に基づく、最高の存在者についての理念は、本来わたしたちのうちにアプリオリに根拠として存在しているのであり、この理念は自然における目的の根源的な根拠について、自然の目的についての理論の欠陥のある表象を補足して、神性の概念にいたるようわたしたちを駆り立てるものであることが明らかになるだろう。そしてわたしたちは、自然的な世界認識という理論的な理性の使用によって、この理念と、さらにこの理念とともに神学を、実現したと誤認することはないだろうし、ましてやこの理念の実在性を証明したと思い誤ることもないだろう。

558

汎神論による説明

古代の人々は、神々の能力から考え、あるいは神々の意図と意向から考えて、神々をきわめて多種多様に異なる存在であると思い浮かべたのであるが、それでもつねに主なる神を含むすべての神々を人間的なあり方に制約されたものとして思い浮かべた。しかしこれをそれほど強く非難することはできない。というのも古代の人々は自然のさまざまな事物の構成や経過について考えるときに、たしかにこうした事物の原因として機械的なものではないものを想定し、この世界の機械的なメカニズムの背後に、超人間的なものとしてしか考えることのできないようなある種の上級の原因の意図を推測するだけの根拠が十分にあると考えていた。

しかし古代の人々は、わたしたちが洞察するかぎりでは、世界における善と悪が、目的に適ったものと目的に反したものがきわめて交錯した形で存在していることに気づいたが、ひそかに根底に存在しているものの、その存在の証拠を見抜くことのできなかった賢明で恵み深い目的を想定することによって、至高の完全性をそなえた創造者という恣意的な理念を作り出すことはできなかったのである。至高の世界原因についての古代人の判断は、理性のたんなる理論的な使用の格律にしたがってごく首尾一貫したものであるかぎり、これよりほかの判断を下すことはできなかったのである。

また自然学者であると同時に神学者でもあろうとした人々は、唯一の実体であるものが存在し、自然の事物はすべてこの実体に内属する規定にすぎないと考える理念を示すことで、理性が要求する自然の事物の原理の絶対的な統一を想定したのであり、これによって理性を満足させることができると考えた。こうした実体は、その知性によって世界の原因であるのではないが、それでもこの主体としての実体のうちに、さまざまな世界存在者のあらゆる知性がみいだされるのではないかと、考えたのである。そしてこの存在者は、目的にしたがって何かを産出することはないが、すべての事物はこの存在者のうちに存在しており、それらの事物がその規定にすぎない主体の統一のために、目的や意図がなくても必然的にたがいに目的に適った形で関係しなければならないと考えたのである。このようにして彼らは目的原因の観念論を導入したことになる。それというのも彼らは、目的に適う形で結合しあう多くの実体の統一を考えることがきわめて困難だったため、この統一を一つの実体への因果的な依存性とみなすのではなく、一つの実体における内属の統一とみなすことにしたのである。

その結果この体系は、それに内属するさまざまな世界存在者の側からみれば汎神論になり、根源的な存在者として自律的に存在する唯一の主体の側からみれば（後の）スピノザ哲学になったのである。それによって彼らは自然の合目的性の第一の根拠の問題を解決したというよりも、むしろこの問題は無意味なものであると宣言したのである。というのも自然の合目的性という概念からすべての実在性が奪われたので、この概念は事物一般についての普遍的な存在論的な概念がたんに誤解されたものにすぎないと考えたからである。

559　理論的な理性原理に依拠する場合

自然の目的論的な判定にたいして十分なものをそなえている神性という概念は、わたしたちの理性使用のたんに理論的な原理（自然神学はただこの原理に基づいている）にしたがうだけでは決してみいだすことはできない。というのも理性使用の理論的な原理にしたがうならば、次のいずれかでしかありえないからである。まず、わたしたちはすべての目的論を、さまざまな事物の因果結合の判定における判断力のたんなる錯誤にすぎないと宣言してこれを否定し、自然のたんなるメカニズムという唯一の原理に逃げ込むことができる。この自然は、想定された実体のさまざまな規定の多様なものにすぎないのであり、こうした実体の統一のためにわたしたちには自然がさまざまな目的とのあいだで普遍的な関係を結んでいるようにみえるにすぎないというわけである。あるいはわたしたちは自然の究極原因についてのこうした観念論を捨てて、この特殊な種類の原因性の実在論の原則に固執することもできる。その場合には自然目的の根底に多数の知性的な根源的存在者を措定するか、あるいは唯一の知性的な根源的存在者を措定することになるだろう。しかしそのときこのような根源的存在者についての概念を基礎づけるためには、わたしたちには世界における現実的な目的結合から取り出した経験的な原理のほかには利用できるものはないのである。

その場合にはわたしたちは一方では、自然が目的による統一についての多数の実例のうちで示している不調和にたいして、いかなる対策を施すこともできないだろう。他方ではわたしたちがたんなる経験を根拠として持ちだすかぎり、理論的であれ実践的であれ、いかなる形でも、何らかの有用な神学のために、経験的な原理から唯一の叡智的な原因という概念を十分に明確な形で導き出すこともできないだろう。

560　**「十分に目的論的な原理」**

わたしたちは自然の目的論によって、神学を求めるように駆り立てられるのではあるが、経験によって自然をどれほど探求したとしても、自然のうちで発見された目的結合を、理性的な理念によって補足しようとしても（これらの理念は自然の課題にたいしては理論的なものでなければならないのである）、自然の目的論は神学を生み出すことはできない。そこでわたしたちはすべての仕組みの根底に、わたしたちには計り知れない偉大な知性を措定し、この知性の意図のままにこの世界を配列させようとするのであるが、もしも自然がわたしたちに究極の意図については何も語ってくれず、また何も語りえないとすれば、それがいったい何の役に立つのかと問わざるをえないであろう。

しかしこの究極の意図がなければわたしたちは、これらすべての自然目的に共通の関係点を求めることはできないし、また十分に目的論的な原理を作り出すこともできないのである。十分に目的論的な原理とは、これらの目的のすべてを一つの体系のうちで十分に認識できるような原理であり、自然について目的論的に反省するわたしたちの判断力に基準として役立つような自然の原因となる至高の知性をわたしたちが十分に理解できるような原理のことである。

わたしたちがこのような十分な目的論的な原理を作り出すことができないのであれば、ばらばらな目的にたいする技術的な知性を持つことはできても、そもそもこのような技術的な知性の規定根拠を含んでいなければならない究極目的にたいする知恵を持つことはできないであろう。究極目的というものは、純粋理性だけがアプリオリに与えることができるものである。というのも世界におけるすべての目的は経験的に条件づけられたものであり、偶然的な意図として何らかのもののために善なるものを含むことができるだけであって、端的に善なるものを含むことはできないからである。

究極目的というものは、自然を目的論的な体系として判定するために、自然の至高の原因にはどのような特性と程度と関係がそなわっていると考えなければならないかを、教えてくれるもののはずである。ところがこのような究極目的が存在しなければ、わたしはどのようにして、どのような権利をもって、自分のきわめて制限された次のような概念を恣意的に拡大して、全知で無限な存在者の理念にいたるまでに補足することが許されるのであろうか。この概念とは、世界についてのわたしのきわめてわずかな知識によって基礎づけることができる根源的な知性についてのきわめて限定された概念であり、またこの根源的な存在者が自らの理念を実現する力について、およびこれをなす根源的な存在者の意志についてのわたしのきわめて限定された概念なのである。

もしもこのような概念の拡大と補足が理論的に行われるべきであるならば、自然の目的をそれらのすべての関連のうちで洞察することができる必要があるのであれば、また現在の計画が最善の計画であると正当に判定するためにはほかのすべての可能な計画を考えなければならないが、それが可能となる必要があるのであれば、わたしのうちには全知が存在することを前提としなければならない。というのも結果についてのこのような完結した知識が存在していないならば、あらゆる点で無限な叡智的な存在者についての概念を推論して、言い換えれば神性という概念のうちでしかみいだすことのできないような至高の原因についての規定された概念を推論して、神学の基礎を樹立することはできないからである。

561 **至高の原因についての人間の無知**

このようにわたしたちは自然の目的論を可能なかぎりで拡張するとしても、すでに述べた原則にしたがってやはり次のように指摘することができる。すなわちわたしたちは、自分の認識能力の性質と原理にしたがって、わたしたちにとっては既知のものとなっているように、自らの目的に適って配置された自然を、この自然が従属するある知性の産物として考えるほかにないのである。しかしこの知性が究極の意図をもって自然の全体を産出したのかどうかについては、理論的な自然探求によっては決して明らかにすることができないだろう。それを産出したのだとしても、究極の意図は感性界の自然のうちには存在しないであろう。

そしてわたしたちが自然についてあらゆる知識を動員したとしても、そうした至高の原因がそもそも究極目的にしたがった自然の根源的な根拠であるのか、それとも自分の本性のたんなる必然性からある種の形式を産出するように規定されている知性によって、すなわちわたしたちが動物の場合には技術的な本能と呼ぶものの類比によって、自然の根源的な根拠となっているのかどうかは、わたしたちには決定できないままとなるのである。

しかしそれだからといって自然に最高の知恵がそなわっていると考える必要はないだろうし、ましてやその産物の完全性のために必要なその他のすべての特性と結びついた最高の知恵がそなわっていると考える必要はないだろう。

562　予備学としての自然神学

このようにして自然神学は、誤解された自然の目的論であることが明らかになる。自然神学は神学のための準備として、すなわち予備学としてしか使用できないのである。またこれが自然神学という名前から示されているように神学となろうとする意図のためには、自然神学に自分を支えることのできる別の原理をつけ加える必要があるだろうが、自然神学だけではこの意図には不十分なのである。

第八六節　倫理神学について

563　世界の究極目的と人間

世界におけるさまざまな事物の現実存在と世界そのものの現実存在について熟慮してみると、ごく普通の知性でも下さざるをえない判断というものがある。すなわちすべての多様な被造物は、そこに人間あるいは理性的な存在者一般が存在しなければ、何もののためにも現実存在しないであろう、言い換えれば人間が存在しなければあらゆる創造はたんなる荒野であり、無益なものであり、究極目的を持たないものであろうという判断である。これはさらに、どれほど優れた技術的な仕組みをもっていても、どれほど目的に適った形で関係しあう多様な連関をもっていても、わたしたちが間違って〈諸世界〉と呼ぶこれらの被造物の数多くの体系の全体にさえもあてはまる判断である。

しかし世界における人間以外のすべてのものの現実存在が初めて自分の価値を獲得できるのは、人間の認識能力としての理論理性との結びつきによってではないし、世界を観察することのできる誰かが現実存在することによってでもない。というのも人間がこのように世界を観察しても、究極目的をもたないさまざまな事物しか表象できないのだとすれば、世界が認識されたとしてもそれは世界の現実存在にはいかなる価値ももたらすことはないからである。この世界の観察そのものが、世界の究極目的と結びつくことで、初めて価値をもつようになるからである。だからそのためには、こうした究極目的がすでに前提されていなければならないのである。

またこれとの関連でわたしたちが創造の究極目的を与えられたものとみなすのは、

快の感情でも快の総計としてでもない。言い換えればわたしたちが創造の絶対的な価値を評価するのは、身体的なものあるいは精神的なものにおける健康や享受に基づいてではなく、一言で言えば幸福に基づいてではない。というのは人間が現実存在するのであれば、人間は幸福を自分自身の究極の意図とみなすものなのであり、そのことによっては人間がそもそも何のために現実存在するのか、また人間は自分自身の現実存在を快適にするために、自分自身でどのような価値を持っているのかという疑問を解決することはできないからである。

このため自然が目的の原理にしたがって絶対的な全体とみなされるのであれば、自然がなぜ人間の幸福と合致しなければならないのかという根拠を理性的に示すことができるためには、人間があらかじめ創造の究極目的として前提されていなければならないのである。このようにしてみると「創造の究極目的と関連するものとしては」欲求能力だけが残ることになる。しかしこの欲求能力は、感性的な衝動によって人間を自然に依存させる欲求能力ではないし、それとの関係で人間の現実存在の価値を、人間の感受し、享受するものに基づくようにさせる欲求能力でもない。むしろそれは人間だけが自らに与えることのできる価値であり、人間が行うことのうちで生まれる価値であり、人間が自然の一つの〈項〉としてではなく、人間の欲求能力の自由のもとで、どのような原理にしたがって行為するかということのうちに成り立つ価値である。すなわち善き意志だけが人間の現実存在に絶対的な価値を与えることができるものであり、それと関連して世界の現実存在に究極目的を与えることができるものなのである。

564 善き意志の重要性

また健全な人間理性のごく普通の判断においても、この問いだけについて判断しようとするならば、そしてこの問いに答えることを試みるように促されるならば、人間は道徳的な存在者としてのみ、創造の究極目的でありうる。このことについては、そうした健全な理性をもつ人々の意見は完全に一致する。このようにしてある人間が大きな才能を持ち、この才能を発揮して大いに活動し、それによって社会に有益な影響を及ぼし、自分の幸福の状態についても他の人々の利益についても大きな価値を持っていたとしても、その人が善き意志を所有していなければ、それが何の役に立つのかと問われることになろう。

このような人は、その内面から判断するならば軽蔑に値する存在である。しかし創造にそもそも究極目的が欠如してはならないとすれば、その人は人間として創造されたとしても、道徳的な法則のもとにある世界においては悪しき人となるのであり、道徳的な法則にしたがって、自分の主観的な目的である幸福の実現を否定されなければならない。ところがこの主観的な目的が実現されることこそが、その人の現実存在と究極目的が両立するための唯一の条件なのである。

565 創造の最終目的であり究極目的であるもの

ところでわたしたちが世界のうちに目的に適った配置をみいだすとすれば、また理性が避けがたく要求するように、たんに条件づけられたものにすぎない目的を、無条件的な最高の目的に、すなわち究極目的に従属させるとするならば、すぐに次のことが容易に理解される。すなわちそのときに重要なのは、現実存在するかぎりで自然の内部にある目的ではなく、自然のすべての仕組みとともに、自然が現実存在するための目的であり、創造の最終目的なのである。そしてこの最終目的のうちでも、究極目的がそのもとでのみ成立しうる最高条件、すなわち世界のさまざまな存在者を生み出すために最高の知性を規定する根拠こそが重要なのである。

566　目的原因の体系としての世界

ところでわたしたちは、人間は道徳的な存在者としてしか創造の目的ではありえないと認めるのであるから、第一に、世界を目的にしたがって関連している全体とみなすのであり、したがって世界を目的原因の体系とみなす根拠を、あるいはそのようにみなす主要な条件をもっているのである。しかしとくに、ある知性的な世界原因と自然目的との関係にかんして、わたしたちの理性の性質のためにわたしたちにとっては次のような原理が必然的なものとなるのである。それは、自然と、目的の王国における最高の根拠としての第一原因の特性を考察し、こうした第一原因の概念を規定する一つの原理である。しかしこのことは自然の目的論には不可能なことであった。自然の目的論はこの最高の根拠についてはただ規定されていない概念を生み出すことができただけであり、この概念は理論的な使用にも実践的な使用にも役立たないものなのである。

567　根源的な存在者の持つ性質

根源的な存在者の原因性として規定されたこの原理に基づいて、わたしたちはこの根源的な存在者をたんに叡智的な存在者として、また自然にとって立法的であるものとして考えるだけではなく、道徳的な目的の王国における立法的な元首としても考えなければならないであろう。さらにこの根源的な存在者の支配のもとで初めて可能になる最高善との関係においては、すなわち道徳的な法則のもとにある理性的な存在者の現実存在との関係においては、わたしたちはこの根源的な存在者を全知として考えるようになるだろう。というのもわたしたちの心のうちのもっとも内密なものでさえ、この根源的な存在者には隠されていないからである。そしてこの心のうちのもっとも内密なものこそが、理性的な世界存在者の行為の本来の道徳的な価値を生み出すものなのである。

さらにわたしたちはこの根源的な存在者を全能と考えるようになるだろう。それはこの根源的な存在者がすべての自然を、この最高の目的に適合させることができるためである。

またわたしたちはこの根源的な存在者を、もっとも恵み深いものであると同時に公正なものと考えるようになるだろう。というのはこの恵み深さと公正さという二つの特性を合わせると知恵になるのだが、これらの特性は道徳的な法則のもとで、最高善を可能にする世界の至高の原因の原因性の条件を構成するものだからである。

同じようにわたしたちはこの根源的な存在者について、永遠性や遍在性など、このような究極目的との関係において前提されているそのほかのすべての超越論的な特性がそなわっているものと考えざるをえない。というのも、恵み深さと公正さとは道徳的な特性であるからである。

このようにして道徳的な目的論は、自然の目的論の欠陥を補うものであり、これによって神学は初めて根拠づけられることになる。というのも自然の目的論が道徳的な目的論からこっそりとでも借用することをせず、あくまでもやりとげようとするならば、それだけではいかなる規定された概念も持てない鬼神論しか作り上げることができないはずだからである。

568 世界の究極目的としての道徳的な人間

しかし世界のうちに存在するある種の存在者の道徳的な目的について規定するために、世界を神性としての至高の原因と関係づけるような原理は、自然の目的論の証明根拠を補足し、さらにこうした証明根拠を必然的にその根底に置くことによって、こうした関係づけを行うのであるが、それだけではない。この原理はそれだけでもその目的のために十分なものであり、自然目的に注目させ、自然の形式の背後に隠れている把握しがたい偉大な技術の探求を推し進めることによって、こうした自然の目的という観点から、純粋実践理性が提供する理念に、補足的な確証を与えるのである。というのも道徳的な法則のもとにある世界存在者についての概念は、一つのアプリオリな原理であって、人間は必然的にこの原理に基づいて自らを判定しなければならないからである。

さらに意図的に作用し、何らかの目的を目指している世界原因というものがそもそも存在するのであれば、自然法則にしたがう関係とともに、すでに述べた道徳的な関係こそが必然的に、創造という行為の可能性の条件でなければならない――ただし知性的な原因が一つの究極目的を持つとすればのことであるが。理性もまた、さまざまな事物の現実存在を目的論的に判定するために、このことをアプリオリに理性にとって必然的な原則とみなしているのである。

ここで問われるべきことは、はたしてわたしたちは目的にしたがって行為する至高の原因に何らかの究極目的を与えるために、思弁的な理性であるか実践的な理性であるかを問わず、理性にとって十分な何らかの根拠を持っているのだろうかということである。なぜならばその場合に、わたしたちの理性の主観的な性質にしたがう限り、わたしたちが人間以外の存在者の理性をどのようなものと考えるかにかかわらず、この究極目的は道徳的な法則にしたがう人間でしかありえないことは、わたしたちにとっては確実なこととしてアプリオリに妥当しうるからである。これに対して自然の秩序にある自然の目的はアプリオリにはまったく認識することができないものであり、ましてや自然がこうした目的なしでは現実存在しえないということは、いかなる形でも洞察することができないからである。

注解

569　道徳的な叡智体の必要性

ある人がある瞬間に、自分の心が道徳的な感覚と調和していると感じているとしよう。もしもその人が美しい自然に囲まれていて、自分の存在を静かに、そして晴れやかに享受しているならば、その人は自分の心のうちで、そのことを誰かに感謝したいという気持ちを感じるだろう。あるいはその人が別のときに、心の状態はほかの場合と同じようなものでありながらも、何らかの自発的な犠牲によってしか、満足できる形で実現することのない義務を果たすことを迫られているとしよう。その場合にはその人はその義務によって、命令されたことを実現し、ある主権者に服従したいという欲求を感じることだろう。あるいはその人が不注意にも自分の義務に違反したものの、そのことによって他人にたいして責任を負わずに済んだとしよう。その場合にはその人は自分のうちに激しい自己叱責の言葉を発するだろう。その言葉は、その人がこの問題について申し開きをしなければならない裁判官の声のように響くことだろう。

要するにそうした人はある道徳的な叡智的な存在者の存在を必要とするのであって、その人が存在する目的のためには、その目的にふさわしい形でその人と世界との原因であるような存在者を持たなければならないのである。ただしこれらの感情の背後に、さまざまな動機をわざとらしく想定することは無益なことである。というのもこうした感情はもっとも純粋な道徳的な心構えと直接に連関したものだからである。感謝、服従、恭順のような感情は（ここで恭順とは当然に与えられるべき懲罰に服従することである）、義務を果たそうとする心の特殊な気分であって、自らの道徳的な心構えを拡張しようとする傾向のあるその人の心は、この世界のうちには現実存在しないある対象を自発的に思い浮かべ、そのことによってそうした対象にたいしても、可能であれば自らの義務を果たそうとするからである。

ある存在者が現実存在していて、この存在者のもとでわたしたちの倫理性がさらに強められ、あるいはわたしたちの表象から判断して倫理性の範囲がさらに広くなり、倫理性が行使される一つの新たな対象を獲得できるようになるとすれば、わたしたちがそのような存在者が現実存在することを求める純粋な道徳的な欲求を抱くことは少なくとも可能であり、そのように表象するための根拠は道徳的な思考法のうちに置かれているのである。

言い換えればそのような場合にその人は、理論的な証明についてまったく配慮することなしに、ましてや利己的な関心をまったく考慮することなしに、あらゆる外的な影響から自由で、もちろんたんに主観的で純粋な道徳的な根拠に基づいて、それ自身だけで立法的な純粋実践理性をたんに高揚させることだけを目指して、世界の外部にある道徳的で立法的な存在者が現実存在することを想定するようになるのである。

心のそうした調和的な気分はごく稀にしか現れず、あるいは長続きせず、むしろ儚《はかな》いものとして持続的な影響を及ぼさずに消え失せてしまったとしても、あるいはそうした幻において表象された対象について自ら思索することもなく、その対象を明確な概念のもとにもたらそうと努力することもなく、そうした調和的な気分が消失したとしても、そうした気分が発生する根拠が存在することに疑いの余地はないのである。わたしたちのうちに存在する主観的な原理としての道徳的な素質とはそのようなものであり、この素質は世界を考察する際に、自然原因による世界の合目的性だけでは満足せず、世界の根底に、道徳的な原理にしたがって自然を支配する至高の原因を措定するものなのである。

さらにわたしたちは道徳的な法則によって、ある普遍的な最高の目的を実現するよう努力することを促されているが、わたしたち人間にとっても、すべての自然にとっても、この最高目的を達成するのは不可能であると感じている。しかしわたしたちにとってはこの最高目的に向かって努力する場合にかぎって、ある知性的な世界原因（そのようなものが存在するとしてのことだが）の究極目的にふさわしいものとなりうると判断することが許されているのである。そのため実践理性の道徳的な根拠によって、このような原因が想定されている（そのことにはいかなる矛盾もない）。それ以上の根拠はないとしても、わたしたちにとってはこれによって、すでに述べた努力の効果をまったく虚しいものとみなしたり、あるいはそのように虚しいものとみなすことによって努力を弱めたりするような危険に陥ることはないのである。

570　神の概念と至高の原因性の概念の意味

これらのすべてのことによってここでわたしが言おうとしているのは、次のようなことである。恐怖はたしかに神々（デーモン）を生み出すことができたが、理性は自らの道徳的な原理に基づいて初めて神についての概念を生み出すことができたのであった。よくみられるように、人々が自然の目的論についてはきわめて無知であったり、これについてたがいに矛盾する現象を、十分に実証された原理によって調停することが困難なためにきわめて懐疑的であったりしても、このことに変わりはないのである。

また人間の現実存在の内的な道徳的な目的の規定は、自然認識において欠如していたものを補足することができたということである。というのもこのような目的の規定によって、ある至高の原因とその特性を、言い換えればある神性として考えることができるように、わたしたちは指示されたからである。この目的の規定は倫理的な原理によらずに理性を満足させることのできない目的、すなわちすべての事物の現実存在の究極目的のための原因であり、この原因はすべての自然をその唯一の意図に服従させることのできる特性をそなえているものなのである。そしてすべての自然はたんにこの唯一の意図を実現するための道具にすぎないのである。

第八七節　神の現実存在の道徳的な証明について

571

道徳的な目的論についての問い

自然の目的論というものがあるが、これはわたしたちの理論的な反省的判断力にとってある知性的な世界原因の現実存在を想定するために十分な証明根拠を提示している。ところがわたしたちは自分のうちに、さらに自らの原因性の自由を与えられた理性的な存在者一般という概念のうちに、道徳的な目的論というものをみいだす。ところがわたしたちは自らのうちに、ある目的関係とその法則をアプリオリに明確に、したがって必然的なものとして認識することができるのであるから、そのおかげでこの道徳的な目的論は、その内的な合法則性のために、わたしたちの外部にいかなる知性的な原因も必要としないのである。それはたとえばわたしたちが図形の幾何学的な特性のうちに、技術的にさまざまな応用を行うことのできる合目的性をみいだすためには、その図形だけを考察すればよいのであって、そうした特性に合目的性を授けるような最高の知性を別に求める必要がないのと同じことである。

ただしこの道徳的な目的論は世界存在者としてのわたしたちに、そして世界におけるその他の事物と結びついた存在者としてのわたしたちにかかわるものであり、わたしたちはこうした道徳的な法則によって、その他の事物を目的とみなすか、それともわたしたち自身がそうした事物との関連で究極目的にほかならない対象と判断されるかのどちらであるかを判定するように求められる。

この道徳的な目的論は、わたしたち自身の原因性とさまざまな目的との関係や、わたしたちが世界のうちで目指さなければならない究極目的とわたしたち自身の原因性との関係にかかわってくるのであり、さらに倫理的な目的と世界との相互的な関係や、倫理的な目的の遂行の外的な可能性とかかわってくる。そしてどのような自然の目的論も、わたしたちにこうした遂行のための指導を与えてくれることはできないのである。そこから次のような必然的な問いが生まれるのである。

すなわちこの道徳的な目的論は、道徳的な内的な立法とその可能な遂行との関連においても、自然がわたしたちにとって目的に適ったものであると表象させるために、わたしたちの理性的な判定に強制を加えて、世界を超えさせて、自然とわたしたちのうちの倫理的なものとの結びつきについても何らかの知性的な至高の原理を求めさせるのかという問いである。したがって道徳的な目的論というものがあるのはたしかであるが、一方ではこの道徳的な目的論は自由の法則定立と必然的に関連しあい、他方では自然の法則定立と必然的に関連しあうのであって、そのために市民的な立法がどこにその執行権を求めるべきであるか、という問いと結びついてくるのである。これらの結びつきは全体的にみて、さまざまな事物についてある種の合法則的で、理念にしたがってのみ可能な秩序の現実性の原理を理性が示さなければならない場合には、つねに生まれてくるものである。

わたしたちはまず理性が道徳的な目的論から、さらにこの道徳的な目的論と自然の目的論との関係から、どのようにして神学に到達するかという道程について述べることにしよう。そしてそのあとで、このような推論の方法の可能性と有効性について考察することにしよう。

572　至高の原因についての問い

ある種の事物あるいはそうしたある種の事物の形式の現実存在を偶然的なものとして、すなわち原因として存在する他のあるものによってのみ可能なものとして想定するならば、このような原因性についての至高の根拠を、すなわち条件づけられたものにたいして無条件的にあてはまる根拠を求めることができる。こうした至高の根拠としては、因果結合《ネクスス・エフェクティウス》による自然の秩序か、目的結合《ネクスス・フィナリス》による目的論的な秩序かのいずれかを考えることができる。言い換えれば至高の産出原因とは何であるか、あるいは何がこの原因の至高の目的であり、端的に無条件的な目的であるのか、これの産物あるいはあらゆる産物一般をこの至高の原因が産出する究極目的は何であるのかと問うことができるのである。

その際に前提されているのは、この至高の原因が何らかの目的を表象することができるということ、すなわち知性的な存在者であるということであり、あるいは少なくともそうした至高の原因が、そのような存在者の定めた法則にしたがって働くものであることを、わたしたちが考えうるということである。

573　究極目的であるために必要な条件

　ところで目的論的な秩序にしたがうならば、次のことはもっとも普通の人間理性ですら直接に同意することを強いられるような原則である。すなわち理性がアプリオリに提示しなければならない究極目的が必ず存在しなければならないのであれば、この究極目的は、道徳的な諸法則のもとにある人間あるいはそれぞれの理性的な世界存在者でしかありえないということである（注）。なぜならば世界がまったく生命のない存在者か、部分的には生命のある存在者であっても理性を持たない存在者から構成されているとすれば、そこには価値というものについてごくわずかでも理解している存在者が存在していないのであるから、世界の現実存在にはいかなる価値もないことになるのは、誰もがそう判断するはずのことだからである。

　これにたいしてたとえ理性的な存在者が存在していたとしても、その存在者の理性が、さまざまな事物の現実存在の価値を、自然と存在者およびその福祉との関係に結びつけるだけであって、そうした価値を自由において根源的に自ら獲得することができないのであれば、世界のうちにはたしかに相対的な目的はあるだろうが、そうした理性的な存在者の現実存在は結局は目的を持たないものとならざるをえないために、いかなる絶対的な究極目的もありえないことになろう。しかし道徳的な法則には、あるものを目的として無条件的に、したがって究極目的という概念によって求められるものとして、理性に指定するという特有の性質がそなわっているのである。

このため世界の現実存在の究極目的は、目的連関のうちで自己自身にとって至高の法則でありうるような理性が現実存在することだけであり、言い換えれば道徳的な法則のもとにある理性的な存在者が現実存在することだけであると考えられる。そうでなければそうした世界の現実存在の原因にはいかなる目的もまったく存在していないか、あるいはその世界の現実存在の根底には、究極目的を欠如した目的しかないかのいずれかであることになる。

573n

「道徳的な諸法則のもとにある人間」という表現

（注）わたしはここでわざわざ、道徳的な諸法則のもとにあると表現した。創造の究

極目的は道徳的な諸法則にしたがう人間でも、道徳的な諸法則に適って振る舞う人間でもない。このような表現が意味することは、世界の創造者が望むままに、人間が道徳的な諸法則につねに適合して振る舞うようにさせることができるということであるが、それが可能であるかどうかは、わたしたちには知りえないことである。

このことは自由と自然についてのある概念を前提とするものであり（何らかの外的な創造者というものを考えることができるのは自然についてだけである）、このような概念は自然の超感性的な基体について洞察することができること、そしてこの超感性的基体は、自由による原因性が世界において可能にするものと同じものであることを洞察できることを想定するものであるが、そのようなことはわたしたちの理性による洞察をはるかに超え出たものだからである。

わたしたちの理性による洞察に定められた制約を踏み越えることなしに、人間の現実存在が世界の究極目的であると主張することができるのは、ただ道徳的な諸法則のもとにある人間だけについてなのである。このことは世界の出来事について道徳的に反省する人間理性の判断と完全に調和するものである。わたしたちは無法な悪人も、自らが犯した行為にたいして当然受けるべき罰を受けないかぎり死なないことをみても、悪においてもある賢明な目的連関が存在している痕跡をみいだすことができると考えている。

自由な原因性についてのわたしたちの概念によると、善行も悪行も、わたしたちに基づいたものである。ところがわたしたちは世界統治の最高の知恵のあり方を、善行にたいしては誘因が定められていること、そして善行と悪行の両方にとっては、その結果が道徳的な法則によって定められていることのうちにみいだすのである。神の栄光は本来はこの後者のうちにあるのであり、神学者たちがこの神の栄光を創造の最終目的と呼んでいるのも不当なことではない。

なおここで注意すべきことは、わたしたちが創造という言葉で理解しているのはここで言われていることだけであって、世界の現実存在の原因、あるいは世界におけるさまざまな事物の（諸実体の）現実存在の原因ということにほかならない。こうした意味は、創造という語の本来の概念に含まれているものであり（実体の現実化こそが創造である）(8)、したがってこれは自由に作用する知性的な原因の前提をすでに含んでいるわけではないのである。そしてわたしたちはこのものの現実存在をまず証明しようとしているのである。

574　**道徳的な法則の機能**

道徳的な法則はわたしたちの自由の使用についての形式的な理性の条件であり、実質的な条件としてのいかなる目的に依存することもなく、それだけでわたしたちを拘束するものである。この道徳的法則はさらに、わたしたちにたいしてある究極目的をアプリオリに規定するものであり、この究極目的に向かって努力するようわたしたちを拘束するものである。この究極目的とはすなわち、自由によって可能となる世界における最高善である。

575　**究極目的としての幸福**

人間が、そしてわたしたちの概念にしたがうかぎりあらゆる理性的な有限な存在者が、すでに述べた道徳的な法則のもとで自らに一つの究極目的を定立することができるための主観的な条件は、幸福である。したがってこの世界において可能な最高の目的として、そしてわたしたちにできるかぎりの究極の目的として促進すべき自然の善は幸福なのである。この幸福は、人間が幸福になるに値する存在であるべきことを定めた倫理性の法則と一致するという客観的な条件のもとでの幸福のことである。

576 究極目的の二つの要件の実現

しかし道徳的な法則によってわたしたちに課せられた究極目的のこれらの二つの要件をわたしたちは、自分たちのあらゆる理性能力によっては、たんなる自然原因によって結び合わされていながら同時にすでに述べた究極目的の理念に適合するものとして表象することはできない。そのためわたしたちが自分の力を発揮することによって達成されるべきこのような目的の実践的な必然性という概念は、わたしたちが自らの自由を自然の原因性以外の手段のいかなる原因性とも結びつけないのであれば、そのような目的の実現の自然的な可能性という理論的な概念と調和することがないのである。

577　神の存在

したがってわたしたちは道徳的な法則に適った究極目的を定めるためには、ある道徳的な世界原因を、ある世界の創造者を想定しなければならないのである。また道徳的な法則に適ったこの究極目的を定めることが必然的なものであるかぎり、またそのかぎりにおいて、すなわち同じ程度に、同じ根拠に基づいて、ある道徳的な世界原因も必然的に想定されるのであって、神は存在すると必然的に想定されるのである（注）。

577n　神の存在の道徳的な根拠の意味

（注）この道徳的な論拠は、神の現実存在について客観的に妥当する証明を行おうとするものではなく、また信仰の懐疑者にたいして神が存在することを証明するものでもない。そうではなくてこうした信仰の懐疑者が道徳的に首尾一貫して思考しようとするならば、この命題を想定することを自分の実践理性の格律の一つとして採用しなければならないことを証明しようとするものである。

またここで主張されているのは、あらゆる理性的な世界存在者の幸福は、そのものの道徳性に適合していると想定することが、倫理性のために必然的なものであるということではなく、倫理性によって必然的なものとなるということである。したがってこの道徳的な論拠は、道徳的な存在者にとっても主観的に十分な論拠となるだろう。

* * *

578 道徳性についての要件の意味

この証明に論理的に正確な形式を与えるのはたやすいことであるが、この証明が語ろうとしているのは、神の現実存在を想定することは、道徳的な法則の妥当性を承認することと同じように必然的なものであるということではないし、神の現実存在を確信できない人は、道徳的な法則にしたがう義務から解放されていると判断してよいということでもない。

このようなことは否定されなければならない。これが認められたならば、道徳的な法則を遵守することによって実現されるべき世界の究極目的、すなわち道徳的な法則の遵守と調和して生まれるはずの世界の最高善としての理性的な存在者の幸福の実現という究極目的の計画を放棄しなければならなくなるだろう。神の現実存在を確信できない場合にも、それぞれの理性的な存在者は、自らが倫理の命令に厳しく拘束されているものとして認識しなければならないだろう。なぜならば倫理の法則というものは、意欲の実質としての目的を考慮せずに、［意欲の］形式だけを規定するものとして、無条件的に命令するからである。

しかし究極目的のこの［道徳的な法則の遵守にかんする］要件は、実践理性が世界の存在者に命令として与えるものであって、有限的な存在者としての彼らの本性のうちに定められた抵抗できない目的となるものである。理性が望むのは、この目的が不可侵な条件としての道徳法則だけに従属するようになるか、あるいは道徳法則にしたがって普遍的な目的とされることである。このようにして理性は幸福の促進を倫理性と一致させて、それを究極目的とするのである。

ところでこの目的を幸福にかんしてわたしたちの能力のおよぶかぎり促進することは、道徳法則によってわたしたちに命じられたものであり、それはこの努力によってどのような結果が生じるかにはかかわりのないことである。義務を履行することは厳格な意志の形式において成り立つのであり、努力を成功させるために必要な中間的な原因において成り立つわけではないのである。

579 神の存在の否定と不道徳

ここである人が、一方ではきわめてもてはやされてきた思弁的な論拠には欠陥があることに気づき、他方では自然と感性界のうちには法則に適合しない多くの不規則な事柄が存在することに動かされて、〈神は存在しない〉という命題が正しいと説得されたとしよう。そしてその人が義務の法則を、たんに想像されたものにすぎず、自分には妥当せず、拘束力のないものと考えて、恐れることなく踏みにじることを決心したとしよう。その場合にはその人は自分自身の目から見ても、下劣な人間に思えることだろう。

そのような人が、最初は疑っていた神の存在について、その後では確信を抱くことができるようになったとしても、すでに述べたような思考様式をそのまま維持するのであれば、相変わらず下劣な人間であることに変わりはないだろう。たとえその人が恐怖から、あるいは報酬を求める意図から、義務を尊重する心構えからではなく、その結果からみれば望みうるかぎり厳格に自らの義務を遂行したとしても、そのことに変わりはないだろう。

それとは反対にその人が神を信仰する者として、意識のうちでは正直に、私欲を持たずに義務を遂行したとしても、自分がいつかは神が存在しないと確信できた場合を想定し、しかもそのように確信したならばあらゆる倫理的な拘束からすぐに解放されるだろうと考えていたとするならば、それはやはりその人のうちなる道徳的な心構えとは、折り合いがつかないことだろう。

580　優れた心構えの人物の運命

だからわたしたちは、スピノザのような誠実な人が、いかなる神も存在しないと確信していて、しかもこの確信は、道徳性の客体についても同じ帰結をもたらすために、いかなる来世も存在しないと確信するようなことも、ありうると考えられる。しかしそのような人は、実際の行為においては敬っている道徳的な法則に基づいて、自分自身の内的な目的規定をどのように判定するのだろうか。

そうした誠実な人は道徳的な法則を遵守しながら、この世においてもあの世においても、自分自身のためにはいかなる利益を求めようともせず、むしろ私欲を持たずに、かの神聖な道徳法則のために自分の一切の力を投じて、善だけを樹立しようと試みることだろう。ところがそうした人の努力には限界がある。その人はときおり自然から偶然的な援助を期待することはできるとしても、そうした恒常的な規則にしたがうことで実現される目的との合法則的な合致は、決して期待することができないだろう。ところがそうした人の格律は、内的には恒常的な規則なのであり、そうした恒常的な規則でなければならないのである。しかもその人は自分がこの目的を実現するように拘束され、励まされていることを感じているのである。

たとえその人が正直で温和で親切な人であろうと、その人の周囲では欺瞞や暴力や嫉妬が絶え間なく起こることだろう。そしてその人がであうその他の誠実な人々も、十分に幸福であるに値する人々であるにもかかわらず、自然はそのようなことを顧みないために、地上に生きるその他の動物と同じように、貧窮や病気や思いがけぬ死などのあらゆる害悪に襲われており、つねに襲われつづけるだろう。そして彼らが正直であろうと正直でなかろうとまったくかかわりなく、やがては一つの大きな墓穴が彼らをすべて呑み込むことになるだろう。［自分は人間だから］創造の究極目的であると考えることのできたこれらの人々は、物質という目的を持たない混沌の奈落から生まれてきたのであり、ふたたびまたこの混沌の奈落に投げ込まれることになるだろう。

このように心構えの優れているこうした人も、道徳的な法則を遵守する際には目にしていたはずの目的を、そして目にしていなければならなかった目的を、不可能なものとしてすっかり投げ捨ててしまわざるをえなくなるだろう。あるいはその人がこれについても自らの倫理的な内的規定に忠実であろうと望むならば、そして倫理法則がその人に服従するように直接語りかける［倫理法則への］尊敬の念を、このような尊敬のもたらす高い要求にふさわしい唯一の理想的な究極目的が虚しいものであると考えることによって、弱めてしまうことを望まないならば（それを弱めてしまうならば道徳的な心構えが傷つけられずにはすまないのである）、そのような人は少なくともその人に道徳的に指定された究極目的の可能性を理解するためにも、道徳的な世界の創造者である神の現実存在を想定しなければならないのである。このことは少なくともそれ自体として内的な矛盾をもたらすものではないため、実践的な意図からしてたしかに実現しうることなのである。

第八八節　道徳的な証明の妥当性についての制限

581　究極目的の理念の客観的な実在性

実践的な能力としての純粋理性は、純粋理性概念である理念によって、わたしたちの原因性の自由な使用を規定する能力であり、道徳的な法則のうちに、わたしたちの行為の統制的な原理を含んでいるだけではなく、この道徳的な法則を通じて同時に、ある客体の概念のうちで、主観的かつ構成的な原理を与えているのである。この客体は理性だけが考えることができるものであり、世界において道徳的な法則にしたがって、わたしたちの行為を通じて実現されるべきものである。このため道徳的な法則にしたがった自由の使用における究極目的という理念は、主観的かつ実践的な実在性をそなえているのである。

わたしたちは理性によってアプリオリに、理性的な存在者の最大の幸福と、それらの存在者における善の最高の条件との結びつきのうちにある世界の実現を全力で促進するように規定されている。この世界の最高善は普遍的な幸福と、もっとも合法則的な倫理性との結びつきによって実現される世界の福祉である。

この究極目的の一部としての幸福が実現される可能性は、経験的に条件づけられており、自然がこの目的に合致するかどうかという自然の性質に依存するものであって、理論的にみればそれが実現されるかどうかは不確定なことである。他方で目的の他の部分である倫理性については、わたしたちは自然の協力からは自由に、これを実現することができるのであり、実現の可能性はアプリオリに確立されていて、独断的な形で確実なものである。

このように理性的な世界存在者の究極目的という概念が客観的に理論的な実在性を保つために必要なのは、わたしたちが自分たちのためにアプリオリに定められた究極目的を持っているということだけではなく、創造も、つまり世界そのものもその現実存在にかんして一つの究極目的を持っているということである。この世界の現実存在にかんする究極目的がアプリオリに証明できるのであれば、この究極目的は主観的な実在性を持つだけではなく、客観的な実在性も持つことになるだろう。というのは創造が必ず何らかの究極目的を持っているのであれば、わたしたちにはその究極目的が道徳的な究極目的と合致せざるをえないとしか考えられないからである。そして目的という概念を可能にするのは、この道徳的な究極目的だけなのである。

ところでわたしたちは世界のうちに目的をみいだすのであって、自然的な目的論はこれらの目的を提示しながら、わたしたちが理性にふさわしい形で判断するならば、自然のうちには目的なしでは何ものもまったく存在しないということを、自然の探求の原理として最終的に想定する根拠を持てるようにするのである。しかしわたしたちが自然の究極目的を自然そのもののうちに求めても、それは無益なことである。そのためこの究極目的は、それについての理念が理性のうちだけに存在しているものと考え、そしてその客観的な可能性についても、理性的な存在者のうちにしか求めることができないし、求めなければならない。ただし理性的な存在者の実践理性はこの究極目的を提示するだけではなく、創造の究極目的についてわたしたちが考えることのできる条件にかんして、この概念を規定するのである。

582　思弁哲学の大きな課題

ここで問題となるのは、創造の究極目的という概念の客観的な実在性は、純粋理性の理論的な探求にたいしても十分に立証可能なのではないだろうか、それが規定的な判断力にとっては不確実なものとしてしか立証できないとしても、理論的で反省的な判断力の格律にたいしては十分に立証されることはできないのだろうかということである。

このことは、唯一の目的という理念を媒介にして、倫理的な目的と自然目的を結合するという課題を引き受けている思弁哲学に求められる最小限のことであるが、このわずかなことでも、思弁哲学が果たしうることを超えた大きな課題なのである。

583　根源的な存在者と世界の目的

理論的で反省的な判断力の原理にしたがうならば、次のように表現することができよう。わたしたちには目的に適った自然の産物については、自然の至高の原因を想定する根拠があるとしよう。この至高の原因の、自然の現実性をもたらす原因性は創造であるが、この創造という営みの原因性は、自然のメカニズムに求められる原因性とは異なる種類のものであって、何らかの知性の原因性として思考しなければならないものだとしよう。

その場合にはわたしたちはそのような根源的な存在者において、自然のいたるところで目的が存在すると考える十分な根拠を持つだけではなく、何らかの究極目的を考えるための十分な根拠を持つものである。それはそのような存在者の現実存在を立証するためではないとしても、少なくとも自然の目的論の場合と同じように、わたしたちがそうした世界の可能性を目的にしたがって理解しうるだけではなく、そのような世界の現実存在の根底に、一つの究極目的を置くことで初めて理解しうることを、確信するためなのである。

584 究極目的の存在を示す道徳的な根拠

しかし究極目的というものは、わたしたちの実践理性の概念にすぎず、自然を理論的に判定するために必要な経験のいかなる所与からも推論することはできないし、自然の認識に適用することもできないものである。究極目的という概念を使用することができるのは、もっぱら道徳的な法則にしたがう実践理性だけなのである。

しかも創造の究極目的という概念は、世界のある種の性質であって、わたしたちが法則にしたがってしか明確にすることのできないようなもの、すなわちわたしたちの純粋な実践理性の究極目的に合致するような性質、しかも理性が実践的であるべきかぎりにおいてわたしたちの純粋な実践理性の究極目的に合致するような性質なのである。

ところでわたしたちは実践的な意図においては、わたしたちの力をこの創造の究極目的の実現へと捧げるために、わたしたちに純粋な実践理性の究極目的を課した道徳的な法則を通じて、この究極目的の可能性を、その実現の可能性を想定する根拠を持っているのである。

そうした可能性の条件はわたしたちの力では左右することができないものであり、このような可能性の条件に自然が協力しなければこの究極目的を実現することは不可能となるはずであるため、わたしたちはさまざまな事物がこの究極の目的に合致した自然的な本性をそなえていると想定する根拠をも持っているのである。すなわちわたしたちは世界において、創造の究極目的が存在していると想定すべき道徳的な根拠を持っているのである。

585　究極目的の存在条件

しかしこのように想定することができるということは、道徳的な目的論から神学へと移行するための推論となるものではなく、言い換えれば道徳的な世界の創造者の現実存在へと移行するための推論となるものではなく、このような形で規定された創造の究極目的が存在するはずであるという推論となるにすぎない。そしてこのような形で創造が行われて究極目的に適った事物が現実存在するためには、第一にある知性的な存在者が世界創造者として存在すること、すなわち神が存在することを想定しなければならない。

また第二に、わたしたちが目的として判定しなければならなかった自然の事物の可能性について想定したように、このような世界創造者はたんに知性的な存在者であるだけではなく、同時に道徳的な存在者でもあるものとして想定しなければならないのである。ところでこの第二の推論は、実践的な理性の概念にしたがう判断力に満足を与える推論であり、規定的な判断力にではなく、反省的な判断力に満足を与える推論であることは明らかである。

というのもわたしたちは次の二つのことについては、僭越にも洞察することができないからである。第一に、道徳的な実践理性と技術的な実践理性とは、その原理について本質的に異なっているものであるが、至高の世界原因を叡智体として想定するときにも同じような区別をしなければならない。究極目的のためには、たんに自然の目的のために必要であるのとは異なったこの世界原因の特殊な種類の原因性が必要となるということを洞察することはできないのである。また第二に、したがってわたしたちは究極目的については、結果としての創造の究極目的を想定する道徳的な根拠をもっているだけでなく、何らかの道徳的な存在者を創造の根源的な根拠として想定する道徳的な根拠も持っているということもまた、洞察することはできない。

ただしわたしたちは、わたしたちの理性能力の性質にしたがうならば、世界の創造者であり、統治者でもあるような者が現実存在して、同時に道徳的な立法者でもあるのでなければ、この究極目的のうちに、道徳的な法則およびその客体と関連づけられた合目的性の可能性を、まったく理解できないということは主張できるはずである。

586 神の現実性

このように最高の道徳的で立法的な創造者の現実性は、たんにわたしたちの理性の実践的な使用のためにだけ十分に立証されているのであって、この創造者の現実存在については、いかなることも理論的に規定することはできない。なぜならば理性は、理性に固有の立法によってもともとわたしたちに課せられている理性の目的の可能性を実現するためにはある理念を必要とするのであって、世界についてのたんなる自然概念によっては、理性がそうした理性自身の立法を遵守することが不可能なので、この理念によって反省的な判断力にとっては十分な形でこのような障害が取り除かれるからである。

しかもこの理念はそれによって実践的な実在性を獲得するのである。たとえこの理念のために、至高の原因の本性と規定を説明するという理論的な意図において実在性を獲得するためのあらゆる手段が、思弁的な認識にはまったく欠如しているとしてもである。

理論的で反省的な判断力にたいしては、自然の目的論が、自然の目的に基づいて、ある知性的な世界原因の存在を十分に証明している。また実践的な判断力にたいしては、道徳的な目的論が、実践的な意図において創造によるものとせざるをえない究極目的という概念によって、このような世界原因の存在を十分に証明している。ところで道徳的な世界創造者としての神という理念の客観的な実在性は、自然の目的だけによっては立証されないのはたしかである。それにもかかわらずこうした自然の目的の認識が、道徳的な目的の認識と結びついている場合には、諸原理をできるだけ統一させることを目指す純粋理性の格律によって、神という理念の実践的な実在性を、この理念が理論的な意図において判断力にたいしてすでに持っている実在性を通じて支援するためには、このような自然の目的は大いに意義のあるものなのである。

587

最高存在者についての注記

ところで容易に生じやすい誤解を防ぐために、次のことを注意しておく必要があろう。第一にわたしたちは、この最高存在のこうした特性を、類比によってしか思考することができないのである。なぜならば類比によらなければわたしたちは、経験がそれについて何一つ類似したものを示すことのできないこの最高の存在者の本性を探求することはできないからである。

第二にわたしたちはこの最高存在者を、経験によってもただ思考することができるだけであって、経験によって認識することはできないし、それらの特性をこの最高の存在者において理論的に確認することは決してできないのである。このような認識は、わたしたちの理性が至高の世界原因とはそれ自体で何であるかを洞察しようと思弁的に意図する際には、規定的な判断力が必要とするものであるだろうが、ここで問題なのはわたしたちの認識能力の性質にしたがって、わたしたちはこの至高の世界原因をどのように理解すべきであるかということなのである。

その際に、純粋実践理性があらゆる前提なしにアプリオリに全力を挙げて実現するようにわたしたちに求めている目的に、同じく実践的な実在性だけを獲得させるためだけに、すなわち意図的にもくろまれた結果だけを、可能なものとして思考しうるためだけに、わたしたちは至高の世界原因の現実存在を想定すべきであるかどうかが問われているのである。

いずれにしても至高の世界原因という概念は、思弁的な理性にとっては過大な要求を突きつけられるものかもしれない。またわたしたちがこうした概念によって思考した存在者に与えるさまざまな特性も、それを客観的に使用した場合には、それ自身のうちに擬人観を隠し持っているものであるかもしれない。しかしわたしたちがこうした特性を使用する際に意図しているのは、それによってわたしたちにとっては達成することのできないような本性を、この存在者の所有するものとして規定することではなく、わたしたち自身とわたしたちの意志をそれによって規定することなのである。

わたしたちはある原因を示す場合には、その結果について、その原因と結果との関係にかんしてのみ持っている概念を示すのであって、その際にそれに類似した原因からのみわたしたちに知られており、経験を通じて与えられているに違いない特性によって、この原因の内的な性質を内面的に規定しようとしたりはしないものである。

たとえばわたしたちは霊魂には一つの起動力《ウィス・ロコモティウァ》があることを示すために、霊魂の表象のうちに潜んでいる身体の運動が、霊魂が原因となって発現することを指摘するのであるが、だからといってその霊魂には、わたしたちが起動力を見分けるための唯一の方法、すなわち牽引するとか押すとか衝突するとかなど、拡がりをもつ存在者につねに前提とされる運動の存在を確認しようとはしないものである。

それと同じようにわたしたちは、ある必然的な道徳的な究極目的の可能性と実践的な実在性との根拠を含むあるもの、すなわちこのような究極目的の実行可能性の根拠を含んでいる何かあるものを想定せざるをえないのである。しかしわたしたちはこの何かあるものを、それから期待される結果の性質にしたがって、道徳的な法則に基づいて世界を支配するある賢明な存在者として思考することができるのであり、わたしたちの認識能力の性質によっては、そうした存在者について、自然とは異なる諸事物の原因として思考せざるをえないのである。ただしそれは、わたしたちのあらゆる認識能力を超出しているこの存在者とわたしたちの実践的理性の客体との関係を言い表すためにすぎない。しかしだからといってわたしたちに知られているこの種の唯一の原因性である知性と意志の存在を、このあるものに理論的に付与することはないのである。

さらにこの何かあるものということでその存在者について思考されたわたしたちにとっての究極目的の原因性だけを、この存在者自身における究極目的として、自然および自然の目的規定一般にかんする原因性から客観的に区別しようとすることはないのである。むしろわたしたちはこの区別を、わたしたちの認識能力の性質のために主観的に必然的なものとして、さらに反省的な判断力に妥当するものとして想定することができるだけであって、規定的な判断力にとって客観的に妥当するものとして想定することはできないのである。

ところが実践的なことが問われる場合には、怜悧または知恵にとっての統制的な原理は、すなわち〈わたしたちの認識能力の性質にしたがって、わたしたちによってある種の形でしか可能であると考えられることのできない目的としてのあるものに適合して行為せよ〉という統制的な原理は、同時に構成的な原理であって、実践的に規定的なものとなるのである。他方でまさにこの同じ原理が、さまざまな事物の客観的な可能性を判定する原理としては、理論的に規定的なものではない。すなわち思考するわたしたちの能力に帰属する唯一の種類の可能性が、その客体にも帰属すると主張するものではない。これは反省的な判断力にとっての一つのたんなる統制的な原理にすぎないのである。

注解

588　道徳的な証明根拠の意味

このような道徳的な証明は、新たに発見された証明根拠ではなく、せいぜいのところ新たに解明された証明根拠にすぎない。というのはこの道徳的な証明は、人間の理性能力の最初の萌芽に先立ってすでに理性能力のうちに置かれていたものであって、理性能力が発展するとともに、ますます発達してきたものにすぎないからである。人間が自然の合目的性についてまだ無関心なままに見過ごしていて、自然の通常の経過のほかには何も思い描くことなく、自然の合目的性を利用していた時代があったが、その頃に人間が正義と不正について反省し始めると、次のような判断が現れざるをえなかった。すなわちある人がその生涯の終わりにいたるまで、少なくとも外見からみてその人の有徳な行いにたいしていかなる幸福も与えられず、その人の犯した悪しき行為にたいしていかなる刑罰も加えられなかったとしても、その人が誠実に振る舞っていたのかそれとも不誠実に振る舞っていたのか、あるいは公平に振る舞っていたのかそれとも無法に振る舞っていたのかは、その生涯の最後においては決して同じ意味を持つものではないと判断されるようになるのである。

それはあたかもそうした人々が自分自身のうちに、こうした二つの振る舞いがもたらす帰結は異なったものでなければならないという声を聞き取るようなものである。そのように考えれば、そうした人々がそれに向かって努力するよう拘束されていると感じる何かあるものについての表象が、たとえ漠然としたものであったにせよ、そうした人々のうちに潜んでいたと考えなければならない。ただしこうした帰結が、そうした人々のうちの何かあるものとまったく調和したものではなかったために、あるいはそうした人々が自然の世界の成り行きを、さまざまな事物を支配する唯一の秩序と考えていたために、この何かあるものと自分の心のうちにある内的な目的規定とを結びつけることができなかっただけなのである。

ところでこのような調和の欠如は、人間の心には、人々が自然の判定の根底に原理として置きたがる盲目的な偶然性よりもはるかに腹立たしいものであるに違いないのであって、その人はこうした調和の欠如を取り除く方法を、きわめて多様で粗雑なやり方で思い浮かべたであろうが、しかしそうした人々は倫理法則にしたがって世界を支配する至高の原因のほかには、彼らの内的な倫理法則と自然が一致する可能性の原理を考え出すことは決してできなかったのである。というのも義務として課せられた彼らのうちなる究極目的と、彼らの外部にあって一切の究極目的を欠如した自然とは、たがいに矛盾しあうからであるが、義務として課せられた彼らのうちなる究極目的は、この自然のうちで実現されなければならないのである。

ところで彼らは世界原因の内的な性質にかんしては、多くの無意味なものしか考え出すことができなかった。きわめて未開な理性にとっても、その理性が自らを実践的なものとみなすかぎりで、世界の統治におけるかの道徳的な関係はつねに普遍的に把握できるものであったが、これに反して思弁的な理性は、こうしたきわめて未開な理性と歩調を合わせることはまったくできないのである。

さらにあらゆる点から考えて、自然における美と目的にたいする注意が喚起されたのは、こうした道徳的な関心によってであったが、このような注意は、世界原因という理念を強化するのにとくに役立ちはしても、それでもこの理念を基礎づけることはできなかった。それでもやはり、こうした道徳的な関心を持たずに済ませることはできなかったのである。というのも自然の目的を探求することによって、究極目的との関係において自然を賞賛することのうちにはっきりと示されるような直接的な関心が獲得されたからであり、その際には自然を賞賛することによって手にいれることのできるいかなる利益についても顧慮されることがなかったのである。

第八九節　道徳的な論拠の効用について

589

神についての理念の制約

神についての理念にかんしては、このような超感性的なものについてのわたしたちのあらゆる理念を実践的に使用する際の条件にかんして、理性に制限を加えることには、明確な効用が存在する。すなわち神学が神智学のうちに、すなわち理性を混乱させる超絶的な概念のうちに迷い込むことを防げるのであり、あるいは最高存在者の擬人観的な表象様式である鬼神論へと落ち込むことを防げるのである。さらに宗教が呪術に堕落することを防ぎ、偶像崇拝に堕落することを防ぐことができるのである。呪術とは、他の超感性的な存在者を感知することができ、さらにこうした存在者に影響を及ぼすことができると考える狂信的な妄想であり、偶像崇拝とは、道徳的な心構えによらずに別の手段によって最高存在者に気に入られることができると考える迷信的な妄想のことである（注）。

589n　偶像崇拝とは

（注）実践的な意味での偶像崇拝とは今もなお、道徳性とは異なる何か別のものが、人間のなしうることにおいて最高の存在者の意志に適うために役立つ条件でありうるような特性をそなえた最高存在者が存在すると思い描く宗教である。なぜならば理論的な見地においては最高存在者の概念をどれほど純粋に提起したとしても、そしてそれが感性的な形象からいかに自由なものであったとしても、その概念は実践的な見地においてはやはり偶像として、すなわちその意志の性質からみれば擬人観的なものと

して思い描かれているからである。

590　理性の越権

なぜならば、感性界を超え出ているものにかんして、理性がごくわずかな事柄についても理論的に、認識を拡張するように規定できると認めるならば、それは理性の虚栄心や僭越さを認めるということであって、わたしたちの理性が神的な本性の現実存在と性質を、そしてその知性と意志とを洞察しうると、さらにこれらの両者の法則およびそれに基づいて世界に影響を与える特性について洞察しうると自負することであって、こうしたことを容認するならば、理性の越権をどこで、どのようなところで制限することができるのか、わたしには理解できないからである。

というのもそうしたことを洞察できるとすれば、実際にさらに多くのことが洞察できると期待するようになるものであり、これは誰もが自分の心に問いかけてみれば明らかなことだからである。このような理性の要求を制限するためには、ある種の原理が必要なのであって、これまでこのような要求にかかわるすべての試みが失敗してきたことをわたしたちが知っているという理由だけによって、こうした要求を制限してはならないのである。こうした理由でこうした要求を制限するならば、これまでよりもまともな結果がえられる可能性があることに、反証することはできないからである。ただしそのために考えうる原理としては、超感性的なものについては理論的にはまったく規定することができないと想定するか（ただしもっぱら消極的な原理は除く）、あるいはわたしたちの理性のうちには、わたしたちとわたしたちの子孫のために保存されている広大な知識のまだ未開拓な宝庫が含まれていると想定するかのいずれかであろう。

ただし宗教について言えば、すなわち立法者としての神と道徳との結びつきについて言えば、もしも神についての理論的な認識が先行しなければならないのであるとすれば、道徳は神学にしたがわなければならなくなるだろう。その場合には理性による内的で必然的な立法ではなく、ある至高の存在者による外的で任意の立法が導入されなければならなくなるだろう。そしてこうした外的な立法においては、この至高の存在者の本性についてわたしたちの洞察にそなわるあらゆる欠陥が、わたしたちの倫理的な命令にまでも広がってしまい、このようにして宗教は不道徳なものとなり、邪道に導かれることになるだろう。

591　心理学の役割

来世の希望について、わたしたちが道徳的な法則の命令にしたがって自ら遂行すべき究極目的に問いかけるのではなく、わたしたちの使命について理性判断の手引きを求めて、わたしたちの理論的な認識能力に問いかけるようになった場合には、こうした理性判断は実践的な関連においてのみ必然的なもの、あるいは採用するに値するものとみなされることになるだろう。その際に心理学はすでに述べてきた神学と同じように、わたしたちの思考の本質については消極的な概念しか与えてくれない。すなわち思考の本質のいかなる働きについても、内的な感覚器官のいかなる現象についても、唯物論的には説明することができないということを教えてくれるだけなのである。それゆえ遊離した霊魂の本性についても、また死後においても人格が存続するかどうかについても、わたしたちの理論的な認識能力のすべてを働かせたとしても、思弁的な根拠に基づくいかなる拡張的な規定的な判断もわたしたちにはどうしても下すことができない。

この問題についてすべてを決定するのは、実践的で必然的な見地からみたわたしたちの現実存在の目的論的な判定と、理性によってわたしたちに端的に課せられている究極目的のために必要な条件としての想定［来世］に、すなわちわたしたちが死後も存続しつづけるという想定だけになるだろう。そこでここでは次のような効用が生じるのであるが、この効用は一見したところでは損失であるかのように思われるのである。

すなわちわたしたちにとっては神学が神智学にはなりえないのと同じように、合理的な心理学は決して拡張的な学としての霊魂学とはなりえないが、他方ではいかなる唯物論にも転落しないように保証されているのである。むしろ合理的な心理学は、たんに内的な感覚器官の人間学であって、それは生におけるわたしたちの思考する自我についての知識であるから、理論的な認識としてもたんに経験的なものにとどまるという効用があるのである。

これに反してこの合理的な心理学はわたしたちの永遠の現実存在について理論的な知識を与えてくれる学問ではなく、道徳的な目的論の独特な推論に基づいているのであって、この学のあらゆる使用は、わたしたちの実践的な使命としての道徳的な目的論のためだけに必要になるのである。

第九〇節　神の現実存在の目的論的な証明における〈真とみなすこと〉の種類について

592 **自然神学の説得力**

およそあらゆる証明にまずもって要求されることは、対象の観察や実験による証明の場合のように、証明されるべきものについて直接に経験的に描き出すことによって証明されるにせよ、あるいは理性によってアプリオリに原理に基づいて証明されるにせよ、何よりもその証明が信じ込ませるのではなく、確信させるということ、少なくとも確信させるように働きかけるということである。すなわちその証明根拠あるいは推論が、相手に同意させるようなたんなる主観的で美的な［感性的な］規定根拠であるか、あるいはたんなる見せ掛けなのではなく、客観的に妥当するものとして、認識の論理的な根拠であることが求められるのである。それでなければ知性を罠にかけることはできても、納得させることはできないからである。

自然神学における証明は、おそらく善き意図のもとで行われているのではあろうが、弱点を故意に隠蔽しようとするものであって、そうした見せ掛けの証明の一つであると言わざるをえない。すなわち自然神学は、目的の原理にしたがって、自然のさまざまな事物の起源を示すおびただしい数の証拠を集めてきて、人間の理性のたんなる主観的な根拠を、すなわち人間的理性に独自の性癖を利用するのである。このやり方では、矛盾を犯すことさえなければ、多くの原理の代わりにただ一つの原理を考え、このただ一つの原理において、ある概念を規定するために必要ないくつかの要件あるいは多数の要件がみいだされるならば、その他の要件も考慮に入れて、この事物の概念を任意の補足によって完全なものとしようとするのである。

というのもわたしたちが自然のうちに、ある知性的な原因の存在を暗示していることれほど多くの産物をみいだすのであれば、なぜわたしたちが多くの原因ではなくむしろ唯一の原因を考えてはならないのだろうか、そしてこの唯一の原因において、たんに偉大な知性とか力とかではなく、むしろ全知と全能をそなえたものを考えてはならないのであろうか。要するにこの唯一の原因を、すべての可能な事物にとってそうした特性の十分な根拠を含んでいるようなものとして考えてはならないのであろうか。さらにすべてのものが可能であるこの唯一の根源的な存在者に、たんに自然法則と自然産物のための知性を認めるだけではなく、道徳的な世界原因としてのこの根源的な存在者にさらに、最高の倫理的な実践理性もそなわっていると認めてはならない理由があるのだろうか。それというのもこの根源的な存在者という概念をこのような形で完全なものとすれば、自然の洞察についても道徳的な知恵にとっても、十分な一つの原理が指し示されるようになり、このような理念の可能性に対して、いくぶんなりとも根拠のある異論が提示される可能性がなくなるからである。

ところでそのような場合に心の道徳的な動機が働き始めると、そしてこのような動機の持つ生き生きとした関心が、雄弁という迫力を伴って証明につけ加えられると（実際にこうした道徳的な動機は、雄弁という迫力をそなえるにふさわしいものである）、そこからはその証明が客観的に十分なものであると考える信じ込みが生まれる。さらにこうした証明が行われる多くの場合に有利な一つの見せ掛けが生まれるのであって、この見せ掛けによってこの証明の論理的な正確さについてのあらゆる吟味がすべて免除されるようになる。それどころかこうした吟味の根底に、神を冒瀆するような懐疑心が存在しているかのように、こうした吟味に嫌悪感と反感が抱かれるようになるのである。

ところでこのように述べてきたことについては、通俗的な有用性が考慮されているかぎりでは、反駁すべきところは何もない。ところがこの証明が、その論拠に含まれる二つの性格の異なる部分に分裂し、自然の目的論に属する部分と道徳の目的論に属する部分に分かれることは避けられないことであって、また避けてはならないことである。というのもこの二つの部分が融合したままでは、この証明の本来の精髄がどこにあるのかが明らかでなくなるし、またこの証明が妥当するかどうかについてもっとも厳しい吟味にも耐えられるようにするためには、証明のどのような部分で、どのような形で証明に手を加えるべきであるかを明らかにすることができなくなるからである。たとえそのように手を加えることによって、部分的にでもわたしたちの理性洞察の弱さを認めなければならなくなるとしてもである。

このような理由から、誠実であれという要求に哲学者がまったく配慮しないとしても、次のことは義務として哲学者に課せられることになる。すなわちこのような混同がもたらす見せ掛けがどれほど有利なものであったとしても、こうした見せ掛けを暴露し、たんなる信じ込みにすぎないものを確信に導くものから分離し（この信じ込みと確信は、同意の程度だけではなく種類において異なる規定である）、この証明が行われる際の心の状態をまったく混じり気のない状態で提示して、この証明をきわめて厳しい吟味に喜んで服させるようにする義務が、哲学者にはあるのである。

593　真理による証明と人間による証明

ただし確信を目指す証明にも二種類のものがある。一つは対象がそれ自体で何であるかを決定しなければならない証明であり、これは真理による《カタ・アレーテイアン》証明と呼ばれる。もう一つは対象に、判定を下すためにわたしたちに必要不可欠である理性の原理にしたがうならば、その対象がわたしたちにとって、すなわち人間一般にとって何であるかを決定しなければならない証明である。これは人間による《カタ・アントローポン》証明と呼ばれるが、ここで「人間」という言葉は一般的な意味で「人間一般」を示すものである。

第一の〈真理による証明〉の場合には、規定的な判断力にとって十分な原理によって証明が根拠づけられ、第二の〈人間による証明〉の場合には、反省的な判断力にとってのみ十分な原理によって証明が根拠づけられる。この〈人間による証明〉の場合に、証明が理論的な原理だけに基づくものであれば、それは決して確信をもたらすものとして働きかけることはできない。しかしその証明が実践的な理性原理を根拠とするものであれば、その原理は普遍的かつ必然的に妥当するものであるから、その証明は当然ながら純粋な実践的な意図において十分な確信を、すなわち道徳的な確信を要求することのできるものである。

ただし証明が確信を求める営みにすぎない場合、すなわちその証明のうちには確信のための客観的な根拠のみを含むだけであって、そうした根拠がたとえ確実性が不足していたとしても、それはたんに判断の主観的根拠として信じ込ませるために役立つにすぎないようなものではない場合もある。このような証明は、確信をもたらさないとしても、確信に影響を与えることができるものなのである。

594 **理論的な証明根拠が十分であるための要件**

ところですべての理論的な証明根拠は次のいずれかの場合に十分なものとなる。第一は、その証明根拠が論理的に厳密な理性推論による証明のための十分な根拠となる場合である。これが実現されない場合には、第二として、その証明根拠が類比による推論のための十分な根拠となる場合である。これもまた実現されない場合には、第三として、その証明根拠が真実らしい臆見のための十分な根拠となる場合である。それも実現されない場合には最後に第四に最小限のものとして、その証明根拠がたんに可能な説明根拠のための仮説としての想定に十分に役立つ場合があげられる。

ところでわたしの考えでは、神としての根源的な存在者の現実存在についての命題が、その概念のすべての内容にふさわしい意味で、すなわち神が道徳的な世界創造者であることが証明され、この概念によって同時に創造の究極的な目的が示されるように証明されなければならないのであれば、そのような理論的な確信に効果をおよぼすすべての証明根拠は、ここに示した種類の最高度のものから最低度にいたるものまで、いかなる種類の〈真とみなすこと〉も、もたらすことができないのである。

595 理性推論による証明根拠

まず第一に示されたように、普遍的なものから特殊的なものへと進行していく論理的に精密な証明について言えば、すでに批判〔『純粋理性批判』〕において次のことが十分に立証された。すなわち自然を超え出たところに求められるべき存在者についての概念には、わたしたちに可能ないかなる直観も対応しないのであり、このような存在者の概念そのものは、それが総合的な述語によって理論的に規定すべきものであるかぎりは、わたしたちにとってはあくまでも〈不確定なもの〉にとどまるのであって、この存在者についてのいかなる認識も生まれることはない。もしもこのような認識がえられたならば、それによってわたしたちの理論的な知識の範囲がいくらかでも拡張されたはずなのであるが。

このようにして超感性的な存在者という特殊な概念が、さまざまな事物の自然本性の普遍的な原理のもとに包摂され、こうした原理によってその概念を推論することができるようになることはない。というのもこの普遍的な原理は、感覚器官の対象としての自然だけに妥当するものだからである。

596

類比による証明根拠

第二に「類比による推論について考察するならば」、たしかに二つの種類の異なる事物について、それらの種類が異なるという観点から、片方を他方との類比によって思考することはできるものの（注一）、それらの種類が異なるという観点から、類比に基づいて片方から他方へと推論することはできない。すなわち片方をその種類によって区別するために役立つ特徴を、他方に転用することはできないのである。たとえば物体のあいだの相互の牽引と反発の働きにみられる作用と反作用が等しいという法則との類比によって、法の規則にしたがった公共体の構成員の共同性を思考することはできるが、物質に適用される種類の異なる規定としての物質的な牽引と反発を、公共体の構成員に転用して、国家と呼ばれる一つの体系を構成するという目的で、それらの市民にこうした規定をあてはめることはできない。

同じようにわたしたちが技術作品と呼ぶある種の産物の形式の根拠としての知性との類比によって、世界のさまざまな事物にたいする根源的な存在者の原因性を自然目的として思考することは許されることである。というのはこれはわたしたちの認識能力の理論的使用あるいは実践的使用のためだけに行われるものであって、わたしたちは根源的な存在者というこの概念について、世界における自然物についてのある種の原理にしたがって、理性をこのように使用しなければならないからである。

しかし技術的なものとして判定されるある結果の原因としては、世界に存在するさまざまな存在者のうちで［人間の］知性をあげなければならないのはたしかだが、その類比に基づいて、自然とはまったく異なる［神という］存在者にも、自然そのもの［の原因］について、わたしたちが人間において認めるのと同じ原因性を帰属させるような推論を行うことはできない。というのはこの両者においては、そうした原因性の結果の種類に、違いがあるから、すなわち感性的に条件づけられている原因と、超感性的な根源的な存在者自身とのあいだで、この根源的な存在者の概念において種類が異なるものが思考されているのであるから、類比によって推論することはできないのである。

わたしは神的な原因性を知性との類比だけによって思考しなければならないのであり、この能力をわたしたちは感性的に条件づけられた人間以外のいかなる存在者においても知らないのである。まさにこの点に、根源的な存在者に、もともとの意味でこうした知性がそなわっていると考えてはならないという禁止命令が潜んでいるのである（注二）。

596n1　理性と本能の類比

（注一）質的な意味での類比とは、根拠と帰結、原因と結果とのあいだの関係の同一性である。この類比は、さまざまな事物に固有の差異が存在しているにもかかわらず、あるいは類似した帰結の根拠を含むような特性自体の種における差異が存在しているにもかかわらず、言い換えればこうした同一性の関係から離れて考察した際にも、こうした関係において発生する同一性のことである。

だからわたしたちは動物の技術的な行為を人間の技術的な行為と比較しながら、わたしたちが知らない動物における行動のもたらす結果の根拠を、わたしたちが知っている人間の理性の類似した結果の根拠から推論して、その根拠は理性に類比されるものであると考えるのである。ここから同時に暗示されるのは、動物の技術能力の根拠は本能と名づけられ、理性からは事実として種において異なるものとして区別されているが、人間の建造物と比較したビーヴァーの巣穴のように、その結果においては類似した関係があるということである。

だからといってこのことから、人間は理性を行使して建造物を作り上げるのであるから、ビーヴァーも同じような理性を持っているに違いないと推論することはできないし、それを類比による推論と呼ぶことはできないのである。しかし動物が人間と同じような作用様式をそなえていることに基づいて（ただしわたしたちにはその根拠を直接に知覚することはできない）、わたしたちが直接意識しているところの人間の作用様式と比較して、動物もまた、デカルトが主張するような機械ではなく、表象にしたがって行動するものであると、類比によって正しく推論することができる。そして人間と動物は種において異なるにもかかわらず、生物としての類からみれば人間と同じような生き物であると推論することができるのである。そのように推論することができるための原理は、根拠が同じようなものであることにある。すなわちここで述べた規定にかんして動物の行動と、人間としての人間の行動を外的に比較するならば、どちらも類として同じものであることが確認できるということである。これは

〈根拠の同一性《パル・ラティオ》〉による推論である。

これと同じように至高の世界原因の原因性について、世界においてこの世界原因が作り出した目的に適った産物と、人間が作り出した技術作品を比較しながら、知性の類比によって思考することはできるが、だからといって世界原因には人間の持つ特性がそなわっていると、類比によって推論することはできない。というのもこの場合にはそのような種類の推論を行う可能性のための原理が欠けているからであり、すなわち至高の存在者と人間の双方の原因性にかんして、至高の存在者と人間を同一の類のもとに分類する根拠の同一性《パリタス・ラティオニス》が存在しないからである。つねに感性的に条件づけられている［人間のような］世界存在者の原因性を（その原因性はまさに知性である）、事物一般という概念のほかにはそうした世界の存在者といかなる類概念も共有していない［神という］存在者に転用することはできない。

596n2

神それ自身についての考察の無益さ

（注二）これ［この禁止命令］によっても、この根源的な存在者と世界との関係についての表象においては、根源的な存在者の概念から導かれる理論的な結論についても、実践的な結論についても、何一つ失われるものはない。この存在者がそれ自体においてどのようなものであるかを探求しようとするのは、無益で、無意味な知ったかぶりの行為なのである。

597　臆見による証明根拠

第三に［臆見による証明について考察するならば］、臆見はアプリオリな判断においてはまったく生じない。アプリオリな判断では、あるものをまったく確実なものとして認識するか、まったく何ものも認識しないかのいずれかである。わたしたちに出発点として与えられた世界における目的という証明根拠が経験的なものであるとしても、そのような証明根拠によって感性界を超えていかなる臆見を述べることもできず、そのような大胆な判断に真実らしさを求めることを認めることもできない。なぜならば真実らしさというものも、根拠のある種の系列のうちで可能な確実性の一つであり、真実らしさの根拠は、部分を全体と比較するように、十分な根拠と比較されるのであって、真実らしさの持つ根拠についても、こうした十分な根拠の持つ確実性との比較で補足する必要があるからである。ただしこのようにして与えられたさまざまな証明根拠は、同じ判断の確実性の規定根拠としては同じ種類のものでなければならない。それでなければこれらの証明根拠が一緒になって一つの〈量〉になることはありえないのである（確実性はこのような量の一つである）。それだからこそ証明根拠の一部が可能的な経験の全体の範囲に含まれると主張しながら、他の部分はあらゆる可能的な経験の外部にあると主張するようなことはできないのである。したがってたんに経験的な証明根拠から、超感性的なものを導き出すことはできないし、またこうした証明根拠の系列のうちで欠けているものを、どのようなものによっても補足することはできない。だからこそ、このような経験的な証明根拠によって、超感性的なものや、超感性的なものの認識に到達しようと試みたところで、いささかもこれに接近することはできないのである。このように経験からえられた論拠によって超感性的なものについて判断しようとしても、そこにいかなる真実らしさも生まれない。

598 仮説による証明根拠

第四に「仮説による証明について考察するならば」、与えられた現象の可能性を説明するための仮説として役立つべきものであれば、そうした可能性は少なくとも完全に確実なものでなければならない。仮説については、現実性の認識を断念するだけで十分であって（この現実性の認識は、真実らしいものと称された臆見においてはまだ主張されているのである）、それ以上のものを放棄することはできないのである。あるものを説明するために可能性をその根底に置く場合には、その可能性にたいしていかなる懐疑も行われてはならないのであり、それでなければ空虚なさまざまな幻影を根絶することはできないのである。

しかしある種の概念にしたがって規定されただけの超感性的な存在者について、それが可能であると想定することはまったく根拠のない前提にすぎない。というのもそのために認識において直観に基づいた要素について指定された認識の必要条件のようなものがまったく与えられていないのであり、この可能性の判定基準としては矛盾律しかないためである。この矛盾律は思考の可能性を証明することができるだけであり、思考された対象そのものの可能性を証明することはできないのである。

599　神の証明根拠についての結論

これまでの考察から次のような結論がえられる。すなわち神性としての根源的な存在者の現実存在と、不死の霊魂としての魂の現実存在については、人間的な理性にとっては理論的な意図において、いささかでも〈真とみなすこと〉による証明をするのはまったく不可能である。わたしたちにはこの超感性的なものの理念の規定に使うことのできる素材がまったく与えられていないからである。そのことは、わたしたちはこうした素材を感性界に存在するさまざまな事物から取ってこなければならないのであるが、こうした素材は超感性的なものという客体には、まったく適していないという明確な根拠が示しているとおりである。感性界からはいかなる規定もえられないのであれば、非感性的な何かあるものについてはただ概念しか残っていない。この〈何かあるもの〉は、感性界の最終根拠を含んでいるとされているにもかかわらず、この最終根拠というものは、非感性的な何かあるものの内的な性質については、概念の拡張としてのいかなる認識ももたらすものではないのである。

第九一節　実践的な信仰によって〈真とみなすこと〉の種類について

600　認識可能なものとは

もしもわたしたちが、あるものがわたしたちの表象力の主観的な性格に基づいて、どのようにしてわたしたちにとって認識の客体、すなわち認識可能なもの《レス・コグノスキビリス》となることができるかについて注目してみるならば、その場合には概念は客体と結びつけられるのではなく、たんにわたしたちの認識能力、および理論的意図もしくは実践的な意図において、与えられた表象を認識能力がどのように使用することができるかということと結びつけられるのである。あるものが認識可能な存在者であるかどうかという問いは、さまざまな事物そのものの可能性にかかわる問いではなく、そうした事物をわたしたちが認識しうるかどうかについての問いである。

601　認識可能なものの種類

ところで認識可能なものには三つの種類がある。これらは、臆見の事柄、すなわち考えることのできるもの《オピナビレ》、事実、すなわち知ることができるもの《スキビレ》、信仰の事柄、すなわちたんに信じることができるもの《メレ・クレディビレ》の三種類である。

602　臆見の事柄についての注記

第一に、たんなる理性の理念の対象は、理論的な認識にとっては、可能な経験のうちでまったく描き出すことのできないものであって、その意味では決して認識可能な事物ではない。そのためこのような対象については決して臆見を述べることもできない。というのも臆見をアプリオリに述べるなどということはそれ自体で不合理なことであり、純然たる幻影に直進することにほかならないからである。

わたしたちが述べるアプリオリな命題は確実なものであるか、〈真とみなす〉ために必要なものをまったくそなえていないかのどちらかである。だから臆見の事柄は、つねに少なくともそれ自体では可能な経験認識の客体であり、感性界の対象であるが、しかしこれらの客体は、わたしたちが所有しているような認識能力によっては、わたしたちには認識することのできないものである。

近代物理学ではエーテルという物質を、弾力的で他のすべての物質を貫く液体であって、これらの物質ときわめて稠密に混合していると考えているが、これはたんなる臆見の事柄である。エーテルは、わたしたちの外的な感覚器官が最高度に鋭敏になれば知覚することができるかもしれないとされているものの、観察や実験において決して示されることがないものである。

あるいは他の惑星に理性的な存在者が住んでいると想定することは、やはり臆見の事柄である。というのも、他の惑星に接近することができるならば、そのような存在者が住んでいるかどうかを経験によって決定できるに違いないが、それでもわたしたちはこのような他の惑星にそれほどまでに接近できるようになることは決してないのであるから、これは臆見にとどまるのである。

ところが〈物質的な宇宙には身体を持たずに思考する純粋な精神が存在する〉という臆見を述べることは、そしてそのような〈精神〉として語られているある種の現実的な現象を拒否するという正当な姿勢をとるならば、それは仮構を述べることであって、いかなる臆見の事柄でもない。これはわたしたちが思考する存在者からあらゆる物質的なものを取り去った後で、それにまだ思考だけを残しておくときに残存するたんなる理念にすぎない。しかしその際に本当にそのような思考の働きが身体のうちに残るかどうかについて、わたしたちは決着をつけることができない。わたしたちは思考というものを人間においてだけ、すなわち身体との結合においてだけしか知らないからである。

このような事物は理屈の上だけでの存在者（エンス・ラティオキナンティス）であって、理性的な存在者（エンス・ラティオニス・ラティオキナタエ）ではない。理性的な存在者については、わたしたちは少なくとも理性の実践的な使用にかんして、その概念の客観的な実在性を十分に証明することができる。というのもこのような理性の実践的な使用は、この使用に特有の絶対に確実なアプリオリな原理をそなえているのであって、理性的な存在者というこの概念を要求する、あるいは要請するからである。

603　事実についての注

第二に［事実について考えてみれば］、概念の客観的な実在性が、経験によるにせよ、純粋理性によるにせよ（こうした純粋理性による場合には、理性の実践的な所与に基づくにせよ）、すべての場合においてこれらの概念に対応する直観を媒介として証明しうるならば、こうした概念に対応する対象は、事実（レス・ファクティ）である（注）。このような事実の一例としては、幾何学における量の数学的な特性をあげることができるが、それはこのような特性が理論的な理性使用にたいしてアプリオリに描き出されうるからである。また自分の経験や、証言を基にした他人の経験によって証明することのできるさまざまな事物や、そうした事物のもつ性質も、同じく事実である。ただしきわめて注目に値することであるが、理性の理念というものは、それ自体は直観においてまったく描き出すことができず、そのためにその可能性についてはいかなる理論的な証明も不可能なものであるが、一部の理性の理念もまた事実に属するものとみなされるのである。こうした理性の理念として自由の理念がある。自由がある特殊な種類の原因性として実在することは（自由についての概念は理論的な観点からは超絶的なものであろうが)、純粋理性の実践的な法則によって、またこれらの法則に適合した形において、現実の行為によって、したがって経験によって証明されるのである。これは純粋理性のすべての理念のうちで、その対象が事実であって知ることのできるもの《スキビリア》に含めなければならない唯一の理念である。

603n　拡張された事実概念

(注)わたしはここで事実という概念を、この言葉の通常の意味を超えて拡張しているが、この拡張は正当なものと思われる。というのも、さまざまな事物とわたしたちの認識能力との関係を問題にする場合には、この事実という表現をたんに現実的な経験だけにかぎって使用する必要はなく、またそうすることはできないからである。なぜならばたんにさまざまな事物を、ある一定の認識様式の対象として考えるのであれば、そのためにはたんに可能な経験で十分だからである。

604 信仰の事柄とは

第三に［信仰の事柄について考えてみれば］、対象のうちで、純粋実践理性の義務に適った使用との関連において、その帰結としてであるか、その根拠としてであるかを問わず、アプリオリに思考しなければならないものの、理性の理論的な使用にとっては超絶的なものである対象は、たんなる信仰の事柄である。世界において、自由によって実現されるべき最高善という概念は、このような信仰の事柄である。最高善という概念は、わたしたちにとって可能ないかなる経験においても証明することができず、理論的な理性使用にとってはその客観的な実在性を十分に証明することができない概念である。しかしこの概念を使用することは、実践的な純粋理性が、かの目的をできる限り実現するために命じていることであり、したがってこれは可能なものとして想定しなければならないのである。

このようにして命じられた結果としての最高善は、このような結果が可能であるためにに必要であるとわたしたちが考えることのできる唯一の条件とともに、すなわち神の現実存在と霊魂の不死とともに、信仰の事柄（レス・フィデイ）であって、このように名づけることのできるすべての対象のうちでも唯一のものなのである（注）。というのはたとえわたしたちが、他人の経験からのみ証言によって学ぶことができるものであれば、それはただ信じなければならないものだとしても、それ自体はまだ信仰の事柄とは言えない。なぜならば、そのように証言した人のうちの一人にとっては、そのことはその人が自ら経験した事実であるか、そのようなものとして前提されているからである。さらにまたこのように歴史的に信じるという道を通じて知識に到達することも可能でなければならない。歴史学と地理学の諸対象は、わたしたちの認識能力の性質に基づいて、少なくとも知識となることが可能であるすべてのもの一般と同じように、信仰の事柄に属するのではなく、事実に属するのである。

純粋理性の対象だけがつねに信仰の事柄であるが、ただしたんなる純粋な思弁的な理性の対象としてではない。というのもそのような対象は、わたしたちにとって可能な認識の客体としての事柄として確実性をもって考えることができないからである。これらは理念であって、その客観的な実在性を理論的に保証することができない概念なのである。

これにたいしてわたしたちが実現すべき最高の究極目的は、それによってのみわたしたちが創造の究極目的であるに値するような存在となることができるものである。これはわたしたちにとっては実践的な観点から客観的な実在性を持つ理念であり、事柄なのである。ただしわたしたちは理論的な意図においてはこの概念にこのような客観的な実在性を与えることはできないのであるから、こうした事象は純粋理性のたんなる信仰の事柄にとどまるのである。

ただしこの概念だけではなく神と霊魂の不死もまた、それによってのみわたしたちが人間的な理性の性質にしたがって、わたしたちの自由の合法則的な使用のもたらす効果が可能となるための条件として考えうるものであり、同じく信仰の事柄である。ただし信仰の事柄において〈真であるとみなす〉ということは、純粋な実践的な意図において〈真であるとなす〉ということであり、言い換えれば道徳的な信仰である。この道徳的な信仰は、理論的な理性認識にたいしては何も証明せず、自らの義務の遂行を目指している実践的な純粋理性認識にたいしてだけ証明するものである。そのためこうした道徳的な信仰は思弁を拡張することも、自愛の原理に従った実践的な怜悧の規則を拡張することもないのである。

すべての倫理的な法則の至高の原理が要請されたものであるとすれば、これらの倫理的な法則の最高の客体の可能性も要請されたものであり、したがってわたしたちがこうした可能性を思考することができるための条件もまた、要請されたものである。ただしこれによってこのような神の存在と霊魂の不死という条件の認識が、理論的な認識様式として、これらの条件の現実存在や性質についての知識になることも、臆見になることもない。これらはたんにわたしたちの理性の道徳的な使用にとっての想定であるにすぎず、そのために命じられた実践的な関係における想定であるにすぎないのである。

604n　**信仰の事柄と信仰箇条の違い**

（注）ただし信仰の事柄は、だからといって信仰箇条ではない。ここで信仰箇条ということを、内的もしくは外的な告白が義務づけられるような信仰の事柄として理解するならば、信仰の事柄は信仰箇条ではないのである。そのため自然神学にはこのような信仰箇条は含まれていない。信仰の事柄はあくまでも信仰の事柄であって、事実の事柄のように、理論的な証明によって根拠づけることはできないのであるから、それ

は自由に真とみなすことであり、そのようなものとしてしか主観の道徳性と合一させることができないものである。

605　自然の目的論と神の概念

自然の目的論はわたしたちに自然の目的をきわめて豊富に提示してくれるのであるが、たとえわたしたちがこうした自然の目的に基づいて、ある知性的な世界原因について一定の概念を根拠づけることができたように思われるとしても、この存在者の現実存在はやはり信仰の事柄とはなりえないだろう。というのもこの存在者はわたしの義務が成就するために想定されているものではなく、自然について説明するためにだけ想定されているのであるから、わたしたちの理性にもっとも適合した臆見であり、仮説であるにすぎないだろうからである。

ところでこうした自然の目的論は、神についての規定された概念に導くことは決してない。このような規定された概念は、道徳的な世界創造者についての概念のうちだけにみいだされるものである。というのもこの道徳的な世界創造者だけが究極目的を指示するからである。そしてわたしたちが自らをそのような究極目的であるとみなすことができるのは、道徳法則がわたしたちに究極目的として課すものに適合して、そしてわたしたちを義務づけるものに適合して、わたしたちがふるまう場合にかぎられる。

だから神についての概念が、それを真とみなすことによって、わたしたちの信仰の事柄として妥当する特権を獲得するのは、義務の究極目的を達成する可能性の条件としてのわたしたちの義務の客体との関係を通じてだけなのである。しかしこれについても、神の概念がその客体を事実として妥当させることはできないのである。というのも実践理性にとっては義務の必然性が十分に明確なものであるとしても、究極目的が完全にわたしたちの権能のうちに含まれるものではないために、義務の究極目的が達成されるかどうかは、ただ理性の実践的な使用のために想定されているからであり、義務そのものとは異なって、実践的に必然的なものとされているのではないからである（注）。

605n　義務の根拠と道徳法則

（注）道徳的な法則によって促進することを求められている究極目的は、義務の根拠ではない。というのも義務の根拠は道徳法則のうちに存在しているのであり、道徳法則は欲求能力の客体としての意欲の実質にかかわりなく、したがっていかなる目的ともかかわりなく、形式的な実践的な原理として、定言的に［わたしたちを］指導するからである。わたしの行為は、普遍的な妥当性の原理に従属するという形式的な性質をそなえており、わたしの行為の内的な道徳的な価値は、この性質のうちだけにあるのであって、こうした性質はすべてわたしたちの権能のうちにあるものである。道徳法則に適合して促進することがわたしに課せられているさまざまな目的が、そもそも実現可能なものであるか、あるいは実現できないものであるかという問題は、それらがわたしの権能のうちにまったく含まれないものとして無視することができる。それはこうした目的のうちに成り立つのはわたしの行為の外的な価値にすぎないからであり、さらにわたしは自分の行為に含まれるものだけに注意を集中するからである。しかしあらゆる理性的な存在者の究極目的を促進するという意図は、すなわち義務

と一致して可能である限り幸福を追求するという意図は、義務の法則を通じてわたしたちに課せられたものである。しかし思弁的な理性は、わたしたち自身の自然的な能力という観点からも、自然による協力という観点からも、この意図の遂行可能性をまったく洞察できないのである。

むしろ思弁的な理性はそのような理由から、神の存在や霊魂の不死を想定せず、わたしたちが理性的な形で判断しうるかぎりで、たんにわたしたちの内部と外部の自然によって、わたしたちの善行がこのような成果を手にすると期待することは、それがたとえ善意によるものであるとしても、根拠がなく空虚なものにほかならないとみなさざるをえないのである。さらに思弁的な理性がこのような判断について完全な確実さを持ちえたならば、思弁的な理性は道徳法則そのものを、実践的な観点に立ったわたしたちの理性のたんなる迷妄とみなさざるをえなくなるだろう。

しかし思弁的な理性は、そうしたことは決して起こりえないことであると考えているのであり、それとは反対に理性は、その対象が自然を超え出ている理念について矛盾なしに考えうることを完全に確信している。そこで理性が自分自身と矛盾しないためには、自らの実践的な法則とそれによって課せられた課題のためにも、すなわち道徳的な観点から、こうした理念を実在的なものであると承認せざるをえないのである。

606　信仰とは

行為《アクトゥス》としての信仰ではなく態度《ハビトゥス》としての信仰は、理論的な認識によっては到達することのできないものを真とみなす理性の道徳的な心構えのことである。このように信仰は、最高の道徳的な究極目的の可能性の条件として前提することが必然的であるものを、その究極目的にたいする責務から、〈真であるとみなす〉心の持続的な原則である（注）。わたしたちがたとえこの究極目的が可能性であるか、それとも不可能性であるかを洞察できないとしてもである。

端的に信仰と呼ばれるものは、それを促進することが義務とみなされる意図が実現されることを信頼する心構えであるが、この意図が遂行しうるものであるかどうかはわたしたちにとっては洞察できないのであり、したがってわたしたちにとって思考可能な唯一の条件である神の存在と霊魂の不死という条件の可能性もまた、洞察できないものである。そのため可能なかぎりでの知識や臆見の対象ではない特殊な対象にかかわる信仰はまったく道徳的なものである。これが知識や意見の対象にかかわる場合には、とくに歴史的なものにおいては、それは軽信と呼ばねばならず、信仰と呼んではならない。

この信仰は、あるものを〈真とみなすこと〉であるが、規定的な判断力にとって理論的に独断的な証明をみいだすことができるものについて自由に〈真とみなすこと〉でもなければ、わたしたちを拘束していると考えるものについて、自由に〈真とみなすこと〉でもない。そうではなくこの信仰は、わたしたちが自由の法則にしたがう意図のために想定するものを、自由に〈真とみなすこと〉なのである。

ただしその場合に、この信仰は臆見とは異なり、十分な根拠が欠如しているわけではないのであって、たとえ理性の実践的な使用にかんしてだけであっても、理性のうちにおいて、理性の意図にとって十分に根拠づけられているのである。なぜならばこの信仰がなければ、道徳性の客体の可能性について、理論的な理性が求める証明要求と衝突した場合に、道徳的な心構えがそれに確固として耐え抜くことができず、実践的な命令と理論的な懐疑のあいだで動揺するようになるからである。

軽々しく信じないということは、一般に証言というものを信じないという格律に忠実であろうとすることを意味する。しかし不信仰であるということは、理性理念には実在性の理論的な根拠づけが欠如しているという理由から、理性理念についてはいかなる妥当性を認めることも拒むということである。そのためこうした人は独断的に判断するようになる。

ただし独断的な不信仰は、その人の心構えのうちで支配している倫理的な格律と両立することができない。というのは理性は、幻影にすぎないことが明確に認められた目的を追求するよう命じることはできないからである。しかし疑念に満ちた信仰はこうした倫理的な格律と両立することができる。こうした疑念に満ちた信仰にとっては、思弁的な理性の根拠による確信が欠如していることはたんなる障害物にすぎない。批判的な洞察によって、思弁的な理性の制限を見抜くことができるのであり、それによってこの障害物がこうした態度に及ぼす影響を奪い去ることができ、この障害物の代わりに、大きな力を発揮する実践的な〈真とみなすこと〉を設定することができるのである。

606n　哲学とキリスト教の信仰

（注）信仰とは、道徳法則の示す約束を信頼する行為である。しかしこの約束は道徳法則のうちに含まれているものではなく、道徳的に十分な根拠から、わたしが道徳法則のうちに含ませた約束である。というのも究極目的というものは、理性が同時にこの究極目的が達成可能であることを、たとえそれが不確実なものであったとしても、約束するのでなければ、そしてこの達成可能性を思い描くことのできる唯一の条件が真とみなされることをわたしたちの理性が正当化するのでなければ、いかなる理性の法則によっても、それを命じることはできないものだからである。信仰《フィデス》という言葉がすでにこのことを表現しているのである。

ここで疑問になることがあるとすれば、この信仰という表現とその特殊な理念が、どのようにして道徳哲学のうちに導入されるのかということである。というのもこの理念はキリスト教とともに初めて導入されたのであって、この理念が採用されたことは、キリスト教で使う言葉に追従するかのようにして模倣したものにすぎないと思われるかもしれない。

しかしこのキリスト教という素晴らしい宗教が、その論述の最大の単純さにおいて、哲学がそれまで伝えることができたものよりもはるかに明晰で純粋な倫理の概念を提示することによって、哲学を豊かにしてきたのであり、その実例はこれだけにかぎられるものではない。ただしこれらの概念はひとたび存在するようになると、理性によって自由に是認され受け入れられるようになる。理性はこうした概念に自ら到達し、自ら導入できただろうし、導入すべきだっただろう。

＊　＊　＊

607　哲学における失敗への対処

哲学において何かを試みて失敗したときに、それとは別の原理を提示して、この原理に影響力を与えようとすることがあるものだが、その場合には以前の試みがなぜ、どのようにして失敗せざるをえなかったのかを洞察するのは、大きな満足をもたらすものである。

608　神、自由、霊魂の不死についての哲学的な概念

神、自由、霊魂の不死は、形而上学があらゆる装備をもって解決することを自らの最終的で唯一の目的として目指すような課題である。ところでこれまでは自由についての教説は、消極的な条件としてのみ実践哲学に必要なものであるが、神と霊魂の性質にかんする教説は理論哲学に属するものとして、それだけ別個に証明しなければならず、これらの二つの教説はそののちに、自由の条件のもとで初めて可能になる道徳の法則が命じるものと結びつくことによって、宗教が成立するようになると考えていたのであった。

しかしこのような試みが失敗せざるをえなかったことは、すぐに洞察できることである。なぜならばさまざまな事物一般についてのたんなる存在論的な概念や、ある必然的な存在者の現実存在についてのたんなる存在論的な概念からは、根源的な存在者についてのいかなる概念も決して作られることがないからである。このような根源的な存在者についての概念は経験において与えられ、したがって認識に役立つことので

きる述語によって規定されるべきものなのである。

また一方で自然の自然的な合目的性の経験に基づいた「根源的な存在者についての」概念もまた、道徳にとって十分な証明を与えることができず、したがって神の認識のために十分な証明を与えることができなかったのである。それと同じように経験に基づいた霊魂の知識は、わたしたちがこの人生において獲得するように試みるしかないものであり、こうした知識は、霊魂の精神的な不死の本性についての概念を与えることができず、道徳にとって十分な形でこうした概念を与えることもできなかったのである。

神学と霊魂学は、それについての概念がわたしたちのあらゆる認識能力にとって超絶的なものであるために、いかなる経験的な所与や述語によっても、思弁的な理性の学のための課題としては成立することができないものなのである。

神と霊魂の不死というこれらの二つの概念の規定は、それ自身はある超感性的な根拠に基づいてのみ可能であるとしても、それでも経験においてその実在性が証明されなければならない述語によって規定しなければならないものである。そのようにしなければこれらの二つの概念は、まったく超感性的な存在者について、いかなる認識も可能にしえないからである。

ところで人間の理性のうちにあるこうした［特殊な性格の］概念としては、究極目的とともに道徳的な法則にしたがった、人間の自由という概念があるだけである。理性が、こうした究極目的を道徳的な法則を通じて人間に指定するのである。こうした道徳的な法則は、神と霊魂の不死という二つの概念の可能性のための必然的な条件を含む固有の特性を自然の創造者に与えるために役立つのであり、また究極目的はそうした固有の特性を人間に与えるために役立つのである。まさにこの自由という理念から、その他の方法ではわたしたちにはまったく隠されている神と霊魂という二つのものの現実存在と性質についての推論を行うことが可能になるのである。

609　**自由の概念の特殊性**

このようにして理論的な道をたどることによって神と霊魂の不死を証明しようとする意図が失敗するのは、この自然概念の道によっては、超感性的なものについていかなる認識を行うこともまったく不可能なためである。これにたいして自由概念の道である道徳的な道をたどるならばこの試みは成功するのである。というのもその根底にある自由という超感性的なものが、その超感性的なものから生まれる原因性の一定の法則によって、道徳的な究極目的とその遂行可能性の条件という別の超感性的なもの、すなわち神と霊魂の不死という二つの条件を認識するための素材を提供できるからであり、また事実としても、行為によってこれらの超感性的なものの実在性を立証するという根拠をそなえているからである。ただしこの自由という超感性的なものは、まさにそうした理由によって、実践的な意図だけにおいて妥当するのであって（この意図はさらに、宗教が必要とする唯一の意図である）、その他のいかなる意図においても妥当することのない証明根拠しか与えることができないのである。

610　媒介としての自由の概念の役割

その際に絶えず注目しておかなければならないのは、神と自由と霊魂の不死という三つの純粋な理性理念のうちで、超感性的なものについての概念としては、自由の概念が次のような特徴をそなえた唯一の概念であるということである。まずこの概念は自然において、自然のうちで可能な自由のもたらす結果によって、この概念において考えられる原因性を媒介とすることで、自らの客観的な実在性を証明することができる。そしてまさにこのことによって、ほかの二つの理念が自然と結びつくように働くのであり、さらにこれらすべての三つの概念を宗教のためにたがいに結びつけるように働くことのできる唯一の概念なのである。

またこの自由の概念を通じてわたしたちは自らのうちに、わたしたちの内なる超感性的なものについての理念を規定するだけでなく、これを通じてわたしたちの外にある超感性的なものの理念を規定する原理を手にすることができるのである。その際にたとえ実践的な意図においてしか可能でないにせよ、これによってたんなる思弁的な哲学では実現することを絶望せざるをえなかった認識を実現するために規定することのできる原理を獲得できるのである。この思弁的な哲学というものは自由についても、たんに消極的な概念を与えることしかできなかったのである。このようにして自由の概念は、あらゆる無条件的かつ実践的な法則の根本概念として、理論的な概念としてのあらゆる自然概念が希望のないままに制約されつづけられねばならなかった限界を超えて、理性を拡張することができるのである。

＊　＊　＊

目的論のための総注

611　信仰にたいする哲学的な能力

道徳的な論拠においては、実践的な純粋理性にとって神の現実存在が信仰の事柄だけのものとして証明されるのであるが、もしも問題とされるのが、こうした道徳的な論拠が哲学におけるその他の論拠と比較して、どのような地位を占めるべきであるかということであるならば、哲学におけるその他の論拠が財産として持っているものはすべて覆《くつがえ》されてしまうことになるだろう。ここには選択の余地はなく、理性の理論的な能力は、公平な批判を前にして自らのあらゆる要求をおのずから放棄せざるをえなくなるだろう。

612　自然概念としての事実と自由概念としての事実

〈真とみなすこと〉がまったく根拠のないものであってはならないとするならば、それは何よりも事実に基づいたものでなければならない。そうすると証明において生じうる唯一の違いは、事実から引き出された結論を真とみなしたことが、理論的な認識にとっての知識として根拠づけることができるものであるのか、それともたんに実践的な認識にとっての信仰として根拠づけることができるだけのものであるのかということである。

すべての事実は、自然概念に属する事実であるか、自由概念に属する事実かのいずれかである。その実在性が、あらゆる自然概念に先立って与えられているか、与えられうる感覚器官の対象において証明されるものであれば、これは自然概念に属する事実である。あるいはその実在性が、理性が道徳法則において反論の余地のない形で要請する理性の原因性によって、そしてこの原因性によって可能となる感性界におけるある種の結果にかんして十分に証明されるものであれば、これは自由概念に属する事実である。

ところでたんに理論的な認識に属する自然概念は、形而上学的に完全にアプリオリに思考可能なものであるか、それとも自然学的にアポステリオリに思考可能であって、必然的に一定の経験を通じてしか思考することができないものであるかのいずれかである。そこでいかなる特定の経験も前提としない形而上学的な自然概念は、存在論的な概念である。

613　神の存在についての存在論的な証明

ところで根源的な存在者の概念に基づいた神の現実存在の存在論的な証明は、根源的な存在者をそれによってのみ全般的に規定しうる存在論的な述語から出発して、絶対的かつ必然的な現実存在を推論する証明であるか、それともどのような事物であるにせよ、何らかの事物の現実存在の絶対的な必然性から出発して、根源的な存在者の述語へと推論する証明であるかのいずれかである。

なぜならば根源的な存在者というものは派生的な存在者ではないのであるから、根源的な存在者という概念にはその現実存在が無条件的に必然的なものであるということと、この必然性を表象する目的で、この存在者の概念によってあまねく規定できる必要があるということがすでに含まれているからである。ところでこの二つの要件は、この上なく実在的な存在者という存在論的な理念の概念において確保されていると考えられてきたのであった。このようにして、次の二つの［神の現実存在にかんする］形而上学的な証明が現れたのである。

614　本来的で存在論的な証明と宇宙論的な証明

一つの証明は、神の現実存在の本来的で存在論的な証明と呼ばれるものであり、たんなる形而上学的な自然概念を根拠とするものである。この証明は、この上なく実在的な存在者の概念に基づいて、この存在者が端的に必然的に現実存在することを推論する。この証明の主張するところによると、もしもこの上なく実在的な存在者が現実存在しないのであれば、この存在者には現実存在という実在性が欠如していることになる［ので矛盾する］というわけである。

もう一つの証明は形而上学的で宇宙論的な証明と呼ばれるものであり、この証明は何らかの事物は現実存在する必然性があるということから出発して、この必然性はわたしの自己意識においてその事物の現実存在が与えられていることから、どうしても認められなければならないことを指摘する。その上でこの上なく実在的な存在者としてのその事物は、あまねく規定されていなければならないことを推論するのである。というのもすべての現実存在するものは、あまねく規定されていなければならないが、端的に必然的なものは、すなわちわたしたちが端的に必然的なものとしてアプリオリに認識すべきものは、そのものの概念によって、あまねく規定されていなければならないのであり、そのような必然的なものは、特定の〈この上なく実在的な事物〉の概念においてしかみいだされることがないからだと主張するのである。

ここではこの二つの推論に含まれた詭弁を暴露する必要はないだろう。この作業はすでに別の所で行われているからである。むしろここで注意しておく必要があるのは、こうした証明はそれらがどのような弁証論的な理屈によって擁護されていたとしても、そうした証明を主張する学派を超えて一般社会に浸透していくことは決してありえないし、たんなる健全な知性にいささかでも影響をおよぼすことも決してないということである。

615　自然の目的の概念による証明

経験的なものでありながら、それにもかかわらず感覚器官の対象を総括するものとしての自然の限界を超え出ていく自然概念を根底に置いた証明は、自然の諸目的による証明のほかには存在しない。ところでこうした自然の諸目的の概念はアプリオリに与えられることはなく、経験を通じてしか与えられないものであるが、それにもかかわらず自然の根源的な根拠について、次のような概念を約束するものである。この概念はわたしたちが考えることのできるあらゆる概念のうちで、超感性的なものにふさわしい唯一の概念であり、世界原因としての至高の知性についての概念である。この自然の諸目的による証明は、実際にわたしたちの反省的な判断力の原理にしたがって、すなわちわたしたち人間の認識能力の性質にしたがって、このような約束を実現するのである。

ところでこの証明は、同じ所与に基づいて、ある至高の存在者、すなわちいかなる他のものにも依存しない知性的な存在者という概念を提供しうるのだろうか、道徳的な法則のもとにある世界を創造した神という概念を提供することができるのだろうか。この証明はそれによって世界の現実存在の究極目的についての理念にとって、十分に規定されたものとして提供することができるのだろうか。これが可能であるかどうかは、わたしたちが自然についてのあらゆる知識のために必要な根源的な存在者についての理論的に十分な概念を求めるためにも、宗教についての実践的な概念を求めるためにも、きわめて重要なことである。

616 自然の目的についての理性の問い掛け

自然の目的論から採用されたこの論拠は、尊敬に値するものである。この論拠は通常の理性にたいしても、ごく精密に思考する思想家にも同じように確信させるという効果をおよぼすのである。しかもライマールス(9)のような人物は、ある著作においてこの証明根拠を、彼に特有の徹底さと明晰さをもって詳しく述べているのであり、それによってこの著作はいまだ他の著作によって凌駕《りょうが》されることのないものとなり、彼は不滅の功績を残したのである。

しかしこの証明はどのようにして人々の心にこれほどの強い影響を与えるのだろうか。自然の奇跡にたいする心の感動や高揚であれば、それは信じ込むことの一つと考えることができるかもしれないが、冷静な理性による判定に全面的に身を委ねるような平静な精神のもとでの同意にたいして、どうしてこれほどまでに強い影響をおよぼすことができるのだろうか。

自然の目的というものがすべて、世界原因のうちに、何らかの測り難い知性の存在を暗示するわけではない。というのもこうした自然の目的は、次のように問い掛ける理性の必要を満足させるものではないからである。理性は次のように問い掛ける。このようなあらゆる技術的な自然の事物が現実存在するのは何のためであろうか。わたしたちにとって思考可能な自然の最終目的が、わたしたち人間自身であるとするならば、そのようなわたしたちが現実存在するのは何のためであろうか。これらのすべての自然は何のために現実存在するのであろうか。これほど偉大で多様な［自然の］技術の究極目的は何であろうか。

理性にとっては、享受したり、眺めたり、観察したり、賞賛したりすることは（賞賛することはそれだけであるならば、特殊な種類の享受にほかならない)、世界と人間自身が現実存在するための最終の究極目的であると考えて満足することはできないし、世界と人間がそのようなことのために創造されていると考えて満足することもできないのである。なぜなら理性は、人間と人間の現実存在が究極目的でありうるための唯一の条件として、人間だけが自らに与えることのできる人格的な価値を前提とするからである。

この人格的な価値だけが、規定された概念となりうるものであって、これが欠如している場合には、自然の目的というものもすでに述べた人間の問いかける疑問に満足できる回答を示すことはできないのである。とくにこのような自然の目的が、あまねく充足した存在者であり、それゆえに本来そのように名づけるべき唯一で至高の存在者であるべき至高の存在者について、またその知性が世界の原因となるために必要な法則について、いかなる規定された概念も提示できない場合には、人間はそれに満足することができないのである。

617　自然の目的論的な証明の役割

そのため自然の目的論的な証明が、あたかもそれが同時に神学的な証明であるかのような確信をもたらすとすれば、それは自然の目的の理念を利用することによって、それをある至高の知性の現実存在を経験的に証明する多数の根拠とすることができるからではない。そうではなく、その推論のうちにはあらゆる人間のうちに内在していて、あらゆる人間をこれほど深く動かす道徳的な証明根拠がひそかに混入しているからである。

人々はこの道徳的な証明根拠によって、これほど理解を絶する巧みな形で、自然の目的のうちに自らを啓示する存在者にたいして、ある究極目的を、したがって知恵を付与するのである（わたしたちは自然の目的を知覚することによっては、そのようなことを行う権利はないのであるが）。さらにわたしたちはこの論拠になお存在している欠陥を補足するために、すでに述べた自然の目的論的な論拠を任意に利用するのである。

実際に道徳的な証明根拠だけがこうした確信を生み出すのであり、しかもあらゆる人がそれにたいして心から同意するような道徳的な見地から生み出すのである。しかし自然の目的論的な証明は、世界について考察する際にわたしたちの心を目的の道へと導き、それによってある知性的な世界創造者へと導くという功績をそなえている。というのも目的にたいする道徳的な関係と、神学的な概念として、そうした道徳的な立法者であり世界の創造者であるものについての理念が、たとえそのような神学的な概念は純然とした添え物であるとしても、自然の目的論的な証明根拠からおのずから展開してくるように思われるからである。

618　道徳的な神の存在証明の役割

通常の論説であれば、議論をここで終えることもできるだろう。なぜならば通常の健全な知性にとっては、二つの異なった原理が存在していて、実際には正しい結論を引き出すことができるのはそのうちの一つであるにもかかわらず、そうした知性がこれらの原理を混同しているために、それらを分離するためには多量の思索が必要であるならば、そのような知性がこれらの原理を異なる種類のものであるとして分離することは、一般に困難なことだからである。

しかし神の現実存在についての道徳的な証明根拠は本来は、たんに自然の目的論的な証明を補足することによって、神の現実存在の証明を完璧なものとするだけのものではない。そうではなくてこの証明は、自然の目的論的な証明によってはもたらすことのできない確信の欠如を埋め合わせる特殊な証明なのである。というのも自然の目的論的な証明にとって実際に可能であるのは、理性が自然の根拠を判定しようとする際に、そしてわたしたちにとっては経験によってしか知られない自然の偶然的な、しかし賞賛に値する秩序について判定しようとする際に、理性を導くことである。そして理性を、目的にしたがって自然の根拠を含んでいるある原因の原因性に導き、注目させ（わたしたちはこの原因を、わたしたちの認識能力の性質にしたがって、知性的な原因とみなさざるをえない）、このようにして道徳的な証明を理性にとって受け入れやすいものとするということにすぎない。

なぜならばそのような証明に必要とされるものは、自然概念に含まれていて、そのような証明が教えることのできるあらゆるものとは本質的に異なっているために、根源的な存在者についての概念を神学にとって十分な形で指示して、この根源的な存在者の現実存在を推論しようとするならば、このような自然の目的論的な証明にまったく依存していない特殊な種類の証明根拠と証明が必要になるからである。

道徳的な証明は、理性の実践的な見地からのみ（ただしこれはなおざりにできないものである）、神の現実存在を証明するものであって、わたしたちがたとえ世界のうちに、自然の目的論のためのいかなる素材もみいだすことができないとしても、あるいはそのためには不確かな素材しかみいだすことができないとしても、こうした道徳的な証明は依然としてその力を失うことはないのである。

もしも理性的な存在者が取り囲まれている自然が、有機的な組織化の明確な痕跡をまったく示しておらず、生《なま》の物質のたんなるメカニズムの結果しか示していないならば、あるいはその結果のためにいくつかの偶然的な形で目的に適っているようにみえる形式や連関が存在しているもののそれらが不安定なものであるために、知性的な創造者の存在を推論するためのいかなる根拠もないように思えるものであったならば、そうした理性的な存在者が自然の目的論に誘われる機会もないだろう。

そのような場合にも、自然概念によってはいかなる指導も受けていない理性が、自由概念のうちに、また自由概念に基づく倫理的な理念のうちに、根源的な存在者の概念をこれらの理念に適合させ、それによってそれをある神性の概念とするための実践的に十分な根拠をみいだすだろう。そしてそれをわたしたち自身の現実存在すらを含む自然を、自由とその法則に適合した究極目的として、実践理性にとってなおざりにできない命令として、要請するだけの実践的に十分な根拠をみいだすことになるだろう。

ところで現実の世界に生きる理性的な存在者にとっては、その世界のうちに自然の目的論のための豊富な素材が存在するということは、そしてそれがとくに必然的なものではないとしても自然が何か道徳的な理性的な理念に類比するものを提示できるかぎり、道徳的な論拠にとって望ましい証明として役立つのである。なぜならばこのことによって、知性を持つ至高の原因という概念は、神学の存立にとっては、至高の原因が知性を持つということだけでは、まだ十分ではないものの、反省的な判断力にとっては十分な実在性をそなえているからである。ただしこの知性を持つ至高の原因という概念は、道徳的な証明を基礎づけるために必要なものではない。またそれだけでは道徳性を指示することのないこの概念を、何らかの唯一の原理にしたがった連続的な推論によって補足して、これを一つの証明とするために、道徳的な証明が使われるわけでもない。自然と自由というきわめて種類の異なるこの二つの原理は、二つの異なった証明様式を与えることができるだけである。というのも自然から道徳的な証明を導こうとする試みは、［神の現実存在を］証明するためには不十分であると考えられるからである。

619　神智学と霊魂学の可能性

このようにして求められている［神の現実存在の］証明のために、自然の目的論的な証明根拠が十分なものであれば、思弁的な理性にとってはきわめて満足なことであろう。これによってこの証明根拠から、何らかの神智学が生まれる希望が与えられるからである。というのも世界の性質の解明と、同時に倫理的な法則の規定の解明に十分であるような神的な本性と神の現実存在についての理論的な認識は、神智学と呼ばれなければならないはずだからである。

さらに自然の目的論的な証明根拠というものが、心理学が霊魂の不死の認識に到達するために十分なものであるならば、この心理学は思弁的な理性にとって歓迎される霊魂学を可能にするものとなるだろう。

ただしこれらのどちらも、知識欲によってうぬぼれた人にはきわめて望ましいものかもしれないが、さまざまな事物の自然的な本性の知識に根拠づけられた理論を確立しようとする理性の願望を満たすものではない。ただし神智学が神学として、霊魂学が人間学として、どちらも倫理的な原理のもとに、言い換えれば自由の原理のもとに根拠づけることができるのであれば、そして理性の実践的な使用に適したものであるならば、その客観的な究極の意図をいっそうよりよく満たすものであるかもしれないが、これはここでわたしたちがさらに追求する必要のない別の問題である。

620　根源的な創造者を概念で把握できるか

しかし自然の目的論的な証明根拠は、神学にとっては十分なものではない。というのもこの証明根拠は、根源的な存在者については、神学にとって必要な十分に規定された概念を与えるものではなく、与えることもできないのであって、こうした概念をまったく別のところからもってくるか、あるいはその欠陥を何らかの任意のものを追加することによって補足しなければならないからである。

もしもあなたが、自然の形式とそれらの関係についての偉大な合目的性に基づいて、何らかの知性的な世界原因の存在を推論したとしてみよう。その場合にはそうした知性をどのようなものとして推論するのであろうか。あなたがそれを、可能な至高の知性として推論することができないのは明らかである。というのもそのためには、世界にはあなたが知覚することのできる知性よりも偉大な知性の存在は考えることもできないことを、あなたは洞察しなければならないのであるが、あなたにそうした洞察が可能であると主張することは、あなたに全知がそなわっていると主張することになるからである。

あるいはあなたは世界の大きさに基づいて、世界の創造者にはきわめて偉大な力がそなわっていると推論するかもしれない。しかしこのことはあなたの理解力にとっては、比較のための意義を持つにすぎないのである。あなたが知りうる限りの世界の大きさと比較するには、あなたはすべての可能なものを認識しなければならないはずである。しかしあなたはそのようなものを認識していないのであるから、あなたの認識しているごく小さなものに基づいて、世界の創造者の全能を推論することはできないという指摘に、甘んじなければならないだろう。

そしてこれによってはあなたは、神学のために役立つような根源的な存在者について いかなる規定された概念も獲得することはできない。というのはこのような概念は、何らかの知性と結びつけることのできる完全性の総体という概念のうちにみいだすことができるだけのものであるが、そのためにはたんに経験的な所与はあなたの助けにはならないからである。しかもそのような規定された概念なしでは、何らかの唯一の知性的な根源的な存在者の存在を推論することはできず、ただ何らかの目的のために、そのようなものを想定することができるにすぎないのである。

ところであなたは、これほど多くの完全性がみいだされるのであるから、すべての完全性は唯一の世界原因において合一していると想定することは許されると、任意につけ加えることはできるだろう。というのも理性はそれにたいしては、いかなる根拠のある反論も示せないからである。そして理性は、このように規定された原理と理論的および実践的に、よりよく折り合うことができるのである。

しかしそれにもかかわらずあなたはこの根源的な存在者の概念を、ただよりよく有益な理性使用のためにだけ想定したのであるから、あなたはこの概念を自分で証明した〈と〉誇らしげに語ることはできない。だからあなたは、ほかの人々があなたの推論の連鎖にたいして疑問を抱くのは冒瀆的な行為であると主張したり、嘆いてみせたり、なすすべのない怒りを感じたりしても、それらはすべて空威張りにすぎないのである。そのような空威張りは、あなたの論拠にたいして率直に提起された懐疑的な意見を、神聖な真理にたいして疑問を抱くものであると人々に思わせたり、あなたの論拠の浅薄さをこうした覆《おお》いによってごまかそうとすることなのである。

621　道徳的な目的論の能力

これにたいして道徳的な目的論は、自然の目的論に劣らず確固とした根拠のあるものであって、むしろアプリオリにわたしたちの理性と分かちがたい原理に基づいているものであって、自然の目的論よりもその点ですぐれているのである。こうした道徳的な目的論はわたしたちを、神学が可能であるために必要なものへと導き、道徳的な法則にしたがった世界原因へと導くのであり、それによってわたしたちの道徳的な究極目的を満足させる至高の原因という規定された概念へと導くのである。

このような至高の原因に属する自然の特性として求められるのは、無限である道徳的な究極目的と結びついていて、こうした究極目的にふさわしいと考えられる全知、全能、遍在性などの特性であるが、この道徳的な目的論はこうした特性をまったく必要としないのであり、こうして神学に役立つ唯一の世界創造者という概念を、まったく単独で提供することができるのである。

622　神学から宗教へといたる道

このような形で神学はわたしたちを宗教へ、すなわちわたしたちの義務を神の命令として認識することへと直接に導くのである。というのも、わたしたちが自らの義務を認識することと、義務において理性によってわたしたちに課せられた究極目的を認識することが、神についての概念を初めて規定された形で生み出すことができたのであって、そのためこの概念はすでにその根源において、この神という存在者に対する責務と分離することができないものだからである。

この道によらずにたんに理論的な道によって、すなわち自然のたんなる原因としての根源的な存在者を想定する道によっても、根源的な存在者の概念を明確な形でみいだすことはできるかもしれない。しかしその後で恣意的な挿入を行わずに、根本的な証明によって、この存在者に道徳的な法則にしたがう原因性を与えるのはきわめて困難であろうし、また不可能なことだろう。そしてこのような原因性なしでは、神学的な概念と呼ばれるものも、宗教にいかなる基礎づけも与えることはできないのである。もしもこの理論的な道によって宗教の基礎づけが可能であったとしても、そうした宗教は、人間の心構えについてみるならば、神についての概念と神の現実存在についての実践的な確信とが、倫理の根本理念から生まれてくるような宗教とは、現実的に異なったものとなるだろう。ところが人間の心構えこそが、宗教の本質的な要素なのである。

なぜならば、もしもわたしたちが世界創造者の全能や全知などを、わたしたちに他の場所から与えられた概念として前提せざるをえず、その後になってわたしたちの義務の概念を、この世界創造者とわたしたちとの関係に適用するだけであれば、そのような義務の概念は、強制とか強制的な服従のような外観を強く帯びることになるのは間違いないことだからである。そうではなく倫理的な法則に対する尊敬が、わたしたちにおいてまったく自由に、わたしたち自身の理性の指令にしたがって、わたしたちの使命の究極目的を提示するのであれば、わたしたちは感受的な恐怖とはまったく異なる真実の畏敬の念をもって、この究極目的とその遂行に合致した原因を、わたしたちの道徳的な展望のうちに一緒に取り入れるだろうし、その原因に喜んで服従するだろう（注）。

622n

自然美と宗教性

（注）思索する心の持ち主であれば、世界の理性的な創造者について明確な表象を持つ前から、自然の美しさを賞賛し、自然のこれほども多様な目的に感動することだろう。これらはどこか宗教的な感情に似たものをそなえている。したがってこうした賞賛や感動は、たんなる理論的な考察が生み出すことができるような関心よりもはるかに多くの関心と結びついた賞賛を吹き込むのであり、それはまず道徳的な判定様式に類似した判定様式をそなえていることによって、わたしたちには未知の原因にたいする感謝と崇拝の念という道徳的な感情に働きかけ、それによって道徳的な理念を喚起

して心に働きかけると思われるのである。

623　神学の重要性

もしもわたしたちが神学というものを持つことがなぜ重要なのかと問われたとすれば、すぐに明らかになることは、神学というものはわたしたちの自然認識や、総じて何らかの理論を拡張するため、あるいは訂正するために必要なものではなく、もっぱら宗教のために、すなわち理性の実践的な使用ならびにとりわけ道徳的な使用のために、主観的な意図において必要なものであるということである。

ところで神学の対象となる規定された概念を導き出すための唯一の論拠が、それ自身において道徳的なものであることが明らかになれば、これまで述べてきたことはとくに不思議なものとは思われなくなり、このような証明根拠に基づいて真とみなすことが、神学の究極的な意図のためにも十分なものであることについても、決して誤ることはないであろう。そのためにはそうした論拠によって神の現実存在を立証することの目的は、わたしたちの道徳的な使命のため、すなわち実践的な意図のためであって、思弁がこの論拠において自らの強さを証明したり、自らの領域の範囲をそれによって拡張したりするためではないことが承認される必要がある。

神学というものについてここで主張された可能性と、思弁的な理性の批判〔『純粋理性批判』〕においてカテゴリーについて語られたこと、すなわちカテゴリーが認識を生み出すことができるのは、感覚器官の対象に適用される場合だけであって、超感性的なものに適用される場合ではないという主張とのあいだに、不審や矛盾と思われるものが存在したとしても、これによってそうした不審や矛盾が解消されるのである。というのもここではカテゴリーが神の認識のために用いられているものの、わたしたちにとっては探求することのできない神の本性がそれ自体で何であるかを明らかにしようとする理論的な意図において使われているのではなく、もっぱら実践的な意図において使われていることが確認できるからである。

これまで批判によって、理性をその限界のうちに閉じ込めておくことは必然的なことであると主張されたために、盲目的な独断論者は立腹したのであったが、わたしはこの機会を借りて、批判にたいするこうした誤解を解消するために、次の説明をつけ加えることにしよう。

624　総合的な注

わたしがある物体に、他の物を動かす力があると考えるならば、すなわちその物体を原因性のカテゴリーによって考えるならば、わたしは同時にこのことによってこの物体を認識することになる。すなわちわたしは感覚器官の対象としてのその物体に、原因性という関係の可能性の条件として、客体一般としての物体の概念がそれ自体においてそなわっていると規定するのである。

なぜならばわたしがその物体に存在するとみなすその他の物体を動かす力が〈反発力〉であるとするならば、たとえわたしがその物体が反発力を行使する別の物体を、まだその物体に並置させていないとしても、その物体には空間において何らかの場所が所属するのであり、さらにある拡がりが、すなわちその物体自身が占める空間が所属するのであり、さらにその物体のさまざまな部分の反発力によってこの空間が充実されることが所属するのである。最後にその物体のさまざまな部分の反発の大きさは、その物体の拡がりが増大するとともに、すなわちその物体が同じそれらの部分によってこの力によって充実している空間が増大するとともに、それと比例して減少せざるをえないという充実の法則もまた、そこに所属するのである。

これにたいしてわたしがある超感性的な存在者を第一の動かす者として考え、それを物質の運動という同じ世界規定において原因性のカテゴリーによって考えるならば、わたしはその超感性的な存在者を空間において何らかの場所を占める者として考えてはならないし、拡がりを持つ者としても考えてはならない。それだけではなくわたしにはそうした超感性的な存在者が時間のうちにあると考えたり、その他の事物と同時に現実存在する者として考えたりすることも許されないのである。

そのためわたしには、この超感性的な存在者を根拠とする運動の条件を理解するために必要ないかなる規定もないのである。したがってわたしはこの存在者を、〈第一の動かす者〉としての原因という述語だけによっては何も認識しないのであり、世界における運動の根拠を含む何かあるものについての表象を持っているだけなのである。

しかもこうした運動原因としてのこの何かあるものと、そのようにして発生した運動との関係は、原因である事物の性質について何もわたしに暗示してくれないのであるから、原因という概念はまったく空虚なものとなってしまう。というのもわたしは感性界においてだけ客体をみいだすような述語をもって、感性界の根拠を含まなければならないあるものの現実存在にまで進むことはできるとしても、超感性的な存在者であるこの何かあるものは、こうしたあらゆる述語を排斥するものであって、この超感性的な存在者についての概念の規定にまで進むことはできないからである。

そのためわたしが原因性のカテゴリーを、第一の動かす者の概念によって規定したとしても、わたしはこのカテゴリーによって神が何であるかをいささかも認識しない。しかしわたしが世界秩序についての認識をきっかけとして、第一の動かす者の原因性を、至高の知性という原因性として思考するだけではなく、この第一の動かす者をまた、これまで述べてきたような原因性の概念の規定によって認識する機会があったならば、［神とは何かということの認識において］もっとうまく成功するに違いない。その場合には空間と拡がりという厄介な条件が脱落するからである。

もちろん世界において偉大な合目的性が存在することから、わたしたちはこの合目的性を生み出すような至高の原因とその原因性は、何らかの知性によって生み出されたものと思考せざるをえなくなる。しかしそれによってわたしたちは、この至高の原因にそうした知性を付与する権限を持つわけではない。わたしたちはたとえば神の永遠性について、それをあらゆる時間における現実存在として思考する権限を持っているが、それはそのように考えなければある大きさとしての、持続としてのたんなる現実存在をまったく理解できなくなってしまうからである。

あるいはわたしたちはまた神の遍在性とは、あらゆる場所に現実存在することであると思考する権限を持っているが、それはわたしたちが神というものが、個々の事物にとって直接に現前することを理解できるようにするためである。それにもかかわらず永遠性や遍在性のような規定を、わたしたちが神において認識しうるものとして、神に付与してはならないのである。

ある産物について、それが意図的な合目的性をそなえたものとしてしか説明できない場合に、わたしはその原因性を人間のもとに求め、人間の知性がそのものの原因であると思考することによってその原因性を規定する。その場合にわたしはその規定に立ちどまっている必要はなく、人間によく知られた特性としての知性という述語を人間に与えることができるのであり、それによって人間がどのようなものであるかを認識することができる。

なぜならばわたしはすでに人間のさまざまな感覚器官には直観が存在していること、

人間の知性によってそうしたものが概念のもとにもたらされること、またそれによって規則のもとにもたらされることを知っているからである。またこの概念は、特殊な要素を取り除くことで共通の特徴だけを含むものであり、論述的な性格のものであることを知っているからである。さらに、与えられた表象を意識一般のもとにもたらす規則は、わたしがその対象を直観する以前からこの意識によって与えられていたものであることを、知っているからである。それによってわたしはこの特性を人間に、わたしがそれによって人間を認識する特性として付与するのである。

ところがわたしがある超感性的な存在者としての神を叡智体として思考しよう、とするのであれば、そのことはわたしの理性使用のある種の観点からみて許されているだけではなく、また不可避なことでもある。しかしわたしがこの超感性的な存在者に知性を付与し、「こうした知性をこの超感性的な存在者の一つの特性とみなし、」それによってこの存在者を認識することができると自負することは、決して許されないことである。

というのはその場合にはわたしは、そのもとでのみ知性というものを認識することのできるすべての条件を除去しなければならなくなるのである。だから人間の規定としてだけ役立つ述語を、ある超感性的な客体に関係づけることはできないのであって、そのように規定された原因性によっては、神が何であるかは決して認識することができないのである。このようにして、可能的な経験の対象に適用されるのでなければ、理論的な観点における認識にたいしていかなる意義も持ちえないカテゴリーについても、同じことが指摘できるのである。

ところがわたしはある種の別の観点からは、超感性的な存在者を知性との類比によって思考することはできるのであり、思考しなければならないのであるが、それだからといってこれによってその超感性的な存在者を理論的に認識しようと望んでいるわけではない。

ここで指摘した〈ある種の別の観点〉とは、世界におけるある結果に超感性的な存在者の原因性のこの規定がかかわるとき、その結果が、道徳的で必然的な意図でありながらも、感性的な存在者にとっては遂行することができないような意図を含んでいる場合を考察するような観点のことである。この場合には、たんに類比によって神において考えられた神の原因性に発する特性と規定によって、神とその現実存在との認識である神学が可能となるのであり、この認識は実践的な関係においては、ただし道徳的関係としての実践的な関係を顧慮することにおいてのみ、必要とされるあらゆる実在性をそなえているのである。

だからこそ倫理神学は十分に可能である。道徳はその規則にかんしては神学がなくても成立するが、この規則が課す究極の意図にかんしては、理性がこの究極の意図を無規定なままに放置しておかないのであれば、神学なしでは成立しないのである。しかし純粋理性の神学的な倫理学のようなものは不可能である。なぜならば理性が根源的に自ら与える法則ではなく、理性が純粋な実践能力として遵守させるのではない法則というものは、道徳的であることはできないからである。同じように神学的な自然学というものも不合理なものになるだろう。なぜならばこのような学はいかなる自然法則も述べずに、至高の意志が示した指図だけを述べることになるはずだからである。

これにたいして自然神学は、本来は自然の目的論的な神学であって、少なくとも本来の神学のための予備学として役立つことができる。それはこの学が、自然が豊富な素材を提供している自然目的を観察することによって、自然には提示することのできない究極目的の理念を認識する機会を与えてくれるからである。したがってこの自然神学は、神についての概念を理性の最高の実践的な使用にとって十分なように規定する神学という学の必要性を感じさせるものである。ただし自然神学はこのような神学を生み出すことはできないし、自分が持ち出した証拠によってそのような神学を十分に根拠づけることもできないのである。

第一序論

第一節　一つの体系としての哲学について

E001　哲学と批判の違い

哲学が概念による理性認識の体系であるとすれば、そのことによってすでに哲学は純粋理性の批判とは明確に異なったものとなる。純粋理性の批判にはたしかに、このような理性認識の可能性についての哲学的な探求が含まれているものの、哲学の一つの部門としてそのような体系に属しているものではなく、まず何よりもそのような体系の理念を考案し、吟味することを役目とするものである。

E002 哲学の体系の分類

哲学の体系を分類しようとすれば、まず何よりも形式的な部門と実質的な部門を区別しなければならない。形式的な部門は論理学であって、たんに思考の形式を規則の体系として捉えるものである。実質的な部門は、思考される対象としての事柄について体系的に考察するものであるが、ただしそのような対象が概念によって理性認識できる範囲に限られる。

E003 哲学の実質的な体系の分類

第二の部門としての哲学の実質的な体系そのものはさらに、哲学の客体の根源的な区別と、この区別に基づいて哲学の客体を含む学の原理の本質的な差異に依拠して、理論的な哲学と実践的な哲学に分類することができる。この理論的な哲学の部門は自然哲学でなければならず、実践的な哲学の部門は倫理哲学でなければならない。そして自然哲学の部門には、経験的な原理を含めることができるが、実践哲学の部門においては、自由というものは決して経験の対象となることはできないため、純粋なアプリオリな原理しか含むことができない。

E004 「実践的な」という概念にまつわる誤解

ところで人々が実践的なものと考えている事柄について、重要な誤解が存在しているのであり、この誤解は学の取り扱いにも大きな不利益となる。それは実践的なものは「理論的でないという理由から」、実践哲学のうちに含められるのがふさわしいと考える誤解である。

このような誤解から人々は国家の政策や経済、家政の規則、社交の規則、人間の心身の福祉や養生法についての準則まで、実践哲学に含めるのであるが（それではなぜ、あらゆる職業や技術を含めないのだろうか）、それはこれらにすべて実践的な命題が総括されて含められているからである。

しかしこのような実践的な命題は、さまざまな事物とそれらの規定の可能性についての理論的な命題とは、表現方法の観点からは区別されているものの、その内容からは区別されていない。しかし本来の意味での実践的な命題とは、自由をさまざまな法則のもとで考察する命題だけなのである。そしてそれ以外の「実践的と呼ばれる」命題はすべて、さまざまな事物の自然本性についての理論でしかないのである。このような理論は、わたしたちがある原理にしたがってさまざまな事物をどのようにして作り出すことができるかにかかわるものであり、それらの事物の可能性が人間の選択意志の働きによってどのように表象しうるかについての理論なのである。それはこうした選択意志の働きもまた、自然の原因に属するものだからである。

たとえば力学の問題として、ある与えられた重量と平衡を保つべき特定の力が与えられた上で、それに対応する梃子《テコ》の棒の長さの比率をみいだすことを求める問題がある。この問題はたしかに実践的な定式として表現されているものの、そこには梃子の棒の長さの比率は、重量と力とが平衡を保っている場合にその両者の比に逆比例するという理論的な命題しか含まれていない。この比例関係はその発生から考えるかぎり、その規定根拠がこの比例関係の表象を作り出すある原因、すなわちわたしたちの選択意志によって可能であるものとして表象されているにすぎない。対象を作り出すすべての実践的な命題についても同じことが指摘できる。

あるいは〈みずからの幸福を促進せよ〉という準則が与えられたとしよう。その際にたとえばある人が自分の幸福を受け入れるために何をなすべきかだけが問題となるのであれば、節度とか、その人の傾向性が激情にならないような中庸さをそなえていることなど、その幸福を実現する可能性の内的な条件だけが、主観の自然本性に属するものとして表象される。そして同時にこうした条件は、このような心のバランスをどのようにして作り出すかについて、わたしたち自身によって可能な原因性として表象されるのである。

これらのすべては、わたしたち自身の自然本性の理論に関係するもの、原因としてのわたしたち自身に関係するものであって、客体の理論からの直接の帰結として表象されるにすぎない。この場合には実践的な準則と理論的な準則とのあいだには、定式化における区別はあるものの、内容における区別はないのであり、こうした準則における根拠とその帰結の結びつきを洞察するために、［理論哲学とは異なった］特殊な種類の哲学は必要とされないのである。

要するに自然が含むことができるものを、原因としてのわたしたちの選択意志から導き出すすべての実践的な命題は、すべて自然認識としての理論哲学に属するものである。理論哲学と内容において異なる種類の〔実践〕哲学は、自由に法則を与える実践的な命題を含まなければならないのである。理論哲学を自然哲学の実践的な部門とみなすことはできるが、実践的な命題を含む哲学だけが、理論哲学とは種において異なる実践哲学を基礎づけるのである。

注解

E005　哲学体系の分類についての注意

哲学のさまざまな部門にしたがって正確に規定することは、きわめて重要な課題であり、この目的のためには、たんなる帰結や、その結論を特定の場合に適用するだけで特殊な種類の原理を必要としないものを、一つの体系を構成する哲学の部門に含めて分類しないことが重要である。

E006 実践的な命題とは

実践的な命題はその原理によって、あるいはその結論によって、理論的な命題から区別される。ただし帰結によって区別される場合には、実践的な命題は哲学の特殊な部門を構成するものではなく、理論的部門に属するものであり、理論的な命題からの特殊な種類の帰結を示すにすぎない。

ところで自然法則にしたがうさまざまな事物の可能性の原理は、自由の法則にしたがう事物の可能性の原理とは本質的に異なるものである。ただしこの違いは、自由の法則にしたがう事物の場合には、その原因が意志にあるのにたいして、自然法則にしたがう事物の場合には、その原因が意志にではなくてさまざまな事物そのもののうちに求められることにあるのではない。

というのも意志もまた、対象がたんなる自然法則としての原理にしたがって可能であることを知性が洞察しているような原理だけにしたがっている場合には、たとえ選択意志の原因性による対象の可能性を含む命題が、実践的な命題と呼ばれるとしても、そうした命題は原理という観点からみると、事物の自然本性についての理論的な命題といささかも異ならないのである。むしろこうした実践的な命題は、客体の表象を現実において描き出すために、理論的な命題から原理を借りてこなければならないのである。

E007　実践的な命題が独立した学問になるための要件

このため実践的な命題の内容が、たんに表象された客体の選択意志の働きによる可能性だけにかかわるものである場合には、そのような実践的な命題は完全に理論的な認識を適用したものにすぎないのであって、哲学のいかなる特殊部門も構成することはできない。

たとえば実践的な幾何学というものを考え出して、それが独立した学であると主張するのは愚かしいことである。幾何学という純粋な学問にどれほど多くの実践的な命題が含まれていようとも、またこれらのほとんどすべての命題が課題を含んでいて、それを解決するためには特殊な指示を必要とするにしても、それはやはり独立した学問にはならないのである。

たとえば与えられた直線と与えられた直角によって正方形を作れという課題は実践的な命題であるが、これは理論からの純粋な帰結にすぎない。さらに測量術、すなわち土地測定法《アグリメンソリア》も決して実践的な幾何学という名前を僭称することはできないのであり、幾何学一般の特殊部門と自称することもできない。測量術は幾何学の補足的な注釈にすぎず、幾何学を実際の仕事に使用することにほかならない（注）。

E007n　コンパスと定規

（注）この幾何学という純粋で高貴な学問は、初等幾何学としてはその概念を構成するためにコンパスと定規という二つの道具だけを使用する。このような概念の構成だけを幾何学的なものと呼ぶのであり、高等幾何学における構成作業は機械的なものと呼ばれる。それは高等幾何学の概念を構成するためにはさらに複雑な機械が必要だからである。このことを認めると幾何学の品位がいくらか損ねられるように思われるかもしれない。しかし幾何学で使用する道具というものも、実際にはコンパスと定規《キルキヌス・エト・レグラ》という道具を意味しているのではないのであり、このような道具によっては数学的な精

密さをもって、［円や直線のような］形態を作り出すことはできないだろう。そうではなくこれらの道具は構想力のアプリオリなもっとも単純な表現の方法だけを意味すべきものにすぎないのであり、いかなる器具によってもこれを模倣することはできないのである。

E008　実践的な心理学はありうるか

経験的な原理に基づく自然の学においてさえ、すなわち本来の物理学においては、隠れた自然法則を発見するための実践的な措置を、実験物理学という名称のもとで、自然哲学の一つの部門としての実践的な物理学と命名することはできない。これもまた愚かしい名称なのである。なぜならばわたしたちが実験するために使用する原理は、つねにそれ自身も自然の知識から、したがって理論からとってこなければならないからである。

たとえば構想力を活動させたり抑制したり、心の傾きを満足させたり弱めたりする営みなど、わたしたちのうちにある種の心の状態を選択意志によって作り出すための実践的な準則についても同じことが言える。哲学の特殊な部門としては、人間の自然本性を考察する実践的な心理学のようなものも存在しない。なぜならば何らかの技術を利用して特定の心の状態を作り出すための原理は、わたしたちの自然本性の性質に基づいて、わたしたちの規定を可能にする原理から借りてこなければならないからであり、心の状態を作り出す原理が実践的な命題として表現されたとしても、これらの原理が経験的な心理学のいかなる実践的な部門を構成することもありえない。そこにはいかなる特殊な原理も含まれておらず、たんに経験的な心理学に注釈を施しているにすぎないからである。

E009　本来の意味での実践的な命題

一般に実践的な命題は、純粋にアプリオリな命題であることも、経験的な命題であることもありうるが、こうした命題がわたしたちの選択意志によって生み出される客体の可能性を直接に述べたものである場合には、そうした命題はつねに自然の知識に属するものであり、哲学の理論的な部分に含まれることになる。

そうではなくて直接にある行為の規定を、その行為の形式の表象によって、法則一般にしたがって必然的なものとして提示しながら、その際にそれによって実現されるべき客体の実現のための手段を顧慮することのない実践的な命題だけが、自由の理念における固有な原理を持つことができるのであり、また持たなければならないのである。こうした命題がこれらの原理に基づいて、最高善という意志の客体の概念を根拠づけたとしても、この最高善はたんに間接的な帰結として、今や倫理的な準則と呼ばれるようになった実践的な準則に属するようになるのである。さらにこの最高善の可能性も、自然の知識としての理論によって洞察することはできない。このように実践哲学の名のもとに、理性認識の体系の一つの特殊部門を構成するのは、このような命題だけなのである。

E010　技巧的な命題とは

行為の遂行に関わるその他のすべての命題は、たとえそれがどのような学に結びついていようとも、実践的な命題と呼ぶことはできないのであって、曖昧さを排除するためには、実践的な命題ではなく技巧的な命題と呼ぶことができよう。なぜならばこれらの命題は、人々が存在することを望むものを実現する技術に属するものだからであり、技術はどれほど完全な理論にあってもつねにたんなる帰結にすぎないのであって、それだけで独立して存在するような何らかの種類の指示で構成される一部門ではないのである。

　このようにして熟練にかかわるすべての準則は、技巧に属するものであって（注）、その帰結として何らかの自然の理論的な知識に属するものである。わたしたちは技巧という表現を、あたかも自然の対象の可能性が技術に基づいているかのように判定される場合にも使うことにする。その場合にさまざまな判断は理論的なものではないし、すでに述べた意味での実践的なものでもない。というのもこうした判断は、客体の性質についても、客体を生み出す方法についても、何も規定することがないからであり、むしろこうした判断を通じて自然そのものが判定されるからである。自然そのものがただしその際に技術との類比によって、対象との客観的な関係においてではなく、わたしたちの認識能力との主観的な関係において、判定されるのである。

　ところでわたしたちはこのような判断そのものを技巧的と呼ぶのではなく、判断力

（それらの判断はこの判断力の法則に基づいて行われる）と、こうした判断力に応じて自然を、技巧的と呼ぶことにする。こうした技巧は客観的に規定する命題をまったく含んでいないために、哲学の理論のいかなる部門も構成せず、ただわたしたちの認識能力の批判の一つの部門を構成するにすぎないのである。

E010n　技術の命法

（注）わたしはここで『道徳形而上学の基礎づけ』における誤りを訂正しておきたい。この書物でわたしは熟練の命法について、こうした命法はただ条件つきで、しかもたんに可能で不確定な目的という条件のもとで命令を下すと述べた後に、こうした実践的な準則を不確定な命法と名づけたが、実際にはこのような表現は矛盾したものであった。むしろわたしは、こうした準則を技巧的な準則、すなわち技術の命法と呼ぶべきだったであろう。

実用的な命令法則もしくは怜悧の規則は、現実的で、しかも主観的に必然的な目的という条件のもとで命令するものであるが、この命法も実は技巧的な命法のもとにあるのである。というのも怜悧とは、自由な人間を自分の意図のために使用できる熟練のことであって、その際に自由な人間たちに属する自然の素質や心の傾きまでも、自分の意図のために使用するのである。しかしわたしたちが自分自身や他の人々の基礎におく目的である自分自身の幸福というものは、たんに任意の目的のもとにあるのではないことを考えると、この命法に技巧的な命法という特殊な名前を与える根拠があるのである。

というのもここで求められている課題は、たんに技巧的な命令で示されるような目的を遂行する手段だけにかかわるのではなく、目的そのものである幸福を実現することも要求するからである。一般的な技巧的命法においては、この目的そのものが何であるかは既知の事柄として前提されていなければならないのである。

第二節　哲学の基礎にある上級の認識能力の体系について

E011　思考能力の体系の分類

問題となるのが哲学の分類ではなく、人間の上級の認識能力を概念によってアプリオリに分類することであるならば、すなわち純粋理性の批判が、しかも純粋な直観の様式は考慮に入れずに、理性の思考能力にかんしてだけ考察する批判が問題なのであれば、思考能力の体系は次の三つの部門に分割される。第一は、普遍的なものとしての規則を認識する知性であり、第二は、普遍的なもののもとに特殊なものを包摂する能力である判断力であり、第三は、普遍的なものによって特殊なものを規定する能力、すなわち原理から導き出す能力としての理性である。

E012　哲学におけるアプリオリな原理の考察能力

純粋な理論的な理性の批判では、すべてのアプリオリな認識の源泉を考察することを試みたのであり、したがってこの認識において直観に属するものの源泉についても考察された。この批判によって自然の法則が提示された。さらに実践理性の批判によって、自由の法則が提示されたのであり、この二つによって哲学の全体におけるアプリオリな原理は、すでに完全に論じ尽くされたように思われる。

E013　判断力の位置

しかし知性がアプリオリに自然の法則を提示し、理性が自由の法則を提示すると考えるならば、その類比によって次のことを期待することができよう。すなわちこの二つの能力を結びつける媒介の役割を果たす判断力もこれらの二つの能力と同じように、判断力に固有のアプリオリな原理を提示するのであり、それによって哲学の一つの特殊部門の基礎を構築することになると期待される。ただしそれにもかかわらず哲学は体系としては、［理論哲学と実践哲学という］二つの部門しか含むことができないのである。

E014　判断力の役割

ただし判断力はきわめて特殊な認識能力であって、しかも自立した能力ではないために、知性のように何らかの対象についての概念を与えるものでもなく、理性のように何らかの対象についての理念を与えるものでもない。判断力はたんに他の能力によって与えられた概念のもとに包摂する能力だからである。

このため根源的に判断力から生み出されるような概念や規則があるとすれば、それは自然がわたしたちの判断力にしたがうかぎりで、自然の事物について取り出すことのできる概念でなければならない。そのためそのような概念は自然の特別な性質についての概念であって、そのような性質は、与えられている特殊な法則を、与えられていないより普遍的な法則のもとに包摂するわたしたちの能力に、自然の仕組みがしたがうと考えなければ、まったく理解できないような性質である。

言い換えればこのような概念は、わたしたちが特殊なものを普遍的なものに含まれているものとして判定することができるかぎりで、また特殊なものを何らかの自然の概念のもとに包摂するために必要とされるかぎりで、自然を認識するわたしたちの能力のために必要な、自然の合目的性についての概念でなければならない。

E015　自然の合目的性についての概念

ところでそのような概念は、経験的な法則にしたがう体系としての経験という概念である。というのも経験は、経験一般の可能性の条件を含む超越論的な諸法則にしたがって一つの体系を構成するものだとしても、経験的な法則については、特殊な経験に属するような自然の諸形式の無限の多様性ときわめて大きな異質性が存在しうるのである。このような経験的な法則にしたがう体系についての概念は、知性にとってはきわめて縁遠いものであって、知性はそのような全体の可能性はもちろんのこと、その必然性を把握することは、とうてい実現しえないのである。それにもかかわらず、判断力が次のような課題を果たすことができるためには、恒常的な原理にしたがってあまねく関連している特殊な経験にも、経験的な法則の体系的な関連が必要なのである。

この判断力の課題とは、特殊なものを普遍的なもののもとに包摂し（ただしこの普遍的なものも依然として経験的なものでありつづける）、そのような包摂の営みをつづけながら、最上の経験的な法則にまで到達し、その法則のもとにそれらに適合した自然の諸形式を包摂することによって、特殊な経験の集合をそれらの諸経験の体系として考察することにある。というのもこのような前提がなければ、これらの経験のあまねく合法則的な関連は生じることができず（注）、それらの経験的な統一を生み出すことはできないからである。

E015n　**経験における総合の役割**

（注）経験一般の可能性は、総合判断としての経験的な認識の可能性にほかならない。そのため経験一般の可能性は、たんに比較された知覚だけから分析的に取り出すことはできないのである（一般にはしばしばできると信じられているのであるが）。なぜならば二つの異なった知覚を、客体を認識するためにその客体の概念において結合することは、一つの総合の営みであり、この総合はさまざまな現象の総合的な統一の原理に

したがわなければ、すなわちそれによって現象がカテゴリーのもとにもたらされる原則にしたがわなければ、経験的な認識を生み出すことはなく、経験そのものをもたらすことはないからである。

こうした経験的な認識は、それらが必然的な形で共有する自然の超越論的な法則にしたがって、一切の経験の分析的な統一を構成するのであるが、一つの体系としての経験の総合的な統一を構成することはない。この総合的な統一は、経験的な法則を、それらが異なったものとして所有しているものについても一つの原理のもとに結合するものであり、その際に経験的な法則の多様性は無限に多くなることができるのである。

ところでそれぞれの特殊な経験にかんするカテゴリーに相当するのは、自然の合目的性であるが、これは自然が判断力というわたしたちの能力に適合する特性のことであり、この適合性は自然の特殊な法則についても妥当するのである。これによって自然はたんに機械的なものとしてだけではなく、技巧的なものとしても表象されるようになるのである。すなわちこの自然の合目的性という概念は、カテゴリーのように総合的な統一を客観的に規定するものではないが、それでも自然の探求に手引きとして役立つ原則を主観的に提供する概念なのである。

E016　自然の合目的性の役割

判断力は自然の合法則性を、ただ自らに好都合なように、自然について先取りし、前提しているのであり、これはいかなる知性概念にとってもそれ自体では偶然的な合法則性である。この合法則性は自然の形式的な合目的性であり、わたしたちは自然にはこうした合目的性がそなわっているものと端的に想定するのであるが、この合目的性によっては、自然の理論的な認識を基礎づけることも、自由の実践的な原理を基礎づけることもできない。

それにもかかわらず自然の判定と探求の営みにとっては、この合目的性によって特殊な経験にたいして普遍的な法則を求めるための原理が与えられるのである。わたしたちはこの原理にしたがって特殊な経験を処理しなければならないが、それは関連した経験のために必要な体系的な結合を取り出すためであって、わたしたちはこうした体系的な結合が存在することをアプリオリに想定すべき理由をもっているのである。

E017 自然の合目的性の概念の由来

このように判断力に特有なものとして、根源的に判断力から生まれるこの概念は、技術としての自然という概念であり、言い換えれば自然の特殊な法則にかんする自然の技巧という概念である。この概念はいかなる理論を基礎づけるものでもなく、ただ自然の探求を可能にする経験的な法則に基づいて自然の探求を進めるための原理を提供するだけである。これは論理学と同じように、客体の認識も、客体の性質についての認識も含まない。さらにこの概念を通じて自然の知識が特殊な客観的な法則によって豊かにされるようなことはない。判断力にとって一つの格律が根拠づけられるだけであり、判断力はこの格律に基づいて自然を観察し、自然の形式をその格律に基づいて把握するのである。

E018

技術としての自然と自然の技巧の概念の役割

ところで哲学は、自然の認識と自由の認識の理論的な体系であるが、この概念によって哲学に新しい部門が生まれるわけではない。というのも〈技術としての自然〉という表象はたんなる理念であって、この理念はわたしたちの自然探求にとって、すなわちたんに主観にとって原理として役立つものである。この理念は経験的な法則そのものの集合に、できれば一つの体系という形のまとまりをもたらすために役立つのであり、そのために自然のうちに、わたしたちが望んでいるあるまとまりを作り出すのである。

これに反して〈自然の技巧〉についてのわたしたちの概念は、自然の判定のための発見的な原理として役立つものであり、わたしたちの認識能力の批判に含まれるものとなる。この認識能力の批判においては、わたしたちが自然についてこのような表象を抱くのはどのような誘因によるものであるか、この理念はどのような起源をもつものであるか、この理念はアプリオリな源泉のうちにみいだすことができるのかどうか、この理念の使用の範囲と限界はどのように定められているかなどを示す。すなわちこうした探求は、純粋理性の批判の体系の一つの部門を構成するものであるが、理論的な哲学の体系において一つの部門を作りだすものではないのである。

第三節　人間の心のあらゆる能力の体系について

E019　人間の心の三つの能力

わたしたちは人間の心のすべての能力を、例外なく三つの能力のいずれかに還元することができる。これらの三つの能力は認識能力、快と不快の感情、欲求能力である。哲学者たちは、考え方の徹底性のために賞賛に値する人々とみられてきたが、これらの三つの能力の違いについても、たんに外見上のものにすぎないと主張し、すべての能力はたんなる認識能力にすぎないと考えようとしてきた。

このようなさまざまな能力の多様性のうちに統一を求めようとする試みは、いつもであれば真の哲学的な精神の試みとして容認されるはずであるが、この試みが虚しいものであることはごくたやすく立証することができるのであり、これはしばらく前から洞察されていたことでもある。

その理由は次のように説明できる。まず諸表象が、たんに客体と、諸表象についての意識の統一に関連づけられて、認識に属する場合には、こうした諸表象のあいだには大きな違いが存在する。さらに諸表象が客体の現実性の原因とみなされて、欲求能力とみなされる場合にこうした諸表象に存在する客観的な関係と、諸表象がそれだけで自らの固有な現実存在を主観のうちに保持する根拠となることによって、またその限りで快の感情との関係で考察される場合の諸表象と主観の関係とのあいだにも、大きな違いが存在するのである。このような快の感情は、認識を規定根拠として前提することがあるとしても、それ自体では認識ではないし、またいかなる認識を提供するものでもないのである。

E020　快と不快の感情の批判の必要性

ある対象の認識と、その対象が現実存在することで生まれる快あるいは不快の感情との結びつきは、経験的に十分に識別することができるし、さらに快あるいは不快の感情と、そうした対象を生み出す欲求能力の規定との結びつきについても、経験的に十分に認識することができる。ただしこうした関係はいかなるアプリオリな原理にも基づくものではないので、心のさまざまな力はたんに集まって集合を形成するだけであって、いかなる体系も構成することはない。

実際のところ、快の感情とほかの二つの能力のあいだにアプリオリな結びつきがあることをみいだすのは可能である。またわたしたちはあるアプリオリな認識を、すなわち自由の理性概念を、欲求能力の規定根拠として欲求能力と結びつけることができるし、その際にこの客観的な規定において、同時に主観的に意志の規定のうちに含まれている快の感情をみいだすこともできるのである。

しかし認識能力はこのような形で快と不快を媒介として、欲求能力と結びついているわけではない。快と不快は欲求能力に先行するものではなく、欲求能力の規定によって初めて生ずるものであるか、あるいはおそらく理性自身によって、意志をこのように規定できるという感覚にほかならないのであって、心の諸特性のうちで特別な分類を必要とするような特殊な感情でも、特有な受容性でもないかのいずれかである。

ところで心の能力一般を分析する際には、そこには快の感情もまた含まれている。

これは欲求能力の規定に依存するものではなく、欲求能力の一つの規定根拠を与えることができるものであり、そのことに議論の余地はない。しかしこのような快の感情を他の二つの能力と結びつけて一つの体系を構築するためには、他の二つの能力と同じようにこの快の感情もまた、たんに経験的な根拠に基づくものではなく、アプリオリな原理に基づいたものであることが要求される。そこで哲学が一つの体系となるという理念のためには、快と不快が経験的に根拠づけられていないものである場合には、たとえ理論的な説明ではないにせよ、何らかの形で快と不快の感情の批判を行うことが求められるのである。

E021　快と不快の感情と判断力の関係

ところで概念にしたがう認識能力は、純粋な知性のうちに、そして自然についての純粋な知性の概念のうちに、自らのアプリオリな原理をもっている。また欲求能力は、純粋理性のうちに、そして自由についての純粋理性の概念のうちに、自らのアプリオリな原理をもっている。

そして上級の認識能力のうちには、中間的な認識能力として、判断力が存在しているように、心の特性一般のうちにも、中間的な能力または受容性として、快と不快の感情が存在しているのである。判断力が快と不快の感情にたいして、知性や理性の場合と同じように、アプリオリな原理を含んでいると推定するのはごく自然なことではないだろうか。

E022 判断力と他の能力の違い

このような［判断力と快不快の感情の］結びつきの可能性についてはまだ結論が出されていないが、判断力には快の感情にたいするある種の適合性がそなわっていることは明らかである。これによって判断力は快の感情のための規定根拠として役立ったり、あるいは快の感情のうちにこうした規定根拠をみいだしたりするのである。そしてそのために前提となるのは、概念による認識能力の分類においては、知性と理性は、客体についての概念を獲得するために自らの表象を客体に関連づけるのにたいして、判断力は自らをもっぱら主観に関連づけるのであって、判断力だけでは対象についてのいかなる概念も生み出さないということである。

これと同じように心的な能力一般の普遍的な分類においては、認識能力と欲求能力は、表象の客観的な連関を含んでいるのにたいして、快と不快の感情はただ主観の規定を受け入れる受容性の能力にすぎない。このようにして判断力がいつもあるものをそれ自身で規定すべきであるとすれば、そのあるものとは快の感情にほかならないことになろう。反対に快の感情がいつもあるアプリオリな原理を持つべきであるとするならば、この原理は判断力のうちにしかみいだすことができないであろう。

第四節　判断力にとっての体系としての経験について

E023

体系としての経験一般

わたしたちは『純粋理性批判』において、経験のすべての対象が総括されたものとしての全体の自然は、超越論的な法則にしたがって一つの体系を作り出すものであることを確認してきた。この超越論的な法則というものは、意識において結合され、経験を作り出すようなさまざまな現象にたいして、知性自身がアプリオリに与えるものであった。そのことを考えるならば、客観的に考察された経験一般が可能であらねばならない。そして普遍的および特殊な法則にしたがう経験もまた、理念のうちで可能な経験的認識の一つの体系を作り出さねばならない。というのも自然の統一は、すべての現象のこのような総括のうちに含まれているあらゆるものをあまねく結合する原理にしたがって、このような体系を作り出すことを要求するからである。このようにして今や、知性の超越論的な法則にしたがう経験一般は、たんなる集合とみなすのではなく、体系とみなすことができるようになったのである。

E024　体系としての経験の把握の困難

ただしそれだからといって、経験的な法則にもしたがう自然が、人間の認識能力にとって把握しうる一つの体系であると結論できるわけではないし、このような自然の現象が人間の一つの経験において、あまねく体系的に関連していると結論できるわけでもない。そして経験そのものが体系として人間に可能となると結論できるわけでもないのである。

というのも経験的な法則の多様性と異種性はきわめて大きなものであって、さまざまな知覚をたまたま発見された特殊な法則にしたがって結び合わせることで、一つの経験にすることは部分的には可能であるかもしれないが、こうした経験的な法則そのものを親近性の強いものとして、一つの共通の原理のもとで統一することは、わたしたちにはとうてい不可能なことだからである。

このことは、少なくとも知性がアプリオリに決定しうるかぎりでは、それ自体では可能であるかもしれないが、これらの法則と、これらの法則に適合した自然の形式の多様性と異種性は無限に大きなものであり、そのような自然形式によってわたしたちに提示されるのは混沌とした粗雑な集合にすぎず、体系というものの痕跡をいささかも示していないのである。たとえわたしたちが超越論的な法則にしたがうならば、体系というものを前提とせざるをえないとしてもである。

E025　自然の統一と人間の経験の統一

というのも時間および空間における自然の統一と、わたしたちに可能な経験の統一とは同じものだからである。なぜならば時間および空間における自然の統一は、諸現象をたんに表象という様式で総括したものであって、この総括は自らの客観的な実在性を、もっぱら経験においてしか持つことができないからであり、この経験は、こうした自然の統一が一つの体系として考えられる限りで（わたしたちは当然ながら、そのように考えざるをえない）、経験的な法則にしたがう体系として可能でなければならないからである。

そのため経験的な法則にみられる異種性や、自然形式にみられる異質性は、たしかに際限のないものであるために懸念を生むものではあるが、そうした異種性や異質性は自然に属するものではない。自然はむしろいっそう普遍的な法則のもとにある特殊な法則［相互］の親和性によって、経験的な体系としての一つの経験となる資格を与えられているのであり、これは主観的にも必然的な超越論的な前提なのである。

E026　判断力の超越論的な原理の役割

ところでこの前提が、判断力の超越論的な原理にほかならない。なぜなら判断力は特殊なものを、その概念が与えられている普遍的なもののもとに包摂する能力であるだけではなく、それとは逆に、特殊なものにたいして普遍的なものをみいだす能力でもあるからである。

しかし知性は、自然にたいして超越論的な立法を行う際には、可能となる経験的な法則のすべての多様性を無視する。というのもそうした超越論的な立法においては、経験については、経験一般の可能性の条件だけを、その形式の観点から考察するからである。そのため知性は、特殊な自然法則［相互］の親和性の原理をみいだすことはできない。ところが判断力は、すでに述べた普遍的な自然の法則のもとで、さまざまな特殊な法則を所有しているのであるが、そうした法則を、たとえ相変わらず経験的であるとしても、より高次のものである法則のもとにもたらすことを義務づけられているのであり、そのような親和性の原理を自らの手続きの基礎としなければならない。というのも判断力は自然の形式が、経験的ではあるとしてもより高次の共通の法則に合一することをまったく偶然なものとみなすであろう。このような自然の形式について模索する作業によって、たとえ特殊ないくつかの知覚が幸運にも一つの経験的な法則となる資格を与えられたとしても、そのことはいっそう偶然的なものとみなされるに違いないからである。ましてや多様な経験的な法則が全体的に関連づけられて、ある可能な経験における自然認識の体系的な統一に適合するなどということは、何らかのアプリオリな原理によってそうした形式を自然のうちに前提しておくのでないかぎり、さらに偶然的なものとみなされることになるだろう。

E027　自然についてのさまざまな定式と判断力

自然についてはさまざまな定式が流通している。たとえば〈自然は最短距離を取る〉とか、〈自然は何一つ無駄なことをしない〉とか、〈自然はその多様な形式においていかなる飛躍もしない〉（形式の連続性《コンティヌウム・フォルマルム》）とか、〈自然は種においては豊かであるが類においてはつつましい〉などの格言がある。

これらの定式は、判断力に固有の必要に応じて、判断力が体系としての経験にある原理を確立することをいずれも超越論的に表現したものにすぎない。知性も理性もこのような自然法則をアプリオリに基礎づけることはできない。なぜならばわたしたちは、自然がそのたんに形式的な法則において、わたしたちの知性にしたがうものであることは洞察することができるが（この法則によって自然は経験一般の対象となるのである）、自然は特殊な法則にかんしては、そして法則の多様性と異種性にかんしては、わたしたちの立法的な認識能力の制限にはまったくしたがわないからである。

また判断力はみずからを使用するために必要であるため、原理を根拠づける経験的な法則を合一させるという目的で、経験的で特殊的なものから、経験的でいっそう普遍的なものへとつねに高まっていくのであるが、これは判断力のその使用のためのたんなる前提にすぎない。経験を頼りにしたとしても、このような原理すら、記述することは決してできない。というのも、このような原理を前提にしなければ、さまざまな経験を体系的な形で提示することすらできないからである。

第五節　反省的な判断力について

E028 判断力の分類

判断力というものは、ある与えられた表象によって可能となる概念のために、そうした表象について何らかの原理にしたがって反省するたんなる能力とみなされるか、あるいは与えられた経験的な表象によって、対象の根底に存在している概念を規定する能力とみなされるかのどちらかである。

第一の場合の判断力は、反省的な判断力と呼ばれ、第二の場合の判断力は、規定的な判断力と呼ばれる。ところで反省するとか考察するということは、与えられた表象によって可能な概念について、与えられた表象を他の表象と比較したり対照したりするか、自らの認識能力と比較したり対照したりするかということである。こうした反省的な判断力は、判定能力《ファクルタス・ディユディカンディ》と呼ばれることもある。

E029 動物の反省作用との違い

反省作用は、動物でさえ、たとえ本能的であるにせよ行っているものだが、動物は反省作用によって獲得されるべき概念との関係においてではなく、おそらくこの作用によって規定されるべき傾向性との関係において、こうした反省作用を行っているものとみられる。それでもわたしたちにとっては、こうした反省作用は規定することと同じように何らかの原理を必要とするものである。ただしこのように規定することにおいては、その作用の根底に置かれた客体についての概念が、判断力に規則を指定するのであり、その概念が原理の代用となる。

E030 反省の原理の特徴

人間に与えられた自然の対象にかんする反省の原理は、すべての自然物について、経験的に規定された概念がみいだされるということである(注)。これは自然の産物については、わたしたちにとって認識可能な普遍的な法則にしたがって可能となる形式がそなわっていることをつねに前提することができるということである。なぜならばこのことを前提することが許されず、わたしたちが経験的な表象を取り扱う際に、この原理をその根底に置かないならば、すべての反省作用は盲目的なものとなってしまい、それらの経験的な表象が自然と調和することを何らかの根拠ある期待をもって予測せずに、こうした反省作用をただあてずっぽうに試みることになってしまうからである。

E030n　判断力が前提とする自然の体系

（注）一見するとこの原理は、総合的な超越論的な命題のようにはみえず、あたかも同義反復であって、たんなる論理学に属する命題のようにみえる。なぜなら論理学において教えられるのは、どのようにしてある与えられた表象を他の表象と比較し、それらの表象のうちに共通に存在するものを、普遍的に使用できる一つの特徴として取り出しながら、それを一つの概念とすることができるか、ということだからである。

しかし自然があらゆる客体に対して、形式においてこの客体と多くのものを共有する多くの客体を、比較の対象として提示することができるかどうかについては、論理学は何も教えてくれない。むしろ論理学を自然に適用することができるための可能性の条件は、わたしたちの判断力にたいする一つの体系として自然を表象するための原理であって、この原理によってこの体系における多様なものは類と種に分類されるのである。そしてそれによって、現前しているすべての自然の形式を比較することによって、多かれ少なかれ普遍性をそなえた概念にもたらすことが可能になる。

ところで純粋知性は、同じく総合的な原則によってわたしたちに、自然のすべての事物をアプリオリな概念、すなわちカテゴリーにしたがって一つの超越論的な体系のうちに含まれているものとして思考することを教えてくれている。しかし経験的な表象そのものにたいしても概念を求める反省的な判断力はさらにそれだけではなく、この目的のために、自然がその無制限の多様性のうちで、自然をこうした類と種に分類していると想定しなければならないのである。そしてこのような分類によってわたしたちの判断力は、自然の形式を比較しながらそこに一致をみいだすことができるのであり、経験的なものではあっても普遍的な概念へと高まることによって、経験的な概念とそれら相互の関連に到達することができるのである。言い換えれば判断力は、経験的な法則にもしたがう一つの自然の体系を前提とするのであるが、このことをアプリオリに、超越論的な原理によって前提するのである。

E031 判断力の図式機能

特殊な経験的な規定を持たない経験概念は、普遍的な自然概念のもとにおいて初めて可能になる。反省は、そのような普遍的な自然概念については、自然一般の概念のうちで、すなわち知性において、すでにどのようにすべきかという指示を自然から与えられているのである。そのため判断力は反省のいかなる特殊な原理も必要とせず、自然に与えられた指示をアプリオリに図式化して、こうした図式を経験的な総合に適用するのである。このような図式がなければいかなる経験的な判断もまったく行えないに違いない。このように判断力は反省においては同時に規定的にも働くのであり、判断力の超越論的な図式機能は、与えられた経験的な直観を包摂する規則として、判断力に同時に役立つのである。

E032 自然の事物の認識における判断力の技巧的な働き

しかし与えられた経験的な直観にはまず何らかの概念をみいださなければならない

のであり、こうした概念は特殊な経験をそれのみで可能にする特殊な自然法則を前提とするものであって、そのような概念のために判断力は、超越論的ではあるが特有な反省のための原理を必要とするのである。その際にわたしたちは、すでに知られている経験的な法則を判断力にふたたび指示することによって、反省の営みを、わたしたちがすでにその概念を所有している経験的な形式とのたんなる比較に変えてしまうことはできないのである。

というのも自然の経験的な法則がきわめて大きな差異を示していることから考えても、自然が自らの自然形式にきわめて大きな異種性を与えていると考えられるのであり、そのためにそれらの形式のうちにあるさまざまな種や類の一致や階層秩序をみいだそうとして比較しても、そのすべてあるいは大部分が無益なものとなっているかもしれないのであり、この可能性はやはり十分に考えられることである。すると問題となるのは、さまざまな知覚を比較したところで、さまざまな自然形式に共通なものの経験的な概念に到達することを期待できるだろうかということである。

すべて自然の事物においてわたしたちは経験的な表象を比較する際には、経験的な法則を認識することと、こうした法則に適合した形式として、種において異なるものを比較することによって他のものと類において合致するような形式を認識することを目指すものである。こうした比較は、自然が自らの経験的な法則にかんしても、わたしたちの判断力にふさわしいある種の節約を行っており、それによってわたしたちが自然の同型性を認識できるようにしていることを前提とするのである。そしてこの前提は判断力のためのアプリオリな原理として、あらゆる比較に先立つものでなければならない。

E033　判断力と自然の技巧

このように反省的な判断力は、与えられた現象を一定の自然の事物の経験的な概念のもとにもたらすために、図式的に《シェマティッシュ》ではなく、技巧的に（テヒニッシュ）処理するのである。すなわち知性と感覚器官の指導のもとで、あたかもある種の道具のように機械的に処理するのではなく、技術的に処理するのである。ここで技術的に《キュンストリヒ》というのは、自然を一つの体系のうちで目的に適って配置するという普遍的ではあるが同時に無規定な原理にしたがいながら、自然の特殊な法則が（知性はこの法則については何も語っていないのであるが）、いわばわたしたちの判断力に好都合な形で、経験の可能性にふさわしく一つの体系を形成しているかのように取り扱うということである。このような前提がなければわたしたちは、可能な特殊な法則の多様性という迷宮のうちで迷ってしまって方向を定めることを望めなくなるのである。

このように判断力は自然の技巧を自らアプリオリに、自らの反省の原理とするのであるが、それでいてこの自然の技巧を解明することも、さらに詳しく規定することもできず、さらにそのために普遍的な自然概念について、物自体そのものの認識に基づいた客観的な規定根拠を持つこともできないのである。むしろそれは判断力自身の主観的な法則にしたがい、そして判断力の必要性にしたがいながら、それでも同時に自然法則一般と合致する形で反省することができるにすぎない。

E034　反省的な判断力の原理の役割

わたしたちは反省的な判断力の原理によって、自然を経験的な法則にしたがう体系として考えることができるようになるが、この原理はたんに判断力の論理的な使用のための原理にすぎない。この原理はその起源からみるとたしかに超越論的な原理ではあるが、それはたんに自然をアプリオリに、自然の多様性が、経験的な法則のもとで論理的な体系となる資格を与えられているかのようにみなすためのものにすぎない。

E035 類別化と種別化

ある体系の論理的な形式は、与えられた普遍的な概念を分類することによって生み出される。この場合にはこの普遍的な概念は、自然一般という概念であるが、そのためには差異性を伴った特殊なもの、すなわちここでは経験的なものが、ある種の原理にしたがって、普遍的なもののもとに含まれていると考える必要がある。ところがそのためには、経験的な手続きを踏んで特殊なものから普遍的なものへと上昇する必要があるが、そのためには多様なものが類別化されている必要がある。

すなわちそれぞれの類がある一定の概念のもとにある多数の類を相互に比較する作業が必要となるのである。さらに共通の特徴にしたがって、これらの類を完全に列挙する必要があり、その後でそれらをさらに高次の類のもとに包摂させて、このようにしてすべての類別化の原理を含む概念に到達する必要がある。こうした概念が最高の類を形成するのである。

これとは逆にわたしたちが完璧な分類によって、普遍的な概念から出発して特殊な概念へと下降する場合には、この手続きは与えられた概念のもとでの多様なものの種別化と呼ばれるのであり、この手続きは一番上の類からその下の類へと、すなわち亜類もしくは種へと進み、さらに種から亜種へと進行する。この場合は一般に言われているように、ある普遍的なもののもとにある特殊なものを種別化しなければならないというよりも、むしろ普遍的な概念のもとに多様なものを含ませることによって、普遍的な概念を種別化するというほうが正確かもしれない。なぜならば論理的にみれば、類というものはいわば実質あるいは生《なま》の基体のようなものであって、自然は多くの規定によってこの生の基体を、特殊な種や亜種へと加工するものだからである。そこでわたしたちは、法律学者がある種の生の素材の種別化について語る表現との類比によって、自然がある種の原理にしたがって、あるいはある体系の理念にしたがって、自らを種別化すると語ることができるだろう（注）。

E035n アリストテレス学派の分類

（注）アリストテレス学派もまた、類を質料［素材］と名づけ、種別的な差異を形相と名づけたのである。

E036 自然の種別化のための原理

ところで自然が何らかの原理にしたがって、自らの超越論的な法則すら種別化すると前提しなければ、反省的な判断力は、その本性から考えて、すべての自然をその経験的な差異に基づいて類別化することを企てることができないのは明らかである。ところでその原理というのは、自然が判断力自身の能力に適合するという原理のほかには考えられない。

判断力はこの能力によって、可能となる経験的な法則にしたがうさまざまな事物の計り知れないほどの多様性のうちに、それらの事物の十分な親近性をみいだすことによって、このような多様性を経験的な概念（類）のもとに分類し、またこれらの概念をさらに普遍的な法則（高次の類）のもとに分類するのであり、これによって自然のひとつの経験的な体系へと到達することができるのである。

ところでこのような類別化は普通の経験認識ではなく、一つの技術的な認識である。それと同じように自然がこうした原理にしたがって種別化されていると考えられる限りにおいて、これはひとつの技術とみなすことができるのである。このように判断力は必然的かつアプリオリに自然の技巧という原理を自らに伴うのである。この自然の技巧は、自然の法則定立性とは次の点で異なる。すなわち自然の法則定立性は超越論的な知性の法則にしたがうものとして、自らの原理を、法則として有効なものとして妥当させることができるが、自然の技巧は自らの原理をただ必然的な前提として妥当させることができるにすぎないのである（注）。

E036n

リンネの着眼点

（注）リンネが花崗岩と名づけた岩石を発見した際に、もしもリンネがこの岩石は、同じような外観を持ったほかのあらゆる岩石と、内的な性質からみて異なるはずだと

考えたとすれば、また知性にとって可能なのは、単独のいわば孤立化された個々の事物をみいだすことであって、事物の何らかの類をみいだしてそれを類と種の概念のもとに分類することを期待してはならないなどと考えたとすれば、おそらく自然の体系を構想することはできなかっただろう。

E037 判断力の原理

このように判断力に特有の原理とは、自然は判断力のためのある論理的な体系の形式に応じて、普遍的な諸法則を、経験的な諸法則に種別化するということである。

E038 自然の合目的性の概念

そしてここで自然の合目的性という概念が、理性のための概念としてではなく、反省的判断力のための特有な概念として登場してくるのである。というのも目的というものは客体のうちにあるのではなく、もっぱら主観のうちに、しかも主観の反省するたんなる能力のうちにあるからである。

なぜなら、わたしたちが目的に適っていると名づけるのは、その現実存在が同じ事物の表象を前提にしているようにみえるもののことだからである。ところで自然の諸法則は、あたかも判断力が自分自身の必要のために計画したような性質をそなえてたがいに関係づけられているのであり、これらの事物の表象をこれらの事物の根拠として前提している事物の可能性と似たところがある。そこで判断力は自らの原理によって、自然の合目的性を、経験的な法則による自然の形式の種別化において思い描くのである。

E039　自然の論理的な合目的性

ただしこれによってこうした自然の形式そのものが目的に適っていると考えられるのではなく、これらの形式の相互の関係が、目的に適っていると考えられるだけである。これらの形式はきわめて多様なものであるにもかかわらず、経験的な概念の一つの論理的な体系に適合したものであることが、目的に適っていると考えられるのである。

ところで自然はこうした論理的な合目的性しかわたしたちに示さないとしても、わたしたちはそのことについて自然を賞賛する理由を持っていることになるだろう。というのもわたしたちは普遍的な知性の法則によっては、こうした合目的性のいかなる根拠も示すことはできないからである。しかしこのように賞賛するというのは、超越論的な哲学者ではない人々には困難なことだろう。さらに超越論的な哲学者でさえ、このような合目的性が具体的に証明される特定の事例をあげることはできないのであり、ただ一般的にこの合目的性について考えなければならないのである。

第六節　それぞれ特殊な体系をなす自然の形式の合目的性について

E040　合目的性をみいだせない自然の事物

自然の経験的な法則を調べてみると、経験的な認識が一つの体系として存在することによって経験が可能となるように、自然が自ら種別化しているようにみえる。自然のこの形式にはある論理的な合目的性が含まれているのであり、これはある経験の全体における経験的な概念の連関が可能であるようにするために、自然が判断力の主観的な条件と合致しているということである。

しかしこのことはこうした論理的な合目的性が、自然のさまざまな産物における実在的な合目的性のために役立つことを推論させるものではなく、個々の事物をそれぞれの体系の形式で産出させるために、こうした論理的な合目的性が役立っていると推論できるわけではない。なぜならばこうした事物は直観においては、論理的な分類の一つの体系において他の経験的な法則と関連した経験的な法則にしたがってではあるが、依然としてたんなる集合として存在しうるだけである。ただしその際にそれらの事物が可能であるための条件として、本来それがそれぞれに可能であるように設定されている概念と想定する必要はないだろうし、それらの事物の根底に自然の合目的性が存在していると想定する必要もないはずである。

このようにしてわたしたちは、いかなる目的に適った形式もない土や岩石や鉱物などを、たんなる集合とみなすのである。これらの物質における内的な特性と、それぞれの可能性の認識根拠を調べてみるならばきわめて同族的なものであり、このような特性や認識根拠を使って経験的な法則によりながら自然の一つの体系における事物の類別化に役立つと考えることはできるが、それでもこうした特性や認識根拠は、これらの事物そのものにおける体系の形式を示してはいないのである。

E041　自然の形式の絶対的な合目的性

このためわたしは自然の形式の絶対的な合目的性とは、こうした自然の形式の可能性の根底に、わたしたちの判断力のうちにある形式の理念が置かれているような性質をそなえた外的な形態もしくは内的な構造であると考えている。合目的性というものは、偶然的なものそのものにおける合法則性だからである。

自然は多くのものの集合としての自然の産物にたいしては、機械的にたんなる自然として処理するのであるが、体系としての自然の産物にたいしては、たとえば結晶化、花のさまざまな形態、植物や動物の内的な構造などについては技巧的に、すなわち同時に技術として処理するのである。

自然の存在者をこのように判定する二つの区別は、反省的な判断力だけが行う区別であって、理性の原理にしたがった規定的な判断力が、客体そのものの可能性にかんして反省的な判断力に判定させることなく、すべてを機械的な認識様式に還元することで知りたいと思うような事柄を、反省的な判断力はごく容易に知ることができるのであり、そのように知らなければならないのである。というのも客観的な原理にしたがう理性が現象を説明する際には機械的に振る舞うが、同じ対象の判定の規則は、この対象についての反省の主観的な原理にしたがって技巧的に振る舞うのであり、この二つのことは十分に両立しうるからである。

E042　判断力の原理の拡張可能性

ところで自然の普遍的な法則の種別化における自然の合目的性という判断力の原理を拡張して、それ自体で目的に適った自然の形式の産出について推論することはできない。というのも経験的な法則にしたがう自然の体系を要請する根拠をもつのは判断力だけであって、このようにそれ自体で目的に適った自然の形式が存在しなくても、このような自然の体系が存立することは可能だからである。これらの自然の形式はもっぱら経験を通じて与えられなければならないのであるが、わたしたちは特殊な法則にしたがっている自然の根底に、合目的性の原理を置く根拠を持っているのであるから、経験によって自然の産物に目的に適った形式が存在していることが明らかになった際に、このように目的に適った形式が生まれる根拠を、自然が基づいていると思われる根拠と同じものであると考えることはあくまでも可能であり、許されていることである。

E043

自然の合目的性の原理の適用可能性

たとえこうした根拠そのものが超感性的なもののうちに潜んでいて、わたしたちが自然を洞察することのできる範囲のうちに含まれていないとしても、それでもわたしたちは、経験のうちにみいだされる自然の形式の合目的性を理解するために、自然の合目的性という一つの超越論的な原理を判断力のうちで利用できるようになったのである。この原理はそのような形式の可能性を説明するには不十分であるかもしれないが、少なくとも合目的性の概念のように、きわめて特殊な概念を自然とその合法則性に適用することができるのである。ただしこの特殊な概念はいかなる客観的な自然概念でもなく、人間の心のある能力と自然との主観的な関係からとりだしてきたにすぎないとしてもである。

第七節　自然の技巧という理念の根拠となる判断力の技巧について

E044　自然の技巧と自然の機構

すでに述べてきたように判断力によって初めて、機械的な自然の必然性のほかに、自然の合目的性というものを考えることができるようになったのであり、そのように考えることが必然的なものとなったのである。この合目的性という概念を前提にしなければ、経験的な法則にしたがう特殊な形式について全般的な類別化を行うことで、[自然を]体系的に統一することは不可能に違いない。

ここでさしあたり示されているのは、こうした合目的性の原理は自然の分類と種別化のための主観的な原理にすぎないものであって、自然の産物の形式についてはいかなる規定も示していないということである。そのためこうした合目的性はたんに概念のうちにとどまるだけであって、自然の客体についての理性使用のためには、経験における判断力の論理的使用の根底に、自然の経験的な法則にかんする自然の統一という格律を定めなければならなくなる。それでもこの特殊な種類の体系的な統一は、ある目的の表象にしたがった体系的な統一であって、これによっては自然のいかなる対象も、それぞれの形式でこの自然の表象に対応した産物として与えられることはないだろう。

わたしはここで、自然の産物を目的とみなし、そうした産物の形式に関する自然の原因性を、自然の技巧と名づけたいと思う。この自然の技巧は自然の機構と対立した概念であって、自然の機構そのものは、自然の合一の仕方の根底にいかなる概念が存在しない場合にも、多様なものが結合される際の自然の原因性において成り立つのである。そのことはたとえば、梃子《テコ》として使われる棒や斜面のように、何らかの事物を持ち上げるために使われるものを、〈機械《マシーネ》〉と呼ぶことはあっても〈技術作品《クンストヴェルク》〉と呼ばないのは、これらの事物が目指した目的の根底にいかなる理念がなくても、それらの事物が効果を発揮するためであることを考えてみれば理解できるであろう。これらの事物は目的のために使用されることはあっても、その目的のためだけに可能となったものではないのである。

E045　判断力の技巧

ここで何よりも最初に問わなければならないのは、自然の産物において、自然の技巧がどのように知覚されるかということである。合目的性という概念は経験を構成する概念ではないし、客体についての経験的な概念に属する現象のいかなる規定でもない。というのも合目的性という概念はカテゴリーではないからである。わたしたちが合目的性というものを知覚するのは判断力においてであり、しかも与えられた客体について判断力がたんに反省する場合にかぎられる。これはその客体の経験的な直観について反省し、この直観を何らかの概念にもたらす場合であっても（ここでその概念がどのような概念であるかは規定されていない）、経験概念そのものについて反省し、この概念が含む法則を共通の原理にもたらす場合であっても、同じく言えることである。このようにそもそも技巧的であるのは判断力なのである。自然が技巧的なものとして表象されるのは、自然が判断力のこうした手続きに合致し、こうした手続きを必然的なものとする場合にかぎられるのである。次節では、さまざまな表象の合目的性を内的に知覚することを可能にする反省的な判断力の概念が、どのようにして客体の表象にも適用されるかを示すつもりである。その際に客体はこの概念のもとに含まれているものと表象されている(注)。

E045n　**事物の究極的な目的**

(注)一般に言われるように、わたしたちは目的原因というものを事物のうちに〈投げ入れて〉考えるのであって、事物の知覚から目的原因を〈取り出す〉わけではない。

E046　**経験的な概念に必要な働き**

すなわちあらゆる経験的な概念には、自発的に活動する認識能力の次の三つの働きが必要となる。第一は直観において多様なものを把捉する働き《アプレヘンシオ》であり、第二はある客体の概念のうちで、この多様なものの意識を総括する総括的な統一《アペルケプティオ・コンプレヘンシウァ》の働きであり、第三はこの概念に対応する対象を直観において描き出す働き《エクスヒビティオ》である。第一の働きには構想力が必要であり、第二の働きには知性が必要であり、第三の働きには判断力が必要である。この判断力は、経験的な概念に適用される場合には規定的な判断力となろう。

E047　反省の営みに必要な条件

ただし何らかの知覚についてのたんなる反省の場合には、ある規定された概念を反省することが必要なのではなく、概念の能力である知性のために、知覚にかんする規則をあまねく反省することが必要なのである。そこでたんなる反省的な判断においては、構想力と知性が、これらの能力がある与えられた知覚の場合に現実に示している関係と対照させながら、これらの両者が判断力一般においてたがいに対立せざるをえない関係において考察されるのは明らかであろう。

E048 美的な反省判断とは

経験的な直観において与えられた客体の形式がそなえている性質が、構想力による客体の多様なものの把捉と、知性の概念（それがどのような概念であるかは規定されていない）による提示の働きが一致するようなものである場合には、たんなる反省において知性と構想力がたがいに自らの仕事を促進するために一致するようになり、それによってその対象がたんなる判断力にとっても目的に適ったものとして知覚されるようになるのであり、このようにしてこの合目的性は主観的なものとして考察されるのである。というのもそのためには客体についていかなる規定された概念も必要とされないし、それによって概念が生み出されることもなく、そのためこの判断そのものはいかなる認識判断でもないからである。このような判断は美的な反省判断と呼ばれる。

E049 自然目的と目的論的な判断とは

これにたいして経験的な概念と経験的な法則が自然のメカニズムにふさわしい形で

すでに与えられており、判断力が、こうした知性概念を、理性や、体系を可能にする理性の原理と比較した際に、その対象においてこうした形式がみいだされた場合には、合目的性は客観的に判定されているのであり、その事物は、それまでは無規定的で目的に適った自然形式としてしか判定されていなかったのであるから、それは自然目的と呼ばれる。また自然の客観的な合目的性にかんする判断は目的論的な判断と呼ばれる。

この判断は一つの認識判断ではあるが、それでも反省的な判断力による判断にすぎず、規定的な判断力による判断ではない。というのも一般に自然の技巧は、それが形式的であるか実在的であるかを問わず、いずれもわたしたちの判断力と事物との関係にすぎないものであり、自然の合目的性という概念はこの判断力のうちだけにみいだすことができるのである。このようにしてこの合目的性の理念は、そのような判断力との関係においてのみ、自然にそなわるものと考えられるのである。

第八節　判定能力の感性論について

E050 美的な表象様式という概念

美的《エステーティッシュ》な表象様式という表現は、それが現象としての対象の認識のために、そうした対象と表象の結びつきを意味するのであれば、曖昧なところはいささかもない。この場合には美的なものという表現はそのような表象に、主観がどのように触発されるかという感性の形式が必然的に付随しており、そのためこの感性の形式が客体へと、ただし現象としての客体へと不可避的に置き移されることを意味するからである。だからこそ超越論的な感性論《エステーティック》［美の理論］というものが、認識能力についての学として成立しえたのである。

しばらく前からある表象を感覚器官にかんするものという意味で美的《エステーティッシュ》な表象、すなわち感性的《ジンリヒ》な表象と呼ぶ習慣になっているが、この表現はある表象様式について、認識能力と表象との関係について理解するのではなく、快と不快の感情と表象の関係として理解するものとされているのである。

ところでわたしたちはこの感情を、適切な呼び名がないために、感性的とか感覚器官にかんするという呼び名に応じる形で、わたしたちの心の状態の変様を示す感覚《ジン》という言葉で呼ぶことが習慣になっている。しかしこの感覚は、その規定が対象の認識に使用される客観的な感覚ではない。というのはあるものを快の感情で直観するとか認識するということは、その客体と表象のたんなる結びつきではなく、主観の受容力の働きだからである。しかしこれは対象の認識についてはいささかも寄与しない。

感情のすべての規定はたんに主観的な意味しか持たないのであるから、認識能力の感性論《エステーティック》というものはあっても、感情の感性論《エステーティッシュ》というものは、哲学においては成立しない。このため美的《エステーティッシュ》な表象様式という表現においては、それが快と不快の感情を呼び起こすような表象様式と理解される場合には、あるいはそのうちにわたしたちが対象を現象としてのみ認識する感性的《ジンリヒ》な直観が含まれていると理解される場合には、それが認識能力とかかわるにすぎないような表象様式として理解されるかぎり、つねに曖昧さが残るのは避けられないことである。

E051　美的な判断という概念

ただしこの美的《エステーティッシュ》なという表現を、直観についても知性の表象についても利用せず、ただ判断力の働きだけについて使うならば、このような曖昧さを取り除くことができる。美的な判断という言葉を客観的な規定のために使用するのは、はなはだ矛盾したことであるために、このような表現を用いても誤解されることはない。たしかに直観は感性的《ジンリヒ》でありうるかもしれないが、判断作用は広義における知性だけに属するものであるから、美的《エステーティッシュ》にまたは感性的《ジンリヒ》に判断するということは、それが対象の認識になろうとするのであれば、知性の仕事のうちに感性が入り込むことになり、詐取の誤謬によって知性を誤った方向に進ませることになるのであって、それ自体が一つの矛盾なのである。

客観的な判断はつねに知性だけが下すものであり、そのかぎりで美的《エステーティッシュ》な判断と呼ぶことはできない。そこでわたしたちは認識能力の超越論的感性論においては、感性的《ジンリヒ》な直観を問題にすることはできたが、美的《エステーティッシュ》な直観を問題にすることはできなかったのである。というのは超越論的な感性論は、客体を規定する認識判断だけを考察するものであり、そのような判断はすべて論理的なものであらざるをえないからである。

このように客体に関する美的な判断という名称がすぐに暗示していることは、ある与えられた表象が客体と関係を持っているものの、この判断においてはその客体の規定ではなく、主観とその感情との規定が考えられているということである。というのも判断力においては、知性と構想力はたがいに対立した関係にあるものとして考察されるのであり、この関係は最初は客観的に、認識に属するものとして考察することができるが（これは［『純粋理性批判』において］判断力の超越論的な図式論で考察された）、こうした二つの認識能力の関係は、たんに主観的にも考察することができるのである。それは同一の表象において、片方の能力が他方の能力を促進するか阻害することによって、心の状態を触発する場合である。このような場合にはこの二つの認識能力の関係は、感覚可能な関係として考察することができるのであり、この関係は他のいかなる認識能力を単独に使用した場合にも発生しえないものなのである。ところでこの感覚は客体の感性的な表象ではないが、それでも判断力による知性概念の感性化と主観的に結びついたものであるため、判断力という能力の作用によって触発される主観の状態の感性的《ジンリヒ》な表象として、感性《ジンリヒカイト》に含めることができる。このような形で判断を美的《エステーティッシュ》な判断と名づけることができるが、これについてその規定根拠からみるのではなく、主観的な結果からみるならば、この判断は感性的《ジンリヒ》な判断とも名づけることができるのである。ただしこの判断作用は、客観的には上級の認識能力一般としての知性の働きであって、感性《ジンリヒカイト》の働きではないのである。

E052 規定的な判断と反省的な判断の違い

規定的な判断の述語は、与えられた客観的な概念であるから、あらゆる規定的な判断は論理的な判断である。ただし与えられた個々の対象についてのたんなる反省的な判断は美的な判断でありうる。それというのもこうした判断において、判断力がその対象と他の対象との比較を行おうとする以前に、与えられた直観にたいしてはいかなる概念も用意していないからである。またその判断力がそこでたんにその対象を把捉する際における構想力と、総じてある概念を描き出す際における知性とを比較対照しながら、二つの認識能力の関係を知覚する場合には、この関係は一般に判断力の客観的な使用のための主観的な条件、そしてたんに感覚可能な条件を作り出すのであり、この条件が、二つの能力の相互の一致を作り出す条件である。しかしまた美的な感覚器官の判断というものもありうる。それは判断の述語が認識能力にまったく属さないものであるために、客体についてのいかなる概念をも示しえない場合である。たとえば〈このワインはおいしい〉というような判断がその一例である。というのもこの述語は表象と快の感情との関係を直接に表現するものであり、その表象が認識能力と持つ関係を表現していないからである。

E053 美的な判断とは

このように美的な判断一般は、その述語が決して認識となりえず、すなわち客体についての概念となりえないような判断であると説明することができる（たとえ認識一般のための主観的な条件を含んでいるとしてもである）。こうした判断では、その規定根拠は感覚である。ところで決して客体についての概念になりえない感覚としては、快と不快の感情という感覚しかありえない。この感覚はたんに主観的な感覚であるにすぎないが、ほかのすべての感覚は認識のために使用することができるものである。

このように美的な判断とは、快と不快の感情と直接に結びついた感覚のうちに規定根拠を持っているような判断のことである。この感覚は、美的な感覚器官の判断において、対象の経験的な直観によって直接に生み出される感覚であるが、美的な反省判断においては、構想力と知性という判断力の二つの認識能力の調和的な戯れを主観のうちに生み出すような感覚であり、この感覚は、与えられた表象において片方の把捉能力と他方の提示能力が相互に促進し合うことによって生まれるものである。この場合にこれらの二つの能力のこのような関係によって、ある判断の規定根拠にほかならない感覚が、こうしたたんなる形式を通じて生み出されるのであり、そのためにこの判断は美的な判断と呼ばれ、概念なしの主観的な合目的性として、快の感情と結びついているのである。

E054　美的な判断と美的な感覚器官の判断

美的な感覚器官の判断は、実質的な合目的性を含んでいるが、美的な反省判断は形式的な合目的性を含むものである。ところで美的な感覚器官の判断は、認識能力とはいかなる関係も持たずに、感覚器官を通じて直接に快の感情と結びつくものであるから、判断力に特有な原理に根拠づけられている判断は、美的な反省判断だけであると考えるべきである。

すなわち与えられた表象にかんする反省が、その判断の規定根拠としての快の感情に先立って行われている場合には、その結果において主観的な合目的性が感覚される前から思考されているのであり、それによってこの美的な判断は、その限りにおいて、判断の原理からみて、上級の認識能力に、しかも判断力に属しているのである。そしてこの判断力の主観的ではあるが普遍的な条件のもとに、その対象の表象が包摂されるのである。

ところで判断のたんなる主観的な条件には、その判断の規定根拠についてのいかなる規定された概念も含めることができないために、この規定根拠は快の感情のうちにしか与えられないが、それでもこの美的な判断はつねに一つの反省判断にほかならないのである。

ところで美的な感覚器官の判断とは、判断力のうちで統合されて働く構想力と知性という二つの認識能力と、表象とのいかなる比較も前提としない判断のことである。この美的な感覚器官の判断も、判断力とその原理を媒介とせずに、ある与えられた表象を快の感情と結びつける。この美的な反省判断と美的な感覚器官の判断の違いを示す特徴については、本書の本論で示すことにするが、その判断が普遍的な妥当性と必然性を要求するかどうかによって、この二つは区別されるのである。

というのも美的な判断がこのような妥当性と必然性をそなえている場合には、その判断の規定根拠はたんに快と不快の感情のうちだけにあるのではなく、同時に上級の認識能力の規則のうちにも含まれているのである。この場合にこうした判断の規定根拠は主として判断力のうちに含まれていなければならない。そのため判断力は反省の条件についてはアプリオリに立法的なものであり、自律した能力であることを自ら証明するのである。

ただしこの自律は、自然の理論的な法則にかんする知性の自律とも、自由の実践的な法則における理性の自律とも異なり、客観的に、言い換えればさまざまな事物や可能な行為についての概念を通じて妥当するのではなく、たんに主観的に感情に基づく判断力にたいして妥当するにすぎない。それでも感情に基づくこの判断も、普遍的な妥当性を要求しうるものであるかぎり、その起源がアプリオリな原理に根拠づけられたものであることを証明しているのである。

あるいはこの立法を本来は、自己において自律した営みと名づけることができるかもしれない。というのも判断力が法則を与えるのは、自然にたいしてでも自由にたいしてでもなく、もっぱら自己自身にたいしてであり、さらにこうした判断力は、客体についての概念を生み出す能力ではなく、他の能力によって与えられた概念と、わたしたちの前に現前する事例とを比較し、このような結合の可能性の主観的な条件をアプリオリに指示する能力だからである。

E055　判断の分類

このようなことから理解されるのは、なぜ判断力がたんなる反省的な判断力として、判断の根底に置かれた客体の概念を持たずに自分だけで行う働きにおいては、自らの規則を意識しながら、与えられた表象をこの規則と結びつけるのではなく、反省を直接に感覚に結びつけるのかということである。そしてこのことは他のいかなる上級の認識能力も行わないことなのである。そしてこの場合に、感覚はおよそすべての感覚と同じようにつねに快と不快の感情を伴っているのである。

それがどうしてかというと、この規則そのものが主観的なものにすぎず、こうした規則との一致も、たんに主観との関係を表現するものにおいて認識されるにすぎないからであり、つまり判断の目印であり規定根拠でもある感覚についてだけ認識されるにすぎないからである。そのためにこそこの判断は、美的な判断と呼ばれるのである。このようにしてわたしたちのすべての判断は、上級の認識能力の秩序にしたがう形で、理論的な判断、美的な判断、実践的な判断に分類される。その際に美的な判断とは反省判断だけを意味するのであり、この反省判断だけが、上級の認識能力としての判断力の原理と結びつくのである。これにたいして美的な感覚器官の判断は、内的な感覚器官が感情である限り、この内的な感覚器官と表象との関係だけに直接かかわることができるのである。

注解

E056 完全性の表象と感性の関係

ここで必要なのは、快の感情は対象の完全性の感性的な表象であるという考え方を吟味してみることである。この考え方によると美的な感覚器官の判断と美的な反省判断はいずれも、つねに客体についての一つの認識判断とみなされることになる。というのは完全性というのは、対象についての何らかの概念を前提とした規定であって、そうであるとすれば対象に完全性を付与する判断は、その他の論理的な判断とはまったく区別されないものとなる。その判断がその他の論理的な判断と異なるとすればそれは人々が一般に呼んでいるように、その概念に付属している混乱によるものでしかなく、人々は僭越にもこれを感性と呼んでいるのである。そしてこのような混乱によっては判断の種類を分類することはできないのである。

このように考えるならば無数の知性判断だけでなく、理性判断さえも美的な判断と呼ばざるをえなくなってしまう。というのもこうした判断においては客体は、たとえば正義と不正についての判断のように、混乱した概念によって規定されているからである。そして何が正義であるかについての判明な概念を持っているのはきわめて少数の人々であり、哲学者のうちでも少数にすぎないからである（注）。

完全性についての感性的な表象という考え方は明白な矛盾であり、完全性を多様なものと一なるものとの調和として定義するならば、この調和はある概念によって表象されなければならない。それでなければ完全性と呼ぶことができないからである。

もしも快と不快の感情は、知性が自らの概念を意識せずにさまざまな事物を認識することによって生まれるのであり、わたしたちにはそうした認識がたんなる感覚のようにみえるだけであると主張するならば、このような快と不快の感情による事物の判定は、美的な判定あるいは感性的な判定と呼ぶのではなく、つねに知性的と呼ばなければならないだろう。そして感覚器官は根本的には判断する知性にほかならないものになってしまうだろう（たとえこの知性が自分自身の働きを十分に意識していないとしてもである）。そして感性的《エステーティシュ》な表象様式を、論理的な表象様式と種類において区別することができなくなるであろう。

そしてこの二つの表象様式の違いを明確に定めることはできなくなるため、このような名称の違いを使用することはできなくなるだろう。ここでは概念一般から区別された直観を感性的と認めないような、世界の事物についてのそのような神秘的な表象様式については語らないことにする。このような表象様式にあっては、直観する知性のほかには何も残らなくなるだろう。

E056n　程度の違いと種類における違い

（注）一般に次のように表現することができる。すなわちたんにある事物の度合いが増減することによって、そのつどその事物が別の質の事物に変化するのであれば、それらの事物は種類において違いはないとみなさなければならない。ところで概念の判明性と混乱を区別しようとするのであれば、その区別の基準になるのは、さまざまな特徴に向けられた注意力の大きさによって、それらの特徴をどのように意識するかという度合いなのである。この場合にはある表象様式を、他の表象様式から種類として異なるものとみなすことはできない。

ところが直観と概念はたがいに種類において異なるものである。これらの二つは、たとえ両者についての意識が、そして両者の特徴についての意識がどれほど増減しようとも、たがいに一方から他方へと移行することはないからである。たとえば〈正しい〉という概念による表象様式が、きわめて判明ではないものだとしても、この表象様式の起源は知性にあるのであり、直観の表象様式との種類における違いは明確なものであって、この二つの表象様式の違いが失われることはない。そして直観による表象が最大限に判明なものであったとしても、それを概念による表象様式に近づけることは決してできないのである。というのも直観による表象様式は、その起源を感性のうちに持っているからである。

また論理的な判明性は、感性的な判明性とはまったく異質なものとして区別されている。感性的な判明性は、たとえわたしたちがその対象を概念によって表象することがまったくないとしても、すなわちその表象が直観として感覚的なものであるとしても、やはり生まれるのである。

E057

自然の合目的性と自然の完全性

あるいは次のような疑問が提起されるかもしれない。すなわち自然の合目的性というわたしたちの概念は、完全性という概念が意味しているものと、まったく同じものではないだろうか。そして主観的な合目的性の経験的な意識というものは、そしてある種の対象における快の感情というものは、一部の人々がそのように説明できると考えているように、完全性の感性的な直観ではないのだろうか、と問われるかもしれない。

E058　存在論的な概念としての完全性

この疑問にたいしてわたしは次のように答える。完全性という概念は、多くのものが集まって一つのものを形成する場合に、一つのものにおいて多くのものが完全にそなわっていることを意味するものであって、一つの存在論的な概念である。この存在論的な概念は、合成されたものの総体性あるいは全体性の概念と同じものであり、快の感情や不快の感情とはいささかもかかわりのないものである。ここで多数のものが合成される際には、一つの集合のうちで多様なものが併存関係にあるか、あるいは同時に一つの系列のうちで、多様なものが根拠とその帰結として従属関係にあるかのいずれかである。そしてある事物における多様なものとその事物の概念を結びつける場合には、［一つの全体としての］その事物の完全性そのものは、まったく形式的なものにすぎない。

ただしあるものの同一の概念のもとでも、そのものには多くの完全性がありうるのであって、わたしがそもそもある一つの完全性を問題とする場合には、その事物についての概念がつねにその根底にあるのであって、一なるものと多様なものとの調和という存在論的な概念は、目的としてのこの事物の概念に適用されるのである。ただしこの目的は必ずしも、客体の現実存在についての快の感情を前提とするか、含んでいるような一つの実践的な目的である必要はない。この目的は技巧にも属することができるのであって、その場合にはその目的はたんにその事物の可能性にかかわるだけであって、そのものにおける多様なもののそれ自体においては偶然的な結合の合法則性を意味するのである。

一例を挙げるならば、六本の等しい長さの直線が一つの平面の上でまったく等しい角度を形成しながら交わるということは、まったくの偶然であるが、こうした六本の直線は、正六角形を可能にするために必然的な合目的性をそなえていると考えることもできる。なぜならばこのような合法則的な結合は、この結合を可能にする原理となるような概念を前提としているからである。

ところでそうした客観的な合目的性は自然の事物において、とくに有機的な存在者において観察されるものであるが、このような合目的性は客観的で実質的なものとして思考されるのであり、必然的に自然の目的という概念を帯びるのである（こうした目的は現実的な目的であるか、自然による目的と仮託されたものである）。わたしたちはこのような概念との関係において、さまざまな事物に完全性がそなわっていると考えるのである。その場合にこれらの事物に関する判断は目的論的な判断と呼ばれるが、そこには快の感情はいささかも存在していない。そのことはたんなる因果関係の結合についての判断においては、快の感情が求められることは決してないのと同じである。

E059　事物の完全性を認識する能力

そのため客観的な合目的性としての完全性の概念は一般に、快の感情とはまったくかかわりがなく、また快の感情はこうした完全性の概念とはまったくかかわりがない。客観的な合目的性としての完全性を判定するためには、その客体についての概念が必要であるが、快による判定を行うにはこうした概念はまったく不要であって、たんに経験的な直観だけで判定を下すことができる。これとは逆にある客体の主観的な合目的性の表象は、そのために目的連関の抽象的な概念をいささかも必要とせずに、快の感情と同じものでありうるのである。

このため主観的な合目的性と客観的な合目的性のあいだには、きわめて大きな断裂が存在している。というのも主観的に目的に適っているものが、同じく客観的にも目的に適っているかどうかを確認するためには、実践哲学についての研究だけではなく、自然の技巧にせよ技術の技巧にせよ、技巧についても一般に広範な研究が必要となるからである。言い換えればある事物に完全性をみいだすためには理性が必要であり、快適さをみいだすためにはたんなる感覚器官が必要であるが、ある事物において美をみいだすためには、一切の概念なしで、与えられた表象についてのたんなる反省があればよいのである。

E060 美的な反省能力は何をどう判断するか

このように美的な反省能力は、その対象の完全性についてではなく、主観的な合目的性についてだけ判断する。その際に問題となるのは、その対象について感覚された快と不快の感情を媒介としてだけ判断するのか、それとも快と不快の感情についても判断するのかであり、その判断において、対象の表象と快と不快の感情が結びついていなければならないことも同時に規定するのかということである。

E061　美的な判断は普遍性と必然性を伴うか

すでに述べたようにこの問題は、ここではまだ十分には解決されない。この種の判断がアプリオリな規定根拠から導かれたことを保証するような普遍性と必然性が、こうした判断に伴っているかどうかについては、本文において考察することによって初めて明らかになるだろう。

このように判断に普遍性と必然性が伴っている場合には、こうした判断はたしかに快と不快の感覚を媒介としてではあっても、それと同時に「この感覚についても何かを規定するのであり、」認識能力を通じて、とくに判断力を通じて、この感覚と与えられた表象とを結びつける規則の普遍性についても、アプリオリに何かを規定することになるだろう。これとは逆に、美的な感覚器官の判断の場合にみられるように（こうした判断は認識判断でも反省判断でもない）、この判断が認識原理の媒介なしに、表象と感情の関係しか含んでいない場合には、あらゆる美的な判断はたんなる経験的な部門に属することになるだろう。

E062 美的な反省判断における合目的性

ここではなおさしあたり次のことを、すなわち認識から快と不快の感情に向けては、対象の概念によるいかなる移行も生じないということを指摘しておこう（ただしこうした概念が快と不快の感情に関係しているかぎりにおいてであるが）。ということは、与えられた表象が心に及ぼす影響をアプリオリに規定することができると期待してはならないということである。以前に『実践理性批判』において、意欲の普遍的な合法則性の表象は、わたしたちの道徳的な判断のうちにアプリオリに含まれている法則であって、それは同時に意志を規定するのであり、それによって尊敬の感情を呼び起こすものでなければならないと述べた。その際にはこのような期待を抱くことが許されたのであるが、それでもわたしたちは概念からこうした感情を導き出すことができなかったのである。

それと同じように美的な反省判断を分析してみると、客体の形式的ではあるが主観的な合目的性という概念がこの判断に含まれていることが明らかになるのであり、この概念はアプリオリな原理に基づいているものであった。この合目的性の概念は根本においては快の感情と同じものであるが、いかなる概念からも導き出すことはできないのである。ただし表象力がある対象についての反省において心を触発する場合には、この表象力は、こうした概念の可能性一般にかかわるものとなるのである。

E063　快の感情の働きとその解明

この感情が感覚器官における感覚に伴うのか、それとも反省に伴うのか、あるいは意志の規定に伴うのかという区別を無視して、一般的な形で考察したこの感情についての説明は、超越論的なものでなければならない（注）。

この説明は次のように表現されることになるだろう。快は、ある表象がそのうちで自分自身と調和している心の状態であるが、この感情は、こうした状態をたんに保持するための根拠として働くか（なぜならばある表象においてたがいに促進しあう心の力の状態は、自分自身を保持するものだからである）、それともこうした表象の客体を生み出す根拠として働くかのいずれかである。

第一の場合には、与えられた表象についての判断は、美的な反省判断である。しかし第二の場合には、この判断は美的かつ感受的《エステーティッシュ・パトローギッシュ》な判断であるか、それとも美的かつ実践的《エステーティッシュ・プラクティッシュ》な判断である。

このことからすぐに明らかになるように快と不快の感情は認識様式ではないため、それ自身だけでは解明することはできない。それについては洞察することではなく、感じることが求められるのである。したがって快と不快の感情は、ある表象がこの感情を媒介として心の能力の活動に及ぼす影響を通じて、どうにか解明しうるだけである。

E063n

欲求と願望

（注）もしも経験的な原理として使用している概念について、その概念がアプリオリな純粋認識能力と親近性があると推論すべき理由がある場合には、超越論的な定義を

試みるのは有益なことである。これは数学者の手続きとよく似ている。数学者は問題を解決する際に、その問題についての経験的な所与は無規定のままにしておいて、そうした所与のたんなる総合にたいして、純粋算術の数式を適用することによって、問題の解決をごくたやすくするのである。

欲求能力についてのこのような解明を行った際には（『実践理性批判』の序の一六ページを参照されたい[10]）、わたしに非難が加えられた。こうした非難の根拠は、欲求能力を定義しようとして、自らの表象によってこの表象の対象の現実性の原因である能力とすることは認められないということにあった。というのもたんなる願望もまた欲求の一つであるが、このような願望によっては客体を生み出すことができないことは、誰もが自ら弁えていることであるというわけである。

しかしこの非難の言葉が証明しているのは、欲求能力が自己矛盾しているような場合についての欲求能力の規定もありうるということにすぎない。これは経験的な心理学にとっては奇妙な現象であろう。それは論理学にとっては、偏見が知性に及ぼす影響が注目に値するのと同じである。しかしこの現象は、客観的に考察された欲求能力の定義にたいして影響を及ぼしてはならないのである。こうした定義においては、何らかの要素によってその規定が歪められない状態において、欲求能力とはそれ自体で何であるかを規定することを目指すものだからである。

実際に人間は、自分ではそのことを達成できないと確信していたり、それは絶対に不可能であると確信していることであっても、きわめて生き生きとしかも執拗に欲求することがありうる。たとえばすでに生じてしまったことを生じなかったものとしたいという願望とか、自分にとって厭《いと》わしい時間がもっと早く過ぎ去ってほしいと激しく望む願望などである。

しばしば小説によって、超人間的な完全性とか狂信的な浄福とか、これと類似した神秘的な表象によって空虚な空想的な欲求が強められることがあるが、こうしたことに厳しく警戒することは、道徳にとっても重要なことである。このような空虚な欲望や憧憬は、心を膨らませたり萎えさせたりするものであって、やがては心の能力を消耗させて心を衰えさせる結果をもたらす。このようなプロセスは、こうした力が自らの客体を実現するために繰り返し表象によって緊張させられるとともに、心が自らの無力を意識する状態に連れ戻されることも多いことを、明らかにしているのである。

実際になぜ自然がわたしたちのうちに、空虚な願望や憧憬のような不毛な力を消費するような素質を作っておいたのかということは、人間学にとっても重要な研究課題である。こうしたものが、人間生活において大きな役割を果たしているのはたしかなのである。わたしにはほかのあらゆる事柄と同じように、自然はこれについても賢明な措置をとったのだと思われる。

というのもわたしたちの能力が客体を産出するのに十分なものであることを確認するまでは、客体の表象が与えられても力を使う気にならないとすれば、こうした力を使うことはほとんどなくなると思われるからである。わたしたちは自分の力を示すことによってしか、その力を知ることができないものなのである。だからこそ自然は、わたしたちが自分の能力を知る以前に、客体の表象と力の使用とを結びつけておいたのである。このようにして、心にとってすら最初は空虚な願望と思われた努力によって、わたしたちの能力が初めて生み出されたのである。ところで知恵は、このような本能を制限することを課題として求められているが、それでも知恵にとってはこの本能を根絶することはできないのであり、知恵はそのことを要求することさえないだろう。

第九節　目的論的な判定について

E064

自然の形式的な技巧と実在的な技巧

わたしは自然の形式的な技巧という用語によって、直観における自然の合目的性ということを考えており、さらに自然の実在的な技巧という用語によって、概念にしたがった自然の合目的性ということを考えている。

第一の自然の形式的な技巧は、判断力のために目的に適った形態を、すなわち形式を与えるのであり、この形式の表象において構想力と知性とが、ある概念の可能性のためにたがいにおのずから合致し合うのである。第二の自然の実在的な技巧とは、自然目的としてのさまざまな事物の概念のことである。すなわちそのものの内的な可能性が何らかの目的を前提とし、したがってそれらを産出する原因性の根底に条件として存在する概念を前提するような、自然目的としての事物の概念のことである。

E065 目的の概念について

判断力は直観の目的に適った形式をアプリオリに自らに提示し、構成することができるが、そのためには判断力がそのような形式を把捉するために、それらの形式がある概念の提示に適したものであるように考え出す必要がある。ところで目的とは、その結果として生まれる対象の原因性の条件とみなされる表象であるが、判断力がこれらの対象と合致するために多様なものの条件にかかわりあう前から、こうした目的がどこからか判断力に与えられていなければならない。このような目的が自然目的であるならば、ある種の自然の事物は、あたかもある原因の産物であるかのごとくであって、すなわちその原因の原因性が客体の表象だけによって規定されうるものであるような原因の産物であるとみなすことができなければならない。しかしわたしたちはさまざまな事物がどのようにして、またどのように多様な形で、そうした原因によって可能となるかをアプリオリに規定することはできない。それを規定するためには経験的な法則が必要なのである。

E066 目的論的な判断とは

自然の事物における合目的性が、自然目的としての事物の可能性の根拠とみなされる場合には、この合目的性についての判断は、目的論的な判断と呼ばれる。ところで美的な判断それ自身はアプリオリに可能なものではないが、それでも体系としての経験という必然的な理念のうちに、アプリオリな原理が含まれているのであり、さらにこの原理にはわたしたちの判断力にたいする自然の形式的な合目的性という概念が含まれているのである。このようにして美的な反省判断が、アプリオリな原理に基づいた判断として可能であることが、アプリオリに明らかになるのである。

自然はその超越論的な法則にかんして、必然的にわたしたちの知性と合致するだけではなく、経験的な法則にかんしては判断力と合致し、さらに構想力による自然の形式の経験的な把捉において、それらの法則を提示する判断力の能力とも合致するのである。たしかにこの合致は経験が可能となるために必要なものであるが、それでも自然の形式的な合目的性は、判断力との合致にかんしては必然的であることが証明されるのである。

しかしまた自然は目的論的な判定の客体としては、理性が自ら目的について定める概念にしたがって、自然の原因性によって理性とも合致すると考えねばならない。これは判断力にたいしてのみ期待できることよりも、より多くのことを要求するものであって、判断力はたしかに直観の形式にたいしては自らに固有のアプリオリな原理を含むことができるが、さまざまな事物の産出にかんする概念にたいしては、そのような原理を含むことができないのである。

このように実在的な自然目的という概念は、判断力をただそれだけのものとして捉えた場合には、判断力の領域を完全に超え出ているのである。判断力を孤立させて一つの認識能力と考えるならば、判断力は構想力と知性という二つの能力だけが、あらゆる概念に先立って表象のうちでたがいに関係しあっていることを観察するのであり、それにより構想力による対象の把捉において、これらの二つの認識能力にたいして対象が主観的な合目的性をそなえていることを知覚する。

これにたいして自然目的としてのさまざまな事物の目的論的な合目的性は、概念を通じてしか表象することができないものであるため、さまざまな事物を自然の目的として表象するためには、判断力が知性を理性と関連づけなければならない。経験一般のためには理性は必要とされないのである。

E067 形象的な合目的性と形象的な技巧

自然の形式についての美的な判定においては、対象についての概念を根底に置かなくても、直観のたんなる経験的な把捉において、すなわちたんに判断力の主観的な条件との関係において、判断しようとする自然の対象が目的に適ったものであると判定することができた。このような美的な判定は、客体についてのいかなる概念も必要とせず、そのような概念を生み出すこともなかったのである。

こうした美的な判定は、客観的な判断においてこうした対象を自然目的であると言明したのではなく、主観的な関係において、こうした対象が表象能力にとって目的に適ったものであると言明しただけである。そこで形式のこのような合目的性は形象的な合目的性と呼ぶことができるのであり、それと同じように形式に関する自然の技巧もまた形象的な技巧（テクニカ・スペキオサ）と呼ぶことができるのである。

E068 自然の有機的な技巧

これに反して目的論的な判断は、客体についての概念を前提とするものであり、原因と結果の結びつきの法則にしたがって、その客体の可能性を判断するのである。したがって自然のこうした技巧は造形的な（プラスティッシュ）技巧と呼ぶことができるだろう。ただしこの造形的という言葉は、もっとも一般的な意味で、自然の意図だけではなく自然美についても広く用いられることがあるため、不適切なものとなることがある。そこでこうした自然の技巧を、自然の有機的な（オルガーニッシュ）技巧と呼ぶことができるだろう。その場合にこの表現はたんに表象様式に対する合目的性だけではなく、事物そのものの可能性にたいする合目的性の概念も示すことになる。

E069 自然における目的原因の概念の役割

しかし本節での考察にとってもっとも本質的で重要なことは、次のことが証明されたことであろう。すなわち自然の目的原因の概念は、自然の目的論的な判定を、普遍的で機械的な法則にしたがった判定から区別するのであるが、こうした目的原因の概念は、たんに判断力に属する概念であって、知性や理性に属する概念ではないことが証明されたのである。

言い換えれば自然目的という概念を客観的な意味で自然の意図を意味するものとしても使うことができるが、このような使用は理性の働きによるものであって、経験にはまったく基づいていないのである。経験はたしかに目的を示すことができるが、この目的が同時に自然の意図であることは何によっても示すことができないのである。そこで経験において目的論に属すると考えられるのは、経験の対象と判断力との関係を含んでいるものだけであり、しかも判断力がそれを通じて自然にとってではなく自己自身にとって立法的であるような、すなわち反省的な判断力として立法的であるような判断力の原則と経験の対象との関係を含んでいるのである。

E070　自然目的や合目的性の概念の問題

目的とか合目的性という概念は、もしも客体の可能性の根拠が理性にあると考えるのであれば、理性の概念ということができるだろう。しかし自然の合目的性という概念や、自然目的である事物という概念は、原因としての理性をこうした事物と関連づけるものであるとしても、わたしたちはこの関係においては理性が、いかなる経験によってもそれらの事物の可能性の根拠であることを認識することはない。というのはわたしたちが客体についての理性の原因性を意識できるのは、技術の産物においてだけであるからである。このようにして技術の産物は目的に適ったものであるとか、目的であると呼ばれるのであり、そのことからすれば技術の産物については、理性を技巧的と名づけることは、わたしたち自身の能力の原因性にかんしてわたしたちがもっている経験に適合するものである。

しかし自然を理性と同じように技巧的なものとして表象することは、そしてこのようにして自然そのものに合目的性をみいだし、さらに目的さえ付与する場合、自然は一つの特殊な概念であり、わたしたちはそのような概念を経験のうちにみいだすことはできない。ただ判断力だけが、こうした概念を対象についての自らの反省のうちに導き入れるのである。それはこの概念の指示にしたがって、特殊な法則にしたがった経験を、すなわち一つの体系の可能性に関わる特殊な法則にしたがった経験をするためである。

E071 自然の合目的性の二つの概念

すなわち自然のあらゆる合目的性は、自然的な合目的性であるか（自発的な自然の目的形式《フォルマ・フィナリス・ナトゥラエ・スポンタネア》）、それとも意図的な（インテンティオナリス）合目的性であるかのいずれかである。たんなる経験は、自然的な合目的性の表象様式を正当化するにすぎない。意図的な合目的性という表象様式は、仮説に基づいた説明のための表象様式であって、これは自然目的としての事物という最初の概念につけ加えられた説明方法である。

自然目的としての事物についての自然的な合目的性という第一の概念は、根源的には反省的な判断力に、ただし美的な判断力ではなく、論理的で反省的な判断力に属するものであるが、意図的な合目的性という第二の概念は、規定的な判断力に属するものである。自然の合目的性という概念のためにはたしかに理性も必要とされるが、それはたんに原理にしたがってなされるべき経験のためであり、そのため理性の内在的な使用のために必要とされるのである。これに対して意図的な合目的性の概念のためには、超絶的なものへと飛躍する超越的な使用における理性が必要とされるのである。

E072 目的の概念が必要とされる自然の産物

わたしたちは自分の能力がおよぶ限りで、自然を経験のうちで、たんに機械的な自然法則にしたがった自然の因果結合のもとで探求するよう努力することができるし、努力すべきである。というのもこうした法則のうちにこそ自然を解明するための真の物理的な根拠が存在するのであり、こうした自然を解明するための根拠の連関が、理性による学問的な自然についての知識を形成するからである。

ところがわたしたちは自然の産物のうちに、きわめて広い範囲にわたって、特殊な種類の産物が存在していることをみいだすのであり、わたしたちがそれらの内的な可能性に適合した原理にしたがって観察しようと試みると、すなわちそれらを経験しようとすると、目的の概念を根底に置かざるをえないような作用原因の結びつきがそこに含まれていることをみいだすのである。

もしもわたしたちがこれらの産物の形式と、こうした形式の可能性を、たんに機械的な法則にしたがって判定しようとするのであれば（なおこのような機械的な法則においては、結果の理念が結果の原因の可能性の根拠とされるのではなく、その逆が必要とされるのである）、これらの自然の事物のその〈種〉に特殊な形式について、そして原因としてのこれらの事物の内的な素質から結果にいたるまでわたしたちがたどることができるような経験概念を手に入れることはまったく不可能である。というのもこうした自然のメカニズムのさまざまな部分は、それぞれが独立してこのメカニズムの可能性の根拠を作り出しているわけではなく、すべてがともになって共通するような根拠を作り出しているだけで、たんにこうしたメカニズムにおいて確認できる結果の原因にすぎないからである。

ところで全体がそれを構成する部分の原因性の可能性の原因であるということは、自然的で機械的な原因の本性にまったく反したことである。そうではなく全体の可能性を、それを構成する部分によって把握しなければならないのであり、そのためにはこうした部分が前もって与えられていなければならない。ところでさまざまな部分の可能性に先立つ全体の特殊な表象というものはたんなる理念であって、こうした理念が原因性の根拠とみなされる場合には、こうした理念は目的と呼ばれるのである。これによって次のことが明確になる。すなわち自然のうちにこのように全体が部分に先立つような産物が存在する場合に、わたしたちがこれらの産物について、その形式と原因性を目的の原理にしたがって規定されたものとして表象しないかぎり、このような産物の性質やその性質の原因を、経験だけにおいて探求することは不可能であること、ましてやそれらを理性によって解明することはまったく不可能であることは明らかである。

E073 自然の産物における目的概念の適用の実例

そのような場合には、自然の客観的な合目的性という概念は、たんに客体について反省するために役立つにすぎず、目的の概念によって客体を規定するためには役立たないということは明らかであり、さらに自然の産物の内的な可能性についての目的論的な判断はたんに反省的な判断であって、規定的な判断ではないことも明らかである。たとえば眼の水晶体が、光線の二度目の屈折によって、ある点から発する光線を、ふたたび眼の網膜上の一点に結ばせるようにする目的を持つと語った場合には、それの意味することは次のことにすぎない。すなわち自然が眼を作り出すにあたって果たした自然の原因性において目的の表象が考えられるのは、上述の水晶体という部分にかんして、眼についての探求を導くために、このような目的という理念が原理として役立つからであり、さらにこの探求の成果を獲得するために考え出すことのできる手段を案出するための原理としても役立つからにすぎないのである。

しかしそれによっても自然にたいしては、目的の表象にしたがう原因が、すなわち意図的に作用する原因が与えられたわけではない。それが与えられたとすると、こうした判断は自然の限界を超えた原因性を発動しているとみなすことになり、その場合にはその判断は、目的論的に規定的な判断として、超越的な判断とみなされることになろう。

E074　自然目的という概念の役割

このため自然目的という概念は、反省的な判断力が、経験の対象における因果結合を追究するという自らの必要のために用いる概念にすぎないのである。ある種の自然の形式の内的な可能性を解明する目的論的な原理を定めた場合には、こうした形式の合目的性が意図的なものであるか、それとも意図しないものであるかは規定されないままである。この合目的性がそのどちらであるかを主張するような判断は、もはや反省的な判断ではなく規定的な判断になるだろう。そして自然目的という概念も、もはや内在的で経験的な使用のためのたんなる判断力の概念ではなくなり、自然にかんして想定された意図的に作用する原因についての理性の概念と結びついたものとなるだろう。そしてこの理性概念の使用は、肯定的な判断を下した場合にも、否定的な判断を下した場合にも、どちらも超越的な使用とみなされるのである。

第一〇節　技巧的な判断力の原理の探求

E075

発生する出来事についての説明方法

生起する事柄について、たんにその説明根拠をみいだそうとするのであれば、経験的な原理を説明根拠とするか、アプリオリな原理を説明根拠とするか、この両方が組み合わされたものを説明原理とするかのいずれかである。この組み合わせの実例としてはたとえば物体界の出来事について、物理的で機械的な解明を行う場合がある。このような解明では普遍的で合理的な自然科学の原理とともに、経験的な運動法則を含む自然科学の原理を併用することになる。

これと同じようなことはわたしたちの心のうちで発生する事柄について、心理学的な説明根拠をみいだそうとする場合にもみられる。ただしこの場合にはわたしの知る限りでは、解明根拠に使われる原理はすべて経験的なものであって、ただ一つ例外となるのは、あらゆる変化の恒常性という原理だけである。この原理が使われるのは、ただ一つの次元しか持たない時間が、内的な直観の形式的な条件だからである。この原理はさまざまな知覚の根底にアプリオリな形で存在しているものの、解明の目的にはほとんど役に立たない。というのも普遍的な時間論は、純粋な空間論である幾何学とは異なり、ある全体的な学問のために、十分な素材を提供するものではないからである。

E076 心理学の課題と欠陥

このためわたしたちが解明しようとする問題が、〈趣味と呼ばれるものがどのようにして人間のうちに初めて現れたのか〉という問題であったり、〈特定の対象がどのようにして他の対象よりも趣味の関心をとくに惹きつけて、地域や社会のさまざまな事情のもとで、美についての判断をもたらしたのか〉というような問題であったり、あるいは〈趣味はいかなる原因によって贅沢にまで拡大してしまうのか〉という問題であったりするならば、このような問題を解明するための原理は、多くは心理学のうちに求めなければならなくなるだろう。ここで心理学とは、つねに経験的な心理学のことを意味している。

このようにして倫理学者たちは心理学者たちに、次のような現象について解明することを求めるのである。すなわち本来であれば安楽な暮らしのために、あるいはその他のあらゆる意図のために必要な手段にすぎないものをたんに所有することに絶対的な価値を置き、しかもその手段を決して使用しないことを決意している〈吝嗇〉という奇妙な現象について、あるいは名誉というものはたんなる名声にすぎないとみなして、こうしたたんなる名声だけを求めようとする意図しか持たない〈名誉欲〉という現象について、説明を求めるのである。倫理学者たちがこのような説明を求めるのは、こうした説明に合わせて自分たちの道徳的な準則を定めることができるのではないかと考えるからである。というのもこういう準則は倫理的な法則そのものによって定められるものではなく、倫理的な法則がおよぼす影響を妨害する障害物を取り除くために定められる準則だからなのである。

ただしこの場合に認めなければならないのは、物理学的な解明と比較すると心理学的な解明は内容がきわめて乏しいものであり、あくまでも仮説的なものにすぎないということ、そしてすでに述べた三つの異なる種類の説明根拠のほかに、ごく簡単に第四の見掛けだけの解明根拠を作り出すことができるだけであるということである。このように、多数の自称の心理学者たちは、演劇や詩的なイメージによって、あるいは自然の対象によって呼び覚ますことのできる心のあらゆる情感や感動の原因を提示することができると主張しながら、こうした機知に富んだ解明を哲学と自称するようになるのである。

しかし哲学とは、物体界においてきわめてありふれたものである自然の出来事を学問的に解明することを目指す営みである。ところが自称心理学者たちはこのような知識をまったく持っていないだけではなく、おそらくそのために求められる能力すら示せないのである。

このように経験的な心理学の本来の唯一の任務は、バークが美と崇高に関する著作で行ったように、心理学的に観察すること、そして将来において体系的に構築されるべき経験的な規則に必要な素材を、そうした規則を把握しようとせずに、ただ寄せ集めることだけであろう。しかしこのような学問がいつか哲学的な学問としての地位を要求できるようになるのは、困難なことであろう。

E077　必然性を主張する判断の問題

ここで、ある判断が自ら普遍的で妥当なものであると自称し、自らの主張が必然的なものであると唱えるとしよう。そしてそのように主張された必然性が客体についてのアプリオリな概念に基づいているものであるか、あるいはそうした主張の根底にアプリオリに存在している概念にたいする主観的な条件に基づいているものであるかを問わず、その判断が必然的なものであるという要求を認めたとしよう。その場合には、そうした要求を正当化するために、その判断の起源となる心理学的な解明に依拠するのは、不合理なことであろう。こうした要求は自らの意図に反したものとならざるをえないし、そのようにして試みられた解明が完全に成功したとしても、それによって証明されるのは、そうした判断は経験的な起源のものと明示されるため、その判断は決して必然性を要求できないはずであるということだけである。

E078　必然性を要求する主張の根拠について

ところで美的な反省判断こそは、まさにこのような種類の判断である。わたしたちはこの判断をいずれ趣味判断と名づけて分析するつもりである。美的な反省判断は必然性を要求するが、誰もが実際にそのように〈判断する〉と主張するのではなく（その場合にはこの判断は経験的な心理学が解明すべき課題となろう）、人々がそのように判断すべきであると主張するのであって、これはその判断がそれだけでアプリオリな原理を持っていると主張することになる。

もしもこの判断のうちにこのような原理との関係が含まれていないのであれば、この原理はアプリオリな原理として、必然性を要求するものであるから、次のように想定しなければならなくなる。すなわちある判断が普遍的に妥当すべきであると主張することができるのは、観察によって示されるように、この判断が実際に普遍的に妥当しているという理由からであり、逆に言えば、誰もがある仕方で判断しているという事実から、すべての人がそのように判断するべきであるということが帰結される。しかしこれは明らかに不合理なことである。

E079　美的な反省判断の難問

美的な反省判断においては、次のような困難な問題がある。こうした判断はまったく概念によって根拠づけることができないものであり、どのような一定の原理からも導き出すことができない。それでなければこの判断は論理的な判断になってしまうだろう。ところが合目的性についての主観的な表象は、決して目的の概念であってはならないのである。ところが判断が必然性を要求する際には、アプリオリな原理との関係が生じる可能性があるし、生じなければならない。だからここで問題になるのはこうした判断における必然性の要求と、その要求の可能性についてである。

それでもこの問題によって理性批判は、無規定ではあるがそうした判断の根底に存在している原理そのものについて考察することを促されるのである。理性批判がこれに成功するならば、こうした原理を発見することができるだろうし、この原理によって客体についての規定された概念を与えることができないとしても、こうした原理を、このような判断の根底に主観的にアプリオリな形で存在している原理であるとして、承認することができるだろう。

＊　＊　＊

E080

目的論的な判断とアプリオリな原理

さらに目的論的な判断というものは、アプリオリな原理に基づいた判断であり、このような原理がなければ、こうした判断を下すことはできないことも認めなければならない――たとえわたしたちがこの種の判断において、経験によって初めて自然の目的をみいだすことができ、経験がなければこのような事物が可能であることすら認識できないとしてもである。つまり目的論的な判断は、たとえこの種の判断によってある種の自然の産物の可能性の根底に置かれた目的について規定された概念を、客体の表象と結びつけるとしても（美的な判断ではこのようなことは生じないのである）、それでもやはり目的論的な判断は、美的な判断と同じように反省判断にすぎないのである。

わたしたちにはこの客観的な目的性において自然が、あるいは自然を通じて別の存在者が、実際に意図的にふるまっていると僭越にも主張することはできない。さらにこの合目的性やその原因において、目的についての思考が原因性を規定していると主張することもできない。わたしたちに主張できるのは、自然の機械的な法則を利用する際には、この原因と結果の結びつきとの類比によらなければならないということである。それはこうした客体の可能性を認識して、こうした客体についての概念を獲得するためである。こうした概念こそが機械的な法則に、体系的に企てられるべき経験において、［自然の客観的な法則における］何らかの関連性を与えることができるのである。

E081

目的論的な判断による判定

目的論的な判断においては、ある自然の産物についての概念を、それが何であるかということと、それが何であるべく定められているかということを比較する。この判断では自然の産物の可能性について判定する際に、その根底にそれに先立ってアプリオリに存在する目的という概念を想定しているのである。

技術的な産物であれば、このようにしてこうした可能性について考えるのは困難なことではない。しかしある自然の産物が何であるべきかがすでに定められていたと考えることは、そしてそのように定められたことと比較して現実にそうなっているかどうかを判定することは、すでに何らかの原理を前提として含んでいるのであって、この原理を経験から引き出すことはできなかったのである。というのも経験はこの場合に、こうした事物が何であるかを教えるだけだからである。

E082 目的論的な判断の原理

わたしたちには眼がそなわっていることによって、何かをみることができるということを直接に経験する。それと同時にこの眼の可能な使用の条件を含む眼の外部構造や内部構造を直接に経験し、機械的な法則にしたがった原因性をそこで直接に経験するのである。

あるいはわたしたちは石を使ってその上で何かを砕いたり、その上に家屋を建築したりすることができるが、これらの結果もまた目的としてその原因に関係づけることができる。しかしだからといってわたしは、そもそも石というものは家屋を建築するのに役立つべく定められていたと、主張することはできないのである。

ただし眼の場合にはわたしは、眼という器官はわたしたちが〈見る〉ために役立つべく定められていたと判断する。たとえわたしたちの眼の形状や、眼のすべての部分の性質や組成が、たんに機械的な自然の法則にしたがって判定される際に、それらがわたしたちの判断力にとってまったく偶然なものであるとしても、それでもわたしは眼の形式や構造において、眼がこのような形で形成されているのは必然的なものであると考えるし、眼という器官が形成されるための原因に先行するある概念にしたがった必然性がそなわっていると考える。すでに述べた石の場合とは違って、わたしにとってはいかなる機械的な自然法則によっても、眼というこの自然の産物の可能性を把握することはできないのである。

ところでこの〈そうであるべく定められている〉ということは、ある必然性を含んでいる。この必然性は、その事物についての先行する理念がない状態でも作用する原因の法則にしたがう事物が、それにしたがうことによって可能となる物理的で機械的な必然性とは明確に異なるものである。また美的な判断の必然性が心理学的な法則によって規定できないのと同じように、眼にそなわるこうした必然性は、経験的な物理的な法則によって規定することはできない。判断力が反省的な判断力であるかぎり、この判断力にはアプリオリな固有の原理が必要なのである。目的論的な判断はこの原理に基づいて行われるのであり、またこの原理によって自らの妥当性と制限について規定されなければならないのである。

E083

自然の合目的性の判断についての批判

このように自然の合目的性についてのあらゆる判断は、美的な判断であろうと目的論的な判断であろうと、すべてアプリオリな原理のもとにあり、この原理は判断力に特有で、判断力だけに属するものでなければならない。というのもこれらの判断はたんに反省的な判断であり、規定的な判断ではないからである。

また同じ理由からこれらの判断は、ごく広義に理解した純粋理性の批判のもとに属するものであるが、美的な判断よりも目的論的な判断のほうが、はるかにこの純粋理性の批判を必要とする。というのも目的論的な判断を放任したままにしておくならば、理性が誘惑されて超絶的なものに没頭するような推理を行いかねないからである。これにたいして美的な判断について面倒な探求が必要となるのは、これらの判断が自らの原理によってもっぱら経験的なものだけに制限するようになってしまい、あらゆる人にたいして必然的なものとして妥当するべきであるという自らの要求を、放棄してしまうことがないようにするためである。

第一一節　純粋理性批判の体系のうちに判断力批判を導入するための総括論的な序論

E084

二つの序論の区別

本論に先立つ序論というものはすべて、本論で意図する理論に導入するための序となるものであるか、あるいはその理論が一部門として属する体系に、その理論を導入するための序となるものであるかのいずれかである。最初の場合には序論は理論に先立つものであるが、第二の場合には序論は理論の結論をなすものにほかならない。この序論の役割は、理論で述べる内容が共通の原理によって関連したさまざまな理論の総括のうちで、その理論が占める位置を原則にしたがって指示することにある。最初の種類の序論は予備学的な序論と呼ぶべきであり、第二の種類の序論は総括論的な序論と呼ぶべきであろう。

E085　予備学的な序論の役割

予備学的な序論は一般によくみられるものであり、これから述べようとする理論に必要な予備知識を、すでに存在している他の理論やその他の学問から引き出すことによって、本論で述べる理論のための準備をする。これによって他の理論からこの理論への移行が可能になるのである。

この目的のためにはその序論では、新たに提示される理論に固有な（内在的な《ドメスティカ》）原理を、他の理論に属する（外来的な《ペレグリニス》）原理から慎重に区別する作業を行う。これによってこうした序論は、さまざまな学問の限界を定めることに役立つ。これはとくに必要とされる慎重な配慮であって、こうした慎重な配慮がないと徹底性を期待することはできないし、とりわけ哲学的な認識における徹底性を期待することはできないのである。

E086　総括論的な序論の役割

しかし総括論的な序論が前提とするのは、新たに述べられる理論を準備するために、類似の理論について説明することではなく、新たに述べられた理論によって初めて完全なものとなるような体系の理念である。ところでこのような体系が可能となるためには、探求の途上でみいだした多様なものをかき集めたり拾い集めたりするのではない。完全な分類のためのアプリオリな原理を含むある全体の形式的な概念を利用することによって、ある種の認識の主観的あるいは客観的な源泉を完全に提示しなければならない。このように総括論的な序論は有益なものになりうるが、一般に行われることがないのであり、その理由はすぐに理解できるだろう。

E087 この序論の役割

ところで本書でその特有の原理を探求し、解明することになる判断力という能力は、それだけでは理論的な認識も実践的な認識も含めて、いかなる認識も生み出すことができない特殊なものである。判断力は、アプリオリな原理を含むにもかかわらず、客観的な理論としての超越論的な哲学のいかなる部門を構成するものではなく、ただ知性と理性という二つの別の種類の上級の認識能力を結びつける役割をはたすだけである。

そこでこの序論において、学説にではなくたんに批判に適しているようなこの判断力という能力の持つ原理を規定する目的では、通常の場合であれば必要とされる順序を無視して、批判のための本論の前に手短な総括論的な序論を述べることも許されるだろう。この序論は、純粋理性のさまざまな学の体系に導くための序論ではなく、アプリオリに規定することのできる心のすべての能力が、心のうちで相互に一つの体系を形成することを想定しながら、たんにそうしたすべての能力の批判へと導くための序論を示すものである。これによって予備学的な序論と総括論的な序論を統合して示すことができるようになろう。

E088

この序論において示す原理

概念による純粋な認識能力の体系のうちに判断力を導入するこの序論は、判断力だけに固有な超越論的な原理に依拠するものである。この超越論的な原理とは、わたしたちが自然一般としての自然の可能性の原理としての超越論的な知性の法則の種類を分類しようと試みるならば、すなわち自然の経験的な法則の多様性に基づいて、経験的な体系としての経験の可能性を実現することを試みるならば、自然はこれらの法則の分類の体系という理念にしたがってふるまうという原理である。

この原理は第一に、自然の合目的性という概念をアプリオリに提示するものであるが、この概念はわたしたちの認識能力にとって主観的には必然的に感じられるものの、客観的には偶然的であるにすぎない合法則性の概念である。

ところでこの原理は自然の特殊な形式については何も規定せず、そのためこうしたものの合目的性がつねに経験的に与えられなければならない。それでもこうした形式についての判断は、たんに反省的な判断として、判断力に与えられた表象の主観的な合目的性と、自然の経験的な合法則性一般にしたがった自然の合目的性という、判断力のアプリオリな原理との関係によって、普遍的な妥当性と必然性を要求するようになるのである。

このようにして美的な［感性的な］反省判断は、規定的な判断ではないにもかかわらず、アプリオリな原理に基づいているとみなすことができるのであり、判断力はこの判断によって、上級の純粋な認識能力の批判のうちで、何らかの地位を占める資格を認められるようになるのである。

E089　趣味判断の批判の必要性

自然には、実践的な合目的性からは本質的に区別される技巧的な合目的性が存在すると考えられる。この合目的性の概念が、わたしたちが自然から作り上げたものを自然にそのままそなわっているものとみなすようなたんなる欺瞞にすぎないものではないとすれば、この概念は理論的および実践的な哲学を含むすべての独断的な哲学から独立した概念であることになる。この概念は、経験的な法則に先立って、これらの法則がその体系の統一へと調和することを可能にする判断力の原理にもっぱら依拠するものであるから、次のことを指摘することができる。すなわち反省的な判断力には美的な判断力と目的論的な判断力の二種類の判断力があるが、そのうちで客体についてのあらゆる概念に先立つ美的な反省的な判断は、他の認識能力を利用することなく、自らの規定根拠をまったく単独に判断力のうちに持っているのである。

これに対して自然目的という概念にかかわる目的論的な判断には、この概念が判断においては規定的な判断力の原理としてではなく、たんに反省的な判断力の原理としてしか用いられないにもかかわらず、理性と経験的な概念を結びつけなければ、判断を下すことができないという特徴がそなわっているのである。このため自然についての目的論的な判断の可能性はすぐに示すことができるのであり、この判断の根底に判断力の特殊な原理を置く必要はない。この目的論的な判断の可能性は、理性の原理からそのまま導くことができるからである。

ところが美的な反省判断、すなわち趣味判断はアプリオリな原理に基づくものであって、この判断が実際に普遍的な妥当性を要求する権限があることを証明しうるためには、独自の超越論的な原理の能力としての判断力の批判が、知性や理性の批判と同じように、どうしても必要となる。判断力はこの批判を通じて初めて、純粋な認識能力の体系のうちに採用される資格を獲得するのである。というのも美的な判断は、自らの対象についての概念を前提とせず、しかもその対象に普遍的に妥当する合目的性を与えるのであり、そのためには判断力自身のうちに何らかの原理が存在しなければならないからである。これに対して目的論的な判断は、理性が目的結合の原理のもとにもたらす客体についての概念を前提とするのであり、この自然目的という概念は、たんに反省的であって規定的ではない判断において、判断力だけが使用するものである。

E090　判断力に含まれる趣味の能力

このようにして自然の対象にかんしては、判断力が自らに特有の原理を持つ能力として明らかになるのは本来は趣味によってだけであり、これによって判断力は上級の認識能力の一般的な批判において、何らかの地位を占めることを十分な根拠を持って要求しうることになる。人々はおそらく判断力がこのような要求をしうるとは考えていなかったことだろう。

ところで判断力には、自らにアプリオリに原理を設定する能力がそなわっていると認められたならば、判断力という能力の範囲を規定する必要が生じる。批判が完全なものとなるためには、判断力の美的な能力とともに、目的論的な能力も同一の原理に基づくものとして、一つの能力のうちに含まれていることが認められる必要がある。

というのも自然の事物についての目的論的な判断も、美的な判断と同じように、規定的な判断力ではなく、反省的な判断力のもとに属しているからである。

E091 趣味批判の役割

普通は趣味の批判は、趣味そのものを改善するか確立するために用いられるものであるが、超越論的な意図のもとで趣味の批判が行われる場合には、この批判はわたしたちの認識能力の体系において欠如している部分を埋めるものとみなされる。これによって心のすべての能力の完全な体系が確立されるという注目すべき展望が開かれるのである。わたしの考えるところでは、これは多くのことが約束される展望なのである。というのもこれらの心の能力が、感性的なものだけではなく超感性的なものにも関係するものとして規定されるからである。ただしそのためにはこれらの能力の超感性的な使用にたいして、厳しい批判が設定した境界を超えないことが前提となる。

本論の探求の関連をたやすく概観できるように、ここで体系的な結びつきの概要をあらかじめ素描しておくことが、読者に役立つであろう。もっともこうした概要は、この序論と同じように、もともとは本論の結論の後で、初めて役に立つようになるものである。

E092　**心の三つの能力**

すなわち心のあらゆる能力は次の三つの能力のいずれかに還元されることになる。

認識能力、
快と不快の感情、
欲求能力、

E093　**三つの上級の認識能力**

ただしこれらのすべての能力を行使する際に、その根底につねに認識能力が存在しているのである。ただしこうした認識能力は必ずしも認識のために行使されているわけではない。というのも認識能力に属する表象は、概念を欠如した純粋な直観であることも、経験的な直観であることもあるからである。このため原理にしたがう認識能力を問題とする場合には、心の能力一般とともに、次のような上級の認識能力が併存することになる。

認識能力——知性、
快と不快の感情——判断力、
欲求能力——理性、

E094 三つの必然性

ここで明らかなのは、知性は認識能力にたいして特有のアプリオリな原理を含んでいるということ、判断力はただ快と不快の感情にたいしてそうしたアプリオリな原理を含んでいるということ、理性は欲求能力にたいしてだけ、そうしたアプリオリな原理を含んでいるということである。

これらの形式的な原理は、こうした能力にそなわる必然性の根拠となるものであるが、形式的な原理がそれにそなわる上級の認識能力によって、どのような形でこれらの能力に対応した心の能力を規定するかによって、こうした必然性は客観的なものであることも、主観的なものであることもある。あるいは主観的であることによって、同時に客観的な妥当性を持つ必然性である場合もある。

認識能力——知性——合法則性
快と不快の感情——判断力——合目的性
欲求能力——理性——同時に法則的な合目的性（責務）

E095　**三つの産物**

最後にさまざまな形式の可能性において存在する前述のアプリオリな根拠に、これらの根拠のそれぞれの産物として次の形式が加えられる。

心の能力	上級認識能力	アプリオリな原理	その産物
認識能力	知性	合法則性	自然
快と不快の感情	判断力	合目的性	技術
欲求能力	理性	同時に法則的な合目的性（責務）	倫理

E096　三つの判断

このように自然は自らの合法則性を、認識能力としての知性のアプリオリな原理によって基礎づける。技術は自らの合目的性においてアプリオリに判断力にしたがうが、それは快と不快の感情との関係においてである。最後に自由の所産としての倫理は、普遍的な法則という資格を持つ合目的性の形式の理念のもとにあり、この理念が欲求能力にかんする理性の規定根拠である。こうして心のそれぞれの根本的な能力に特有のアプリオリな原理から生み出される判断は、理論的な判断であるか、美的な判断であるか、実践的な判断であるかのいずれかである。

E097　判断力に特有の位置

このように心の能力と自然および自由との関係によって、心の能力の体系が発見されるのである。心のそれぞれの能力はそれぞれの能力に固有のアプリオリな規定的な原理を持っているのである。この心の能力の体系が、学説の体系としての哲学の二つの部門である理論的な部分と実践的な部分を構成する。また心の体系は、これらの両部門に特有な原理によって、これらの両部門を結びつける役割を果たす判断力という能力をそなえており、この判断力という能力の批判によって、これらの二つの部門のあいだの移行を、すなわち理論的な哲学の感性的な基体から、実践的な哲学の叡智的な基体への移行を実現するのである。

判断力はただ結びつけるために役立つだけであって、それ自体ではいかなる認識も供給することはできないし、理論的にいかなる貢献をすることもできない。この能力の判断は、美的な判断と呼ばれる特殊な種類の判断であり、この判断の原理はたんに主観的なものにすぎない。なぜならこの判断力は、論理的な判断と呼ばれるあらゆる種類の判断とは明確に異なる種類の判断であり、この論理的な判断とは、その原則が理論的な原則であるか実践的な原則であるかを問わず、つねに客観的でなければならないからである。というのも判断力による判断は感性的な直観をある自然の理念と関係づけるのであり、自然の合法則性は、自然と超感性的な基体との結びつきがなければ理解することができないのである。ただしこうした事柄についての証明は本論で行われることになろう。

E098　美的な判断力の批判という名称

わたしたちは美的な判断にかんするこの能力の批判を、感性論（エステーティク）とか感覚論（ジンネンレーレ）と名づけるのではなく、美的な判断力の批判（クリティーク・デア・エステーティッシェン・ウアタイルスクラフト）と名づけることにしよう。というのは感性論という表現はあまりに広すぎる意味を持っているからである。感性論という表現は、理論的な認識に属していて論理的で客観的な判断に素材を提供する直観の感性［についての批判］を意味することもできるのであるから、わたしたちはすでに感性論という表現を、もっぱら認識判断において直観に属している部分を考察する議論のために定めておいたのである。

しかし判断力は、客体の表象を概念に関係づけず、判断を認識に関係づけることもないものであって、この判断力は規定的ではなく、まったく反省的なものである。そこで、これを美的な判断力と呼んでも誤解の余地はないのである。論理的な判断力にとっては、直観が感性的な（美的な）ものであっても、それが客体の認識に役立つためには、あらかじめ概念に高めておかなければならないのであるが、美的な判断力についてはこのような必要性はないのである。

第一二節　判断力批判の区分

E099　部分と全体の関係

特定の種類の認識の範囲を体系として一目でわかるように示すためには、その範囲の区分を示す必要があるが、この重要性は十分には洞察されておらず、その困難さについてもしばしば誤解されてきた。

もしもある体系に可能な全体に対して、それを構成する部分が完璧なものとしてすでに与えられていると考えるのであれば、この体系の区分はたんなる比較によって機械的に行うことができるのであり、全体は［一つの体系とならずに］さまざまな部分が集まっただけのものになる。たとえばある町の土地を分割するために、その土地を開拓することを願い出た人々が、当局を無視しておのおのの意図だけで分割した場合のようにである。

しかし全体の理念は、それを構成する部分の規定に先立って、ある種の原理にしたがって前提とすることができるのであり、また前提とすべきであるならば、その場合には区分は学問的に行われなければならないし、そのようにすることで初めて、全体は一つの体系となるのである。

認識の原理とともに、主観の持つ特殊な立法能力に基づいているアプリオリな認識の範囲が問題とされる際には、このような学問的な区分がつねに求められる。なぜならばこの場合には、この能力に特有の性質のために、これらの法則の使用の範囲がアプリオリに規定されているからであり、これに基づいてさまざまな部分の数と、こうした部分と認識の全体との関係も、アプリオリに規定されているからである。

ところで根拠ある区分を行うためには、同時に全体そのものを作り上げ、批判の規則だけにしたがって、すべての部分のうちであらかじめこの全体を完璧に描き出しておかなければならない。この全体をのちの段階で理論という形式で体系化するためには（この認識能力の本性によって、一般にこうした理論というものが可能であるかぎり）、すでに述べた作業に、特殊なものへの適用の周到さと、詳細な説明の手際の良さを結びつけることだけが求められるのである。

E100　判断力の分類

判断力という能力は、アプリオリな原理に基づいているとしても、理論にたいして素材を提供することができない能力であって、この判断力という能力を区分するためには、次の区別を根底に置いておかなければならない。

まず規定的な判断力ではなく、反省的な判断力だけが、自らに固有なアプリオリな原理をもつ。さらに規定的な判断力は知性という他の能力の法則のもとで、図式的にふるまうだけであるが、反省的な判断力は自らに固有な法則にしたがって、技巧的にふるまう。またこうした技巧的なふるまいの根底には自然の技巧という原理が存在しているのであって、自然においてアプリオリに前提しなければならない合目的性の概念が根底となっている。この合目的性は反省的判断力の原理にしたがって、この能力そのものとの関係において、この能力によって必然的なものとして、ただ主観的に前提とされている。ただしこの合目的性は、それでも可能な客観的な合目的性の概念を、すなわち自然目的としての自然の事物の合法則性の概念をも、自らに伴っているのである。

E101 反省的な判断力の分類

このためたんに主観的に判定された合目的性はいかなる概念に基づくものでもなく、たんに主観的に判定されるものであるかぎり、概念に基づくことはできない。この合目的性は快と不快の感情との関係であり、この合目的性についての判断は美的な判断である。そしてこれが美的な判断を下す方法として可能な唯一の方法である。

ただしこの快と不快の感情がたんに、感覚器官における客体の表象を伴うのであれば、すなわち客体の感覚を伴うのであれば、美的な判断は経験的なものとなり、特殊な受容性を必要とするとしても、特殊な判断力は必要としない。さらにこの判断力が規定的な判断力と想定される場合には、目的についての概念が根底に存在していなければならないだろうし、その合目的性は客観的なものとして、美的にではなく論理的に判定されなければならないであろう。

このような理由から、特殊な能力としての美的な判断力のもとでは、この判断力は必然的に反省的な判断力とみなさなければならないであろう。さらに快の感情は、主観的な合目的性の表象と同じものであって、客体の経験的な表象において感覚に付随するものとみなしてはならず、客体の概念に付随するものとみなしてもならないだろう。したがってこうした快の感情は、判断力に特有の働きとして、反省の営みと反省の形式に付随したものであり（なお反省はこの形式を通じて、経験的な直観から概念一般へと向かうのである）、アプリオリな原理にしたがってこの反省と結びついたものとみなさなければならないであろう。

このため反省的な判断力の美の理論（エステーティク）［感性論］は、この能力の批判の一つの部門を構成することになり、反省的な判断力の論理学は、目的論という名のもとで、この能力の批判の別の部門を構成することになるだろう。しかしこのどちらの部門においても自然そのものは技巧的なものとして、すなわち自然の産物において目的に適ったものとして考察される。ただ、第一の場合には主観的に、主観のたんなる表象様式について考察されるが、第二の場合には客観的に、目的に適ったものとして、対象そのものの可能性について考察されるという違いがある。

わたしたちは本論において、現象における形式の合目的性は美であり、その美を判定する能力が趣味であることを確認することになる。これによって判断力批判は、美的な判断力の批判と目的論的な判断力の批判に分類されるのであるが、そこにはたんなる趣味論と、自然目的としての世界のさまざまな事物を判定する自然の目的論が含まれることになろう。

E102　合目的性の分類

ところであらゆる合目的性は、それが主観的なものであるか客観的なものであるかを問わず、内的な合目的性と相対的な合目的性に分類することができる。内的な合目的性は対象の表象そのもののうちに基礎づけられている合目的性であり、相対的な合目的性は対象の表象のたんに偶然的な使用のうちに基礎づけられている合目的性である。

これによって対象の形式は第一に、すでにそれだけで、反省的な判断力にとって概念を欠いたたんなる直観において、目的に適ったものと知覚することができるのであり、このようにして主観的な合目的性は事物や自然そのものにそなわっているとみなされるようになる。

また第二に、客体が知覚される際に反省にたいする、その客体の形式の規定において目的に適ったものがそれ自体でまったく存在していない場合がある。ところがその場合にも、客体の表象が、主観のうちにアプリオリに存在している合目的性に働きかけて、合目的性の感情を呼び起こした場合には（この感情は主観の心の能力の超感性的な規定の感情である）、美的な判断を作り出すことがありうるのである。

このような美的な判断も、たんに主観的ではあるがアプリオリな原理にかかわるのである。ただし第一の場合のように、主観にかんする自然の合目的性にかかわるのではなく、たんに反省的な判断力を通じて、ある種の感性的な直観を、それらの形式にかんして可能な形で、目的に適って使用することだけにかかわるのである。

　このようにして第一の判断は自然の対象に美をみいだすのであり、第二の判断は自然の対象に崇高をみいだすのである。ただしどちらも、客体についての概念は欠如したままで、たんに美的な反省的判断を通じて主観的な合目的性を顧慮して、このような美と崇高さをみいだす。その際に崇高さの判断においては自然のいかなる特殊な技巧も前提とすることはできない。

　というのもここで行われているのはたんなる表象の偶然的な使用であり、しかも客体を認識するためではなく、ある別の感情の認識、すなわち心の能力の素質のうちにある内的な合目的性の感情の認識のために使われるのである。ただしそれにもかかわらず、自然における崇高なものについての判断は、反省的な判断力の美の理論の区分から除外することはできない。というのはこの判断もまた、客体についての概念に基づかないある主観的な合目的性を表現するからである。

E103

自然の客観的な合目的性の分類

　自然の客観的な合目的性についての判断は、自然の目的としての事物の可能性についての判断であって、それらの事物についての概念だけによって下されるものである。そのためこうした判断は快あるいは不快の感情との関係において美的に下されるのではなく、論理的に下されるものであり、これらの判断は目的論的な判断と呼ばれる。これまで述べてきたことは、このような自然の客観的な合目的性についても該当するのであり、客観的な合目的性は、客体の内的な可能性の根底に置かれているか、客体の外的な帰結の相対的な可能性の根底に置かれているかのどちらかである。

第一の［客体の内的な可能性の根底に置かれた］目的論的な判断は、その事物自身のうちにある目的にしたがってその事物の完全性を考察する。その事物のうちにある多様なものはたがいに目的と手段として関係し合っているのである。また第二の［客体の外的な帰結の相対的な可能性の根底に置かれた］場合には、自然の客体に関する目的論的な判断は、その自然の客体の有用性に、すなわち他の事物のうちにある目的に合致するかどうかにかかわるのである。

E104 美的な判断力の批判の分類

これによって美的な判断力の批判は、第一には美しいものの判定能力である趣味の批判を含み、第二には精神感情の批判を含む。わたしはこの精神感情という言葉でとりあえず、対象において崇高を表象する能力を呼ぶことにする。

目的論的な判断力は、合目的性についての自らの表象と対象を、感情を媒介としてではなく概念を媒介として結びつけるものであるから、目的論的な判断力のうちに含まれている内的な能力と相対的な能力という二つの能力を区別するためには、特殊な名称を考え出す必要はない。どちらも客観的な合目的性の能力だからである。というのはこの判断力は自らの反省を感情と関連づけるのではなく、あくまでも理性と関連づけるからである。

E105　技術の語について

なおここで、わたしたちが言葉の本来の意味において技術（クンスト）と名づけるものは、自然における技巧《テヒニク》であって、人間の表象能力の原因性の技巧でないことに注意が必要である。ここではこうした技術について、判断力の統制的な概念としての合目的性を探求しているのであって、技術の美しさや技術の完全性の原理を探求しているわけではないのである——たとえ自然が技巧的であるか、あるいは造形的であるとみなされる場合に、自然の原因性を技術の原因性とともに表象せざるをえないような類比の結果として、そのようなふるまいを技巧的なものあるいは技術的なものと名づけることができるとしてもである。

なぜならばここで問題となっているのは、人間の作製するあらゆる技術作品の根底にあるような規定的な判断力の原理ではなく、たんに反省的な判断力の原理だからである。このような判断力においては合目的性は意図せざるもの、とみなさなければならず、こうした合目的性は自然だけに属するものと考えなければならないからである。芸術の美しさについての判定は、自然の美しさについての判断の根底に存在する原理を考察した後で、その原理からの帰結として考察しなければならないのである。

E106　自然についての反省的な判断力批判の分類

このように自然にかんする反省的な判断力の批判は、自然の事物の美的な判定能力の批判と、自然の事物の目的論的な判定能力の批判に分割されることになる。

E107　美的な判定能力の批判の分類

第一の自然の事物の美的な判定能力の批判は、二つの部門で構成される。第一章は趣味の批判もしくは美しいものの判定の批判であり、第二章は対象についてのたんなる反省における精神感情の批判もしくは崇高なものの判定の批判である。

E108　目的論的な判定能力の批判の分類

第二部門は同じように二つの部門を含むことになり、第一章は自然目的としてのさまざまな事物の内的な可能性にかんする判定を、原理のもとにもたらし、第二章はさまざまな事物の相対的な合目的性にかんする判断を、原理のもとにもたらすものとなろう。

E109　判定能力の分析論と弁証論

これらの二つの部門はそれぞれ二つの章において、判定能力の分析論と弁証論を考察することになろう。

E110　分析論の課題

さらに分析論は二つの節において、まず自然の合目的性という概念を解明した後に、この概念の演繹を実行することになろう。

訳注

（1）グリーンランドは北極海の最大の島であり、デンマーク領となっている。現在の人口は約五万五〇〇〇人。ラップランドは、スカンディナヴィア半島北部の地域で、スウェーデン・ノルウェー・フィンランド・ロシアの四カ国にまたがっている。伝統的にサーミ人が住んでいる。サモエード人は、ロシア連邦北部のツンドラ地帯に住むモンゴロイド系の住民で、サモエード諸語を話す人々である。ヤクート人は、主に北東アジアに居住するテュルク系民族で、ロシア連邦サハ共和国の主要構成民族の一つであり、この共和国に四〇万人ほどが居住している。

（2）ここでカントはこの文をラテン語で、vestigium hominis video と書いている。これはウィトルウィウス『建築書』によるもので、同書の第六書の序文において、ソクラテス派の哲学者であったアリスティッポスが難破してロードス島に打ち上げられた際に、砂の上に幾何学的な図形が描かれているのを発見して、仲間に「心配するな、ここに人間の足跡があるではないか」と叫んだという逸話が語られている。

(3) これは、本書の刊行の十数年前にあたる一七七六年に独立したアメリカ合衆国のことを指している。

(4) フエゴ島とは、南アメリカの南端にあるティエラ・デル・フエゴのことであり、この島にはオナ、ハウシュ、ヤーガン、アラカルフなどの複数の種族が暮らしている。

(5) ヨハン・フリードリヒ・ブルーメンバッハ(一七五二〜一八四〇)は、ドイツの比較解剖学者で動物学者。近代的な動物学の創始者の一人とみなされている。動物の発生については、卵などの内部に生まれてくる子の構造がすでに存在しているという「前成説」に反対した。

(6) カール・フォン・リンネ(一七〇七〜七八)は、スウェーデンの博物学者で生物学者。著書『植物の種』で、動植物を属名と種名の二つの名称で固定する二命名法を確立した。この著書で植物命名法の基準を、主著の『自然の体系』では動物命名法の基準を確立した。貴族に叙勲されているのでカントは勲爵士と呼んでいるのだろう。

（7）ペトルス・カンパー（一七二二〜八九）は、オランダの医学者で博物学者。オランウータンの解剖学研究を行い、顔面角をヒトと比較したことで知られる。

（8）カントはここで、actuatio substantiae est creatio とラテン語で書いている。

（9）ヘルマン・サミュエル・ライマールス（一六九四〜一七六八）は自然宗教の立場に立つドイツ啓蒙主義の思想家。

（10）カント『実践理性批判』中山元訳、光文社古典新訳文庫、第一巻、二九ページ以下。

解説――カントが『判断力批判』で目指したもの

中山 元

『純粋理性批判』と『実践理性批判』を架橋する『判断力批判』

カントの批判哲学ではこれまで、『純粋理性批判』において知性と理論的な理性について、哲学の根幹にかかわる視座を確立し、自然の認識の可能性を示してきた。さらに『実践理性批判』では道徳性について、人間の道徳的なあり方の可能性を示し、道徳哲学の根幹を構築してきたのだった。近代哲学におけるカントの功績は、この二冊で揺るぎのないものとなっていた。それでもカントはなおも、この二つの部門がたがいに独立した領域を作り出していて、これらの重要な領域を結びつけて媒介するものが欠けていることに、みずから不満を感じていた。そこでカントはこの『判断力批判』において、これらの二つの重要な領域を媒介する人間の能力としての判断力を提起したのであり、そのことで、その後の哲学に新たな展望を開いたのだった。

この『判断力批判』という書物は、このようにこれまでカントが構築してきた二つの哲学の領域を架橋する役割を果たすものであり、カントはそのために「美的なもの」についての批判と、自然の目的についての批判という二つの異なる領域についての批判を展開する。美と自然というかなり異なる領域についてのこの二つの批判は、いったいどのような関係にあるのだろうか。そしてこの二つの批判はどのようにして、自然哲学と道徳哲学を架橋することができるのだろうか。

趣味の概念について

まず美的なものについての批判から検討してみよう。カントはこの書物の第一部では「美しいもの」の批判を趣味の批判として展開する。この「趣味」という概念は唐突に登場するので読者は困惑してしまう。しかしカントは以前から、美しいものについての批判を趣味の批判として考察することを計画していたのだった。さらに美しいものの批判が趣味の批判として考察されることは、カント以前からの伝統でもあった。カントは『純粋理性批判』において、美しいものについての学としてドイツで誕生した美学というものは、「ほかの国で趣味の批判と呼ばれているもの(1)」と説明しているのである。

この伝統における趣味という概念は、「わたしの趣味は音楽鑑賞です」というような文脈で語られるものではなく、美しいものを味わう能力のようなものとして考えられている。カントは若い頃からこうした意味での「趣味」について関心をもちつづけていたのであり、本文では趣味について、「美しいものを判断する能力である」（061n。以下では引用は本文の段落で示す）と端的に定義されている。

本書の第一部の第一篇では、わたしたちはこの美しいものを目の前にしたときに、誰もが同じような快感を味わうものであるということに注目する。美しいものについての判断は、知性による概念を使った判断のように、客観的な普遍性をもちえないにもかかわらず、この判断は誰もが快を感じるという普遍的で必然的な性格をそなえた判断となっているのである。この普遍性はどのようにして生まれるのかを調べることが、本書の第一部の重要なテーマである。

趣味判断の重要な特徴

まず第一章では、美しいものの判断について性質、量、関係、様態というカテゴリーの四つの分類にしたがって考察が展開される。この考察によって、趣味判断は概念を使った客観的な判断ではないこと、趣味判断においては知性よりもむしろ構想力が働くのであり、この判断を下した際にはわたしたちのうちで快の感情が生まれること、わたしたちは趣味判断を下すときに、その対象にはどのような価値があるかなどの利害関係によって左右されずに、純粋に美しいものによって快を感じること（これは趣味判断は「いかなる関心に基づいたものでもない」（064n）という特徴をそなえることが指摘され、趣味判断の重要な特徴となる）、趣味判断はすべての人に妥当する普遍的な判断としての性格をもつこと、趣味判断はすべての人に必然的に妥当する性格をもつことなどが確認される。

これらの特徴のうちでもとくに重要なのは、美しいものを眺めたときにわたしたちが快の感情（これをカントは適意と呼ぶ）を味わうこと、そしてこの適意を感じるメカニズムは、構想力と知性とが自由に戯れることによって生まれる調和だということである。そして人間の心的な構造はすべて同一なものであるから、すべての人は美しいものを眺めたときに、このような構想力と知性との戯れと調和によって生まれる快感を享受しているとみなされることである。ここに美的な判断が普遍性と必然性をそなえているアプリオリな根拠が示されるのである。美的な判断がこのようにアプリオリな原理によって必然的なものであるという性格をそなえているために、純粋理性の場合と同じように、判断の演繹という作業が必要になるだろう。

共通感覚

ところでこの趣味という語は、ただたんに「美しいもの」について判断する能力を示す言葉としてはどうもそぐわないような印象もあるが、日本語でも「趣味のよい人」というように、社会のうちで生きる人間の対人的な性格と道徳性につながる意味がそなわっているので、この面からはカントの美的な判断と道徳的な判断の深い関係を考察するには、好都合な言葉と言えるだろう。そして趣味の考察においては、このような他者との関係が重要な意味をそなえている。このことは、「美しい」という判断がある種の普遍性をもつことと密接な関係がある。趣味判断というものは、たんに美しいものを眺めてその美しさに感動するだけではなく、その感動を他者に伝達すること、そしてその感動を社会的に共有することを目指すものなのである。

このように美しいものについての判断は、社会のうちでの他者との関係を前提とするものであり、カントはそのことを、無人島に暮らす人ならば、自分の住処を飾ったりしないだろうという言葉で語っている。趣味のよさを示すことは、他者のまなざしを前提とするのであり、この薔薇が美しいと語ることは、たんに自分の気持ちを語るだけでなく、同時に他者の同意を求めることなのである。このように趣味判断のうちにはすでに他者との関係が含まれていることをカントは共通感覚という概念で示している。「趣味を美的な共通感覚と呼ぶことができる」（264n）のである。

共通感覚という言葉は、ドイツ語ではゲマインジンであり、常識のような意味で一般に使われている。この概念にはアリストテレス以来の長い伝統があるが、「わたしたちが考えている共通感覚とは、外的な感覚器官における感覚ではなく、わたしたちの認識能力の自由な戯れから生じる結果としての感覚」（140）であると説明されている。すなわちこれまで確認されてきたように、美的な判断を下すときに快感を生み出す原因となっている構想力と知性との自由な戯れを生み出す心的な構造こそが共通感覚と呼べるものだということになる。ただしカントの共通感覚の理論は、このように主観の認識における特別な心的な構造だけに限定されるものではなく、一つの民族に共通する感覚という意味も含んでいることに注意が必要である。これは少なくとも同じ文化のもとにある民族のすべての人々に普遍的に妥当する美的な判断なのであり、共通感覚に示された主観的な原理は、「客観的な原理と同様に、普遍的な同意を要求することができるもの」(142)とされているのである。カントは第四〇節においては、共通感覚を「他のあらゆる人々の立場に自分を置いて」(262)考えることだと主張する。

ハンナ・アーレントは、他者の立場に立って考える能力であるこの共通感覚の理論には、カントの政治哲学が含まれていると考えるのであり、『判断力批判』こそはカントの政治哲学の書であると主張している。「『判断力批判』の第一部が実は政治哲学であるということは、カントについての諸著作の中でめったに言及されない事実である」[2]というのがアーレントの診断である。というのも、カントの歴史哲学と政治哲学の構想では、「人はつねに自分の共同体感覚、自分の共通感覚《センスス・コムニス》に導かれながら、共同体の一員として判断する」[3]からなのである。

合目的性の概念について

ところでこのような趣味判断に特徴的にみられる判断の普遍性がどのようにして生まれたかを示すのが「合目的性」という概念だった。合目的性というのは目的に適っているということであるので、美しいものが何らかの目的を実現しているのかと思ってしまうが、一八世紀の頃のヨーロッパでは、「合目的性」という概念はもっと広い意味で使われていた。カッシーラーによると、当時のヨーロッパで「合目的性」という概念は「多様なものの諸部分が一つの統一へと調和していることのすべてに対する一般的表現として用いられる[4]」言葉だったようである。

この時代の哲学の基本的な考え方を示したライプニッツは、体系を記述する際に「調和」（ハルモニー）という概念を好んで使っているが、この概念をドイツ語に翻訳したのが「合目的性」という概念なのだという。「ある全体が〈合目的的〉と呼ばれるのは、その全体の中で、各部分が他の部分と並存しているだけでなく、各部分が固有の意義をもって他の部分と調和している、といったような諸部分の分節構造がみられる場合である[5]」ということになる。人間のような生物では、胃という臓器は身体の栄養の供給を司る器官であり、生命の維持という目的に適っている。しかし胃がこのような目的を実現するためには、身体の他の器官が胃の円滑な活動のために貢献しなければならない。このように全体の目的に部分が貢献し、部分の目的に全体が貢献するという相互に調和した関係が「合目的性」のあり方なのである。

カントは人間があるものを美しいと感じるときには、人間のさまざまな認識能力のあいだで調和が発生していなければならないと考えていた。具体的にはわたしたちは美しいものを見たときに、認識能力の形式において、ある「調和」が発生するのであり、そのことにわたしたちは快を感じるのだとされている。趣味判断においては知性と構想力の働きが調和しているとされているのであり、この調和こそが「合目的性」を意味するのである。「合目的性」という言葉からは、美しいものの認識が何らかの目的に適っているかどうかが問題となると考えがちだが、そのような外的な「目的」はここには不在なのであり、問われているのはそれを見た人間の主観の形式の内部に調和が存在するかどうかなのである。

そして美しいものを認識した場合にはこのような主観の形式における調和が、すなわち合目的性がつねに伴っているために、すべての人が快を感じるのであり、この快感の発生メカニズムの同一性のために、わたしが美しいものを見て快を感じるならば、他のあらゆる人もその美しいものを見て快を感じるに違いないと想定することができるというわけだ。

崇高なもの

これにたいして崇高なものを眺めたときには、このような調和も快感も発生しないとされている。カントは最初は趣味判断のうちに崇高なものについての考察を含めるつもりはなかったようであり、そのことは第一部の構成において、崇高なものの考察が美しいものの考察と演繹論のあいだに割り込んでいるようにみえることからもうかがえる。

それでもカントは崇高なものについての考察が、趣味判断のうちで不可欠なものであると考えるようになった。それはカントも参照したイギリスの哲学者エドマンド・バークの『崇高と美の観念の起源』において、崇高なものが美とならんで取り上げられていたからではない。バークにおいては美も崇高さも同じく心理的で生理的な性格のものだった。しかしカントはこの二つのものが対照的な位置を占めていると考える。美しいものは構想力と知性の調和という合目的性によってわたしたちに快を感じさせるが、崇高なものを眺めたときには、そのような調和は発生しない。峨々たる山脈や荒れ狂う海など、「自然がその混沌において、あるいはもっとも粗野でもっとも不規則的な無秩序と荒廃のうちにおいて、その大きさと力が認められるときに」(156)、わたしたちは崇高なものを感じるのである。

それでもカントはここにも、美しいものの判定とは別の意味での合目的性が存在していると考えている。ただし美的なものの判定の場合とは違って、崇高なものにおいては主観の形式の調和による合目的性は存在しない。崇高なものの合目的性は主観の形式の対立における合目的性なのである。美しいものの判定においては構想力と知性が調和するときに快感が生まれるが、崇高なものの判定においては構想力と理性がたがいに相争うことによって快感が生じるとされるのである。「すなわち崇高なものの場合にはわたしたちが純粋な自律的な理性をもっているという感情や、大きさを評価する能力をもっているという感情が生み出される」(183)のであり、これはまずは不快な感情を呼び起こす。しかしこの不快感は、崇高さを感じた主体に、自分の無能力を実感させると同時に、「自らのうちに無制限な能力があることを意識」(185)させることになる。そして「心がこの無制限な能力を主観の無能力によってのみ、美的に判定することができる」(同)ことを感じるのであり、そこに合目的性が感じられ、迂回した道筋から快を感じさせるのである。

自然の内的な合目的性

カントはさらにこの書物の第二部では「自然の合目的性」についての考察を展開しながら、自然神学を批判する。この第二部の自然の合目的性の概念は、第一部の趣味判断における合目的性の概念とは異なり、「目的」という概念は本来の意味で使われている。第一部の趣味判断においては、美しいものの判定においては構想力と知性の調和によって、崇高なものの判定においては構想力と理性の抗争において、主観的な合目的性が確認されたのだった。しかし第二部の自然の合目的性の場合に問題となるのは、人間の主観における合目的性ではなく、自然に存在するさまざまな存在者のうちに客観的な目的に適ったものが存在するかどうかということである。

この場合の客観的な合目的性の概念は二つに分類できる。内的な合目的性と、外的なあるいは相対的な合目的性である。まず客観的な内的な合目的性とは、自然のうちに生きる有機体の身体のうちにおいて観察される合目的性である。自然のうちには無生物と生物が存在しており、カントは厳密な意味では人間だけを生物と呼び、生命をもつその他の生き物は有機体と呼んでいる。生物を有機体と呼ぶのは、当時の自然学ではごく普通のことだった。ミシェル・フーコーが『言葉と物』で示したように、カントの時代にはまだ生物という概念が明確に定められておらず、生物学という学問はこれから誕生しようとしていたのである。

このような有機体のうちには、ライプニッツが考えていたように、部分が全体の目的に適合し、全体が部分の目的に適合するという意味での合目的性が存在していることが確認される。とくに分かりやすいのは鳥の羽根や人間の眼の構造だろう。鳥の羽根は空を飛ぶという目的のために作られているかのようであり、人間の眼はものを見るという目的のために作られているかのようである。動物の身体的な器官の構造を調べてみると、このような合目的性が存在しているのであり、カントはそれを客観的な内的な合目的性と呼ぶのである。さらに動物は卵を媒介として、植物は種子などを媒介として自分自身の種の別の個体を再生することができる。この卵や種子のうちには、すでに成体となる個体の存在が潜在的に含まれているのであり、ここでも部分と全体の相互的な関係がみられる。

カントはこの内的な合目的性が実現されるプロセスを「有機化」という分かりにくい言葉で呼んでいるので注意が必要だろう。これは自然のうちの有機体は、人間が作り出した精密な内的な構造をもった時計のように、自然の外部に存在する超越者が作り出したものではなく、自らを有機化する存在であることを意味する。この自らを有機化するとは、「自分を増殖させつつ形成する力」(430)をもつということである。この有機体という存在者は、「自然の有機的な産物のあらゆる〈種〉のうちで、全体としては同一の模範にしたがって自らを有機化する」(431)プロセスのもとにある存在者であると考えられている。ここで語られている「同一の模範」は、現代の生物学では遺伝子のDNAと呼ぶだろう。そしてこの不思議なプロセスをカントは「生命の類比物」(同)と呼ぶ。

自然の外的な合目的性

これとは別に自然のうちの生物連鎖をみると、自然の全体において一つの目的論的な関係が成立しているかのようにみえる。人間は牛乳や肉を手にいれる目的のために牛を飼っているが、牛は自然のうちに生えている草を食べて生きることで、人間のそうした目的を満たしているかのようにみえる。これを食物連鎖としてみると、草は草食動物に食べられるために、草食動物は肉食動物に食べられるために、そうした草食動物や肉食動物は、人間に食べられるという目的のために存在しているかのようにみえる。このように自然のすべてのものは人間の生存のためという目的を満たしているかのようにみえるのであり、そこにはある種の合目的性の関係が存在していると考えることができる。

しかしこうした合目的性は、身体の器官にみられる合目的性のように内的な合目的性ではなく、問題となる牧草や牛などの主体にとっては外的なものであり、これは外的な、あるいは相対的な合目的性と呼ばれる。キリスト教の伝統では、人間は神の似姿として創造され、世界のその他の自然物は人間が生きるための手段として利用することが許されると考えられていた。この観点からみるならば、人間は自然の生物連鎖の頂点に立つ「目的」のようにみえるのである。

このように考えてくると、自然のうちには多様な目的論的な関係が支配しているようにみえる。有機体と呼ばれる生物の身体のうちには、内的な合目的性の関係が存在しており、自然全体の食物連鎖をみると、外的な合目的性の関係が存在しているかのようである。カントはこの二つの目的論的な関係について、自然の目的と自然目的という二つの言葉を割り当てている。「自分自身にたいして原因であり同時に結果である」(424)ような存在、すなわち内的な合目的性をそなえた存在は、「自然の目的」と呼ばれる。また自然のうちで他のすべてのものの目的であるような存在者がいるとすれば、それは「自然目的」と呼ばれるのである(ただしカントではよくあるように、この割り当ての原則がつねに守られているわけではない)。

自然の最終目的

カントはこのようにして人間がこの世界におけるすべての存在者をしたがえる自然目的でありうると考えた。しかし人間はそのように自然目的とみなされるだけの尊厳をそなえているだろうか。この厄介な問題を考察するために、カントは自然の最終目的と究極目的という二つの概念を提示している。まず最終目的という概念は、外的な合目的性の観点から考えられたものである。さまざまな自然の存在者のうちで、自然にとって最終目的とみなされるような存在がいると言えるだろうか。このような最終目的が存在すると考えるならば、キリスト教の聖書において、自然のうちの外的な目的連関のうちで最上の地位を占めることを神によって許されているとされる人間が、自然の最終目的であると考えたくなるだろう。特にキリスト教の伝統のもとにある西洋においては、こうした考え方は、なじみのものだろう。

もちろんカントはこうしたキリスト教の教えをそのまま受け入れるわけではない。カントはある存在者が自然の最終目的であると認定するためには、その存在者に二つの資格が必要だと考えた。第一の資格は、その存在者が自らの理性によって、神の自然の創造の意図を理解できるということ、そして第二の資格は、自らの理性によって神の創造の意図に適う形で、自然の目的を理解できるということである。「人間はこの地上における創造の最終目的であると考えうる。なぜならば人間は地上においてさまざまな目的というものを理解し、目的に適って形成されたさまざまな事物の集合を、自分の理性によって目的の体系に組み立てることができる唯一の存在者だからである」(535)ということになる。

しかしカントは、人間がこのような自然の最終目的であると考えるには、二つの大きな難点があると考えている。まずこのような外的な目的連関というものは、きわめて怪しいものである。というのもこの目的の連鎖を逆転させることもできるからだ。すでに述べた自然の存在者における外的な目的の連鎖では、草は牛などの草食動物に食べられるため、草食動物は肉食動物に食べられるために存在していると考える。しかし草食動物が草を食べるのは、植物体系のうちで草が過剰に増殖して均衡を乱さないようにするためであると考えることもできる。肉食動物が草食動物を食べるのも、草食動物が草を食べすぎてしまわないようにするためであり、人間がこれらの動物を食べるのは、「肉食動物を狩猟することによって減少させ、それによって自然の産出力と破壊力との間にある種の均衡を作り出すためだと答えることができよう」(536)。すると人間が自然の最終目的として、目的連鎖の最上位にあるようにみえるのは見掛けだけであり、結局は生物体系の均衡を維持するという目的のために存在する手段にすぎないことになる。

第二に、人間が自然の最終目的であると考えると、人間はそのような最終目的にふさわしくない苦難を自然から受けていることが説明できなくなる。自然は人間を天災などによって苦しめつづけているのであって、自然が自分たちの道具や手段であると考えている動物や植物よりも特権的な地位を認めているとは思えない。「むしろ悪疫や飢餓や水害や厳寒など、あるいは他の大小の動物による襲撃など、自然のもたらす破壊作用について考えてみれば、自然は人間を他のあらゆる動物と同じように、いささかの容赦もなしに、苦しめている」(542)のが事実なのである。人間が自然の最終目的であるならば、人間は自然に生きるだけで幸福になるはずであり、自然が人間をこのように苦しめる理由が理解できなくなる。

ただしカントは人間のうちには、ただこのようにして、自然の最上の地位を占めて幸福になりうる存在として、自然の最終目的の地位を認められるのを、ただ受動的に待っているのではなく、自然の最終目的にふさわしい存在となるために努力しうることに注目する。もしも人間が「自分自身に目的を設定し、しかもそのように目的を規定する際には自然に依存せず、自然を人間の自由な目的一般の格律にふさわしい形で、手段として使用する」(543)のであれば、人間は自然の最終目的であると主張することができるかもしれないのである。

人間にこのような能動的な「有能性」がそなわっている場合にかぎって、人間は自然の最終目的としての地位を要求することができるだろう。この有能性を実現しようとする試みは、「規律あるいは訓練の開化と呼ぶことができる」(544)とカントは語っている。この「開化」とは、「意志を欲望の専制的な支配から解放することを本質とするもの」(同)である。このように人間が幸福になろうとする欲望から解放されて「開化」され、自由で道徳的な存在となる場合にのみ、人間は最終目的となりうるかもしれないのである。

自然の究極目的

カントはこのように人間が開化された存在として最終目的にふさわしい存在であろうとすることを「究極目的」という言葉で言い換えている。最終目的と似ていて紛らわしい「究極目的」という概念は、「自らの可能性の条件として、他にいかなる目的も必要としないような目的のことである」(547)と定義されている。この定義もまた分かりにくい。「他にいかなる目的も必要としない」ものというのはスピノザの定義で自己原因であるもののことをいう。最終目的の場合には、外的な合目的性の連鎖における最上の地位が問題になっていたのであり、この目的はあくまでも自然的なものだった。しかし究極目的の場合には、問われている目的は自然の他の存在者との関係ではなく、自らのうちで存在の可能性の条件をそなえているもののことである。

これが意味しているのは、もしも究極目的であるような存在者が存在するとすれば、それはその存在において「他にいかなる目的も必要としない」目的、すなわち無条件的な「目的」をそなえていなければならないということである。言い換えると、その存在の「原因性が目的論的である」(550)ような存在でなければならないだろう。この「原因性が目的論的である」とは、「その原因性が目的に向けられていて、しかも同時に次のような性質をそなえているということ、すなわちこの存在者が自らに目的を規定すべくしたがう法則が、その存在者自身によって、自然の条件に依存しない無条件的なものであって、それ自体では必然的なものとして表象されるような性質をそなえている」（同）ということである。

このような自然条件に依存しない無条件的な目的である「究極目的」とみなせる存在者とはどのようなものだろうか。もちろんその答えは人間である。人間だけが「超感性的な能力としての自由と、原因性の法則、ならびにこの存在者が最高の目的として企てることのできる原因性の客体、すなわち世界における最高善を認識することができる」（同）存在だからである。自然のうちの究極目的である存在者は、自由であり、世界における最高善を認識することのできる人間だということになる。

神の存在

このようにして超感性的な基体としての人間、自由において道徳性を実現することのできる人間だけが、自然の最終目的であり、しかも究極目的である存在者としての資格をそなえていることが結論されたわけである。これまでカントは目的について「自然」という言葉を使いつづけてきた。そして自然はこうした最終目的や究極目的を定める意図をそなえているかのように語ってきたのである。しかし自然そのものに意図があるとは考えにくいため、この自然はごく容易に「神」という言葉で言い換えられることになるだろう。すると人間が最終目的であり究極目的であることができるのは、神がそのように意図したからであると考えることになる。

そこからは「経験的にしか認識することのできない自然の目的から、自然の至高の原因とその特性を推論しようとする理性の試み」（552）である自然神学が登場するのはごく分かりやすいなりゆきだろう。しかしカントは神の意図によって人間がそのような究極目的であるという、こうした自然神学の主張にはきわめて両義的な姿勢を示している。たしかに自然の目的論という理念そのものにおいて、自然の外部に超越的に存在する者の影がさしているのは否定できない。目的論という概念はたやすくこのような存在について考えさせるのである。

カントが語るように、「わたしたちは、多くの自然の事物の内的な可能性についての認識の根底に、合目的性という概念を置かなければならないのであるが、これらの事物や総じて世界一般を、神のようなある知性的な原因の産物として表象するのでなければ、こうした合目的性というものを決して考えることも把握することもできない」（487）のである。あるいは「わたしたちの理性の条件と制約にしたがって判断すべきであるとするならば、わたしたちが自然目的の可能性の根底に、何らかの知性的な存在者のほかには、いかなるものも置くことができないのは確実である」（488）と表現することもできるだろう。

しかしカントはこのような知性的な存在者については「客観的には肯定的にも否定的にも判断することができない」（同）と、明確に釘をさしている。ここから自然神学の議論に進むことを、カントは明確に拒否するのである。そして本書の第八七節からの長い部分において、自然神学の否定と神の存在証明の議論を展開するのである。この部分は目的論という観点からは余計なものに思えるとしても、カントにとっては切実な必要性のあるものだったのだろう。

カントはこの悩ましい事態について、まとめの部分において「世界において偉大な合目的性が存在することから、わたしたちはこの合目的性を生み出すような至高の原因とその原因性は、何らかの知性によって生み出されたものと思考せ<ruby>ざるをえなくなる。しかしそれによってわたしたちは、この至高の原因にそうした知性を付与する、権限をもつわけではない」(624)と念を押しているのである。

このようにして『判断力批判』は、趣味判断と自然の目的についての目的論的な判断の両方に共通する「合目的性」という概念を展開することで、人間はいかにして自然を認識することができるかを考察した『純粋理性批判』と、人間はいかにして道徳的に行動することができるかを考察した『実践理性批判』を架橋するという役割を果たしたのだった。それによってこの書物はドイツの古典主義時代のゲーテやシラーだけでなく、ドイツロマン主義のシュレーゲルなどにも強い影響を及ぼし、その後の哲学の歴史における偉大な記念碑となったのである。この著作によって、「カント以降の全哲学の方向を定めたところの、思惟および世界観の新しい全運動が、導入された」(6)のだった。現代においてもとくに崇高なものについてのカントの哲学的な考察は、思考を大いに刺激する力をそなえたものとして注目を集めつづけている。

注

（1）カント『純粋理性批判』B35。中山元訳『純粋理性批判1』、光文社古典新訳文庫、七三ページ。
（2）ハンナ・アーレント『カント政治哲学の講義』ロナルド・ベイナー編、浜田義文監訳、法政大学出版局、一五二ページ。
（3）同、一一七ページ。
（4）E・カッシーラー『カントの生涯と学説』門脇卓爾ほか監修、みすず書房、三〇六ページ。
（5）同。
（6）同、二九一ページ。

カント年譜

一七二四年
東プロイセンの首都ケーニヒスベルクに生まれる。今ではロシア連邦共和国のカリーニングラードと呼ばれる土地であるが、当時はプロイセンの文化的な中心都市であるとともに、隣国ロシアからも強い影響をうけていた。一七五八年、カントが三四歳のときにはロシア軍がこの地を占領し、カントはロシアの将校たちと交際している。

一七四〇年　一六歳
ケーニヒスベルク大学に入学。この年、フリードリヒ二世がプロイセン国王に即位している。フリードリヒ大王の時代の始まりである。オーストリア継承戦争が始まった年でもある。

一七四九年　二五歳
処女作『活力の真の測定に関する考察』を刊行。これは運動の速度を運動量とするデカルトの力学と、仕事量とするライプニッツの力学が激しい論争を展開していた「活力論争」に参加した著作である。この著作は、カントがライプニッツ(ならびにライプニッツ哲学をドイツでわかりやすく説いたヴォルフ)哲学の大きな影響下にあったこと、当時は哲学の問題と力学の問題が不可分な形で考察されていたことを示すものとして興味深い。カントの哲学は、当時のドイツでライプニッツ哲学を展開していたヴォルフとバウムガルテンの哲学の世界のうちから登場しながら、近代哲学を一新する視野を開いたのである。

一七八一年　五七歳

『純粋理性批判』(三月)刊行。処女作からこの書の刊行までは、カントの「前批判期」と呼ばれる。三二年間にもわたるこの前批判期には、『神の現存在の論証の唯一可能な証明根拠』『美と崇高の感情に関する考察』など、批判期以降とつながる多数の著作を刊行しているが、人間の認識の条件について考察した『純粋理性批判』をもって、カントの名声は確固としたものとなった。カントがライプニッツの哲学を乗り越えた著作でもある。

一七八三年　五九歳

『将来の形而上学のためのプロレゴーメナ』刊行。『純粋理性批判』が難解だと批判されたために、その内容と著作の意図をわかりやすく解説するために刊行した書物である。前著よりもはるかに短くなっているが、わかりやすくなっているかどうかは別である。

一七八四年　六〇歳

この年には、カントの歴史哲学と政治哲学の重要な二つの著作が発表された。「啓蒙とは何か」と、「世界市民という視点からみた普遍史の理念」である。弟子のヘルダーの『人類史の哲学の構想』の刊行に刺激されたところもあるが、普遍的な人類史を考察しようとするのは、啓蒙の時代の一つの風潮でもあった。なおヘルダーが著作の第二版でカントの「世界市民という視点からみた普遍史の理念」を批判したために、カントは翌年、ヘルダーのこの著作について長い書評を発表することになる。

一七八五年　六一歳

カントの倫理学の最初の構想である『道徳形而上学の基礎づけ』が刊行された。カントの定言命法が明確な形で表現された重要な書物である。

一七八六年　六二歳

「人類の歴史の憶測的な起源」を発表。歴史哲学だけではなく、自然科学を形而上学的に根拠づけようとした『自然科学の形而上学的原理』もこの年に刊行された。

一七八七年　六三歳

『純粋理性批判』の第二版（四月）を

刊行。とくに前半部分を大きく書き替えており、テクストでは第一版をA版、第二版をB版として併記するのがつねになっている。

一七八八年　六四歳
『実践理性批判』刊行。第二批判とも呼ばれるこの書は、人間は自然科学的な因果関係が支配する世界では自由に行動することはできないが、道徳という「実践理性」のもとでは、自由に行動しうることを示した重要作である。西洋の倫理学の歴史における屈指の重要な著作となる。

一七九〇年　六六歳
『判断力批判』刊行。第三批判とも呼ばれるこの書は、人間の美的な判断と、自然における目的について考察したものである。ある意味では前の二つの批判の枠組みを乗り越えようとした重要な著作である。

一七九三年　六九歳
『たんなる理性の限界内における宗教』刊行。カントは『実践理性批判』では、キリスト教という宗教ではなく、人間に普遍的な理性と道徳的な原理に基づく「理性宗教」だけを容認していたが、『宗教論』とも呼ばれるこの書ではキリスト教のうちにも理性宗教と一致する部分があることを説いている。この年にはさらに「理論と実践」という論文も発表された。これもカントの歴史哲学と政治哲学を展開したものである。三部構成で、第一部ではガルヴェ批判の形で道徳について考察し、第二部ではホッブズ批判の形で国内法について検討し、第三部ではメンデルスゾーン批判として国際法を論じている。

一七九四年　七〇歳

「万物の終焉」を発表。一七八六年にフリードリヒ大王が亡くなり、新王フリードリヒ・ヴィルヘルム二世が即位してから、新しい検閲法の施行など、思想活動に対する締めつけが強化されており、この著作のためにカントは実質的に宗教的な著作の刊行を禁じられる。

一七九五年　七一歳

『永遠平和のために』を刊行。四月にはプロイセンとフランスがバーゼルの和約を締結したばかりだった。

一七九七年　七三歳

『人倫の形而上学』刊行。カントの道徳哲学と法哲学の集大成である。

一七九八年　七四歳

カントの人間にたいする洞察が示された『人間学』が刊行される。カントは長年、大学で人間学の講義を行っており、非常に評判が高く、長く待ち望まれていた著作だった。さらに神学、法学、医学と哲学の地位の違いについて考察した『諸学部の争い』が刊行された。

一八〇四年　七九歳

二月一二日逝去。カントは死の直前まで、神と世界についての形而上学的な考察を展開するさまざまな文章を書き残している。しばしば重複することもあり、ときには日常生活のメモもまじるこの文章は、「遺稿集」（オープス・ポストゥムム）と呼ばれ、カントの講義の記録や多量の断章とともに、カントの遺産の大きさをうかがわせるものである。

訳者あとがき

本書『判断力批判』は、カントの三批判書の最後の書物であり、第三批判とも呼ばれるが、難解な書物である。哲学と思想の歴史においても最難関の書物の一つと言うことができるだろう。この書物が難解なものとなっている理由としてはまず、この書物は、カントが苦労して練り上げてきた批判の営みである『純粋理性批判』と『実践理性批判』で達成してきたことを踏まえて、これまでの二つの批判書で成し遂げられなかったことを実現しようとする困難な課題に挑戦した書物であることが挙げられる。そして当然ながらこの二冊の書物で使われてきたさまざまな概念と思想を踏まえて議論が展開されているので、それについてある程度までは熟知している必要がある。

またカントがこの書物で展開しようとした思想は、批判期以後に展開した思想よりも時期的に遡る初期からの思想の流れを、いわば伏流のようにして引き継いでいる。この書物を理解するためにはカントの批判思想だけではなく、一七六四年に出版された『美と崇高の感情に関する考察』など、カントの前批判期の思想にも遡る必要があるだろう。ときにはこの『判断力批判』の文章の背後に、初期のカントの思想とその当時の模索の跡を読み取ることが求められる。いわば「透かし読み」の技術が、パリンプセストの解読の技術が求められる。

さらに第三として、この書物の思想の内的な問題として、美しいものについての判断と自然の目的についての判断という一見したところそれほど明白な関連性がないと思われる二種類の判断を、合目的性という概念によって結びつけようとする試みが、野心的なものであるだけになかなか、読者としてはフォローするのが難しいことも挙げられるだろう。

それだけにこの書物はわたしたちの読解の意気込みを刺激してくれる重要な哲学書である。何よりもこの書物は、人間の知性の働きと理性の働きを媒介する判断力という独特な能力について考察することで、哲学に新しい境地を開くものだった。『実践理性批判』においては、人間の理性の使命と目的は、その道徳的なあり方にあることが示されたが、この『判断力批判』では、たんに直接的に道徳的な存在であるだけではなく、もっと別のあり方もまた人間ほんらいの使命と目的につながる道なのではないかという考えが示されたのだった。それが「美しいもの」についての考察と、自然の目的とは何かという問いにまつわる考察が示すものである。

カントの哲学はこれまで『純粋理性批判』において知性と理論的な理性について、哲学の根幹にかかわる視座を確立し、『実践理性批判』では道徳性について、これも道徳哲学の根幹となるような理論的な立場を明確にしてきた。近代哲学におけるカントの功績は、この二冊で揺るぎのないものとなっていた。それでもカントはなおも、この二つの部門がたがいに独立した領域を作り出していて、これらの重要な領域を結びつけて媒介とするものが欠けていることに、自ら不満を感じていた。カントはこの『判断力批判』において、これらの二つの重要な領域を媒介する人間の能力としての判断力を提起することで、その後の哲学に新たな展望を開いたのだった。

カントの理論的な哲学は、人間が物自体を認識することができないことを示すものであり、それはある意味では哲学の無力を示すものだった。これは人間は真理を認識することができないことを意味するものであり、ハインリヒ・フォン・クライストのように、そのことに絶望して、それまでの人生計画をすべて放棄してしまう文学者まで現れたのである。しかしこの『判断力批判』は、人間のもつ潜在的な可能性をあらわにすることによって、その後の哲学だけでなく、文学の領域にも大きな刺激となったのだった。

なお解説ではページ数の都合から、この書物についてはこれまでのような長文の解説は省いて、とくに読者の理解を妨げるような分かりにくい問題点だけをとりあげて、考察することにした。訳者は別に光文社から五分冊の電子版で、この書物について段落ごとに考察する詳細な解説を刊行する予定である。

＊　＊　＊

本書はいつものように、光文社古典新訳文庫創刊編集長駒井稔さんと編集者の今野哲男さんの励ましをきっかけとし、翻訳編集部の中町俊伸さんの細やかなご配慮と編集者の中村鐵太郎さんの詳細な原文チェックを支えとして誕生したものである。いつもながらのご支援に、心から感謝の言葉を申しあげたい。

二〇二三年七月

中山元

kobunsha classics
光文社古典新訳文庫

判断力批判《はんだんりょくひはん》（下）

著者　カント
訳者　中山元《なかやまげん》

2023年9月20日　初版第1刷発行

発行者　三宅貴久
印刷　新藤慶昌堂
製本　ナショナル製本

発行所　株式会社光文社
〒112-8011東京都文京区音羽1-16-6
電話　03（5395）8162（編集部）
03（5395）8116（書籍販売部）
03（5395）8125（業務部）
www.kobunsha.com

ISBN978-4-334-10046-9 Printed in Japan

いま、息をしている言葉で、もういちど古典を

長い年月をかけて世界中で読み継がれてきたのが古典です。奥の深い味わいある作品ばかりがそろっており、この「古典の森」に分け入ることは人生のもっとも大きな喜びであることに異論のある人はいないはずです。しかしながら、こんなに豊饒で魅力に満ちた古典を、なぜわたしたちはこれほどまで疎んじてきたのでしょうか。

ひとつには古臭い教養主義からの逃走だったのかもしれません。真面目に文学や思想を論じることは、ある種の権威化であるという思いから、その呪縛から逃れるために、教養そのものを否定しすぎてしまったのではないでしょうか。

いま、時代は大きな転換期を迎えています。まれに見るスピードで歴史が動いていくのを多くの人々が実感していると思います。

こんな時わたしたちを支え、導いてくれるものが古典なのです。「いま、息をしている言葉で」——光文社の古典新訳文庫は、さまよえる現代人の心の奥底まで届くような言葉で、古典を現代に蘇らせることを意図して創刊されました。気取らず、自由に、心の赴くままに、気軽に手に取って楽しめる古典作品を、新訳という光のもとに読者に届けていくこと。それがこの文庫の使命だとわたしたちは考えています。